MW01709865

Collection *Les passants de l'Histoire*
dirigée par
FRANCIS LACASSIN

Dans la collection
Les passants de l'Histoire

Déjà parus :

Léo Malet, *La Vache enragée.*
Albert Londres, *Gabriele D'Annunzio, conquérant de Fiume.*

FRANÇOIS-JEAN ARMORIN

Des Juifs quittent l'Europe

PRÉFACE
par
DAVID ROUSSET

TÉMOIGNAGES
par
ANDRÉ SEVRY et JOSEPH KESSEL

JULLIARD
8, rue Garancière
Paris

© Julliard, 1990
ISBN 2-260-00792-9
ISSN 1150-3602

PRÉFACE

Les Juifs ont toujours été, par quelque trait, exemplaires. Ils eurent le sort, dès l'origine, de conquérir une terre ouverte entre Nil et Euphrate : une de ces terres trop volontairement disponibles pour supporter jamais ces édifices, grandioses certes, que les manuels nomment « foyers de civilisation » mais qui se ferment sur eux-mêmes et meurent. Ils furent dès leur avènement historique et par le hasard de l'espace conquis voués aux routes internationales du négoce. Des siècles durant, le monde en expansion d'Athènes à Rome, de Rome à l'Occident barbare connut ces marchands. Il les construisit à son image comme l'insolent exemple de sa perversité. Lié qu'il était à son économie naturelle, empêché par l'insuffisance de ses techniques de s'élever au-delà des biens d'usage, entièrement tendu vers un achèvement unique jamais satisfait, l'homme antique considérait ces étrangers comme une tentation singulière, appâté par leur nécessité sans en comprendre les lois. Il les chérissait et les haïssait d'une même passion nourrie de désirs de jouissance qui se développaient comme des surgeons insolites sur son économie propre. Et les maîtres-marchands juifs devinrent des seigneurs opulents mais tolérés. Ils portaient déjà le stigmate tragique et secret qui les transformerait en témoins souvent traqués et torturés mais jamais en princes : leur capital, le capital juif, marchand et usurier, se montrait incapable de promouvoir aucune forme nouvelle de production. Rejetés ainsi implacablement en marge des forces véritables, les seigneurs juifs pourront atteindre la puissance, la foule des artisans juifs dans les grandes cités romaines apparaître à l'époque des dislocations barbares comme un ferment de révolte : il leur sera toujours interdit de se transformer en classe dominante.

Le premier ghetto fut construit à Francfort en 1462. Certes le féodal (le seigneur ou le paysan) méprisait le Juif. Il crachait dans ce mépris la douloureuse certitude de son infériorité, de son étroite allégeance aux horizons bornés, de son asservissement au troc. Le Juif était l'homme aux notions abstraites, celui qui sait manipuler une traite. Il pouvait engraisser les haines, soulever des terreurs inavouées, il demeurait nécessaire et la cité restait ouverte à ses enfants. L'antiquité et le moyen âge ont pu invectiver le Juif : ils lui ont toujours reconnu de solennelle façon le droit à l'existence.

Il fallut une transformation radicale de l'Europe pour mettre en scène le drame juif. Des modifications profondes dans la technique du transport et de la production agraire dès le X*e siècle lentement préparent le passage de la rente-produit en rente-argent, l'émancipation du serf en paysan libre, les premiers développements industriels, l'ouverture des marchés intérieurs :* l'avènement du commerce européen. *Alors le marchand européen chassa du Temple le marchand étranger : le Juif. La banque, qui propulse les nouvelles formes de production, écarte l'usurier qui les anémie. Le prêteur sur gages devient fripier. L'histoire lui ayant retiré sa nécessité, la haine découvre devant lui son visage libre.*

Au XV*e siècle, les Juifs ont fui vers les terres arriérées à l'est de l'Europe. Ils s'installent aux carrefours de la Pologne. Ils retrouvent pour un temps les prestiges. Ils sont de nouveau les magiciens de l'abstraite monnaie. Ils ont le pouvoir de disposer de l'État pour contraindre. Mais lorsque, là aussi, le* XVII*e et le* XVIII*e siècle verront s'écrouler le vieux système vermoulu, de nouveaux exodes se prépareront dans la misère,* *la torture, les épouvantes toujours prêtes et le délire mystique. Le marchand et l'usurier ont fait leur temps. Les routes de l'Occident sont ouvertes pour reprendre à rebours les marches incessantes. Et tout le* XIX*e et les premières années du* XX*e connaîtront ces arrivages aveugles dans les havres de l'ouest. Pour la première fois l'espace ne donnera plus de solution : le capitalisme partout présent arrache la vieille tunique, exige et impose le choix de nouvelles fonctions. Ceux qui s'engageront dans la grande industrie, comme au temps des lointains effondrements de l'ancien empire latin ceux qui s'étaient transformés en agriculteurs, perdront tous les caractères distinctifs du Juif, pour devenir des prolétaires ou des capitalistes entièrement assimilés par leur nouvelle classe sociale. Avec une sûreté de réflexe vraiment digne de remarque, l'imposante majorité de ce peuple formé et maintenu dans son originalité par sa séculaire pratique de marchand et d'usurier, maladroit à agir directement sur les choses, mais habile à se reconnaître dans leurs relations abstraites, s'engagera dans le complexe dédale du commerce mondial, trouvera sa vocation dans les spéculations du droit moderne, tandis que le prêteur devenu fripier se muera en artisan des biens de consommation. Dès lors l'acte le plus récent du drame juif est ouvert. Le capitalisme monopoleur exproprie les classes moyennes et le Juif est aujourd'hui un représentant typique de cette petite bourgeoisie menacée, à tous les tournants de l'époque, de la ruine sociale. Dans son effort pour mystifier ces mêmes classes moyennes qu'il anéantit mais dont il a besoin comme d'une garde plébéienne contre le prolétariat, le monopoleur sous le visage de la réaction ou du nazisme dressera le petit-bourgeois contre son frère social le Juif. Il mobilisera pour y parvenir les superstructures et les haines ancestrales nées au temps de l'économie naturelle contre le marchand corrupteur. Se tournant enfin vers l'ouvrier qu'il veut duper aussi pour le mieux réduire, il fera du Juif le mythe tout-puissant d'un capital improductif et parasitaire. Le Juif vivra dans la tragique incompréhension de son destin les hauts lieux de Birkenau.*

DES JUIFS QUITTENT L'EUROPE

La Seconde Guerre mondiale n'a su que fermer une période de l'histoire et ouvrir devant l'humanité la pénible voie détournée de la barbarie. Le socialisme demeure dans le récent passé une éblouissante possibilité de libération qu'aucune main n'a su saisir à temps et dont il ne reste dans notre paysage que les mystérieux avatars d'un désastre. L'économie beaucoup moins démantelée que pourrissante rejette comme insupportable le petit-bourgeois commerçant ou artisan. Le Juif, pareil à ces animaux de laboratoire dont on a partiellement détruit les centres moteurs, tourne en aveugle dans cette atmosphère raréfiée qui l'asphyxie. La tornade à peine éloignée, il se désespère déjà des menaces qui s'accumulent. Le capitalisme dans sa phase présente ne tolère plus d'incertitude. Il contraint le Juif à cesser d'être juif en ruinant sa fonction sociale sans lui offrir d'ailleurs d'autres perspectives historiques réelles. Le Juif est la première victime sacrifiée du monde concentrationnaire. Il cherche alors une fois encore dans l'espace le salut. Lui le dispersé, l'éminent représentant d'une classe sociale, monte le mythe d'une aventure nationale pour se prémunir, comme par incantation, contre les périls proches. Le mot d'ordre est lancé : « Eretz Israël dans ses frontières historiques en tant qu'État indépendant et libre. » Sur cette terre de Palestine si profondément impliquée dans les intrigues d'intérêts et de stratégie qui s'ameutent pour les prochains conflits, une bourgeoisie nouvelle est née en ces vingt dernières années. L'émigration juive, en se fixant au sol, a rompu avec le judaïsme traditionnel. Pour la première fois dans l'histoire, les Hébreux posent la nécessité de s'enraciner dans la production, de devenir ainsi, dans le sens le plus traditionnel, une classe dominante. Un théoricien marxiste, Théo Bernard, sans doute le mieux informé présentement sur ces questions, écrit à ce propos : « L'absence, en Palestine, de milieu national parvenu au même degré de civilisation économique, l'impossibilité pour les Juifs devenus producteurs, mais sortant d'une civilisation avancée, de se fondre avec le milieu arabe encore féodal et primitif ont rendu nécessaire la création par eux-mêmes d'un nouveau milieu national qui leur est propre. En d'autres termes, on assiste, en pleine décadence du capitalisme, à la naissance et à l'essor anachronique d'une nationalité. »

Les Juifs des terres ruinées de l'Europe écoutent l'appel des hommes de Palestine sans en comprendre le sens véritable dans la confusion des mythologies renaissantes et forcent le blocus. Les imprécations des grandes puissances, en arrêt devant l'échiquier commun, donnent un éclat si grand à l'aventure qu'il masque dangereusement sa portée véritable : qu'il n'est qu'une incidence locale du drame mondial juif en développement.

Les camps de Chypre ne sont pas des camps de concentration. Il n'est que de lire F.-J. Armorin pour le comprendre. La ligne de démarcation du monde concentrationnaire suit la chaîne inexorable : exploitation systématique de l'homme par le travail forcé ; rapports sociaux dominés par la violence quotidienne et la torture ; la mort toujours possible à n'importe quel moment, sans motif préalablement connu ; sélections et chambres à gaz. Il n'est point nécessaire que tous ces traits coexistent. Il suffit que l'un d'eux apparaisse, avec une certaine ampleur, pour que le monde concentrationnaire soit créé. Xylotymbou est une ville frontière.

Le Juif demeure auprès de nous comme le témoin pathétique de notre faillite. Il annonce la courbure nouvelle de notre histoire et de quelle main puissante la barbarie moderne s'efforce de nous saisir. Des Juifs quittent l'Europe *ne prétend rien d'autre que d'être le visage quotidien et angoissé, pris sur le vif, dans la confusion des sentiments, de notre société assiégée et déjà à demi défaite. La tentation barbare se retrouve en toutes ces pages et le talent de l'observateur est grand qui, ici, nous redonne cette vie déchirée.*

David ROUSSET.

— C'est donc un voyageur ?
— Non... c'est le Juif errant.

I

LA FERME AUX JUIFS

Je me trouvais alors à deux mille milles du Pont Marie. Il y avait cinquante jours que nous étions partis.

La sentinelle de *Cornwall Regiment* bascula le contrepoids de la potence. La porte barbelée du camp 68 s'était rabattue. Ils m'avaient emmené, précédé d'un garde, fusil à la bretelle. Cela n'avait pas été sans mal... Au premier contact, après dix jours de camp de concentration, le griffeton de garde nous avait réexpédiés de cette apostrophe vers les cinq mille autres.

— *Get out, Bloody jews !...*

Nous étions faits. Par une liaison clandestine, j'avais pu contacter l'attaché consulaire de Larnaca (île de Chypre). Il alertait Paris : « Votre envoyé spécial est interné à Chypre. Instruisez pour rapatriement éventuel par SS. *Providence.* »

Par ailleurs, il écrivait : « En fait, je ne sais vraiment pas comment les Autorités britanniques envisageront votre cas. Vos passeports sont-ils en règle ? C'est-à-dire avez-vous un visa vous permettant d'entrer en Palestine ? Si oui, je crois que vous serez dirigé immédiatement sur ce pays, car vous ne pouvez être alors considéré comme immigrant illégal. Sinon je crois que les autorités vous embarqueront sur le premier navire en partance pour la métropole. J'ai, en effet, l'impression que les journalistes ne sont pas toujours les bienvenus dans ce camp d'internement... »

Deux jours plus tard, le *Colonial Secretary* de Nicosia était prévenu officiellement que deux correspondants français se *cachaient* dans l'un des camps.

Cette fois, la sentinelle consentit à ouvrir la porte. J'avais encore quelques illusions, souliers astiqués, sac bouclé, vaisselle briquée et couvertures au carré.

— Ce soir, disaient les autres, vous serez loin du camp 68...

Et cinq fois nous avons recommencé à faire nos adieux.

Pas très loin du camp, ils m'ont fait entrer dans une baraque en tôle, ripolinée de blanc. Bien qu'on fût en mai, il y faisait très chaud. Les mouches dansaient au plafond, et trois types, en fumant des *Players*, les regardaient danser.

Le scribe a commencé d'écrire. C'était un jeune garçon à figure ronde et qui semblait scandalisé de cette équipée. Le second interrogeait en fumaillant. Le troisième, un civil à petites moustaches, écoutait et ne disait rien. J'en conclus que c'était le plus important...

Ils m'ont demandé mes nom, prénoms, âge et profession. J'avais mes papiers, mon passeport et le visa pour la Palestine.

Ils en furent très étonnés.

— Comment avez-vous fait malgré deux fouilles ?

— En France, vous savez, on a pris l'habitude.

Ils ont souri.

Alors le petit a dit que si je répondais bien « *cela améliorerait nettement ma situation et abrégerait mon internement* ». Tout cela fut débité correctement, avec un brin d'ennui, comme une phrase bien apprise. Peut-être avait-il d'abord consulté son manuel de conversation *Parlez tout de suite français, sans études, sans effort...*

« Avez-vous quelque chose à déclarer ? (Ahvey voo kellkershos ah dey-clarry ?) — Où est le capitaine ? (Who eh leu cup-eetane ?) — Donnez-moi un cure-dents (cure-don). — Où est le compartiment des dames seules ? (dey dam surl). »

La brièveté de ma réponse n'eut pas l'air de les étonner. Il n'y eut pas besoin de traduire au troisième.

Ils m'ont quand même demandé d'où venait le bateau ? Qui le commandait ? Quelle route nous avions suivie ? À quels ports nous avions relâché ? S'il y avait des terroristes à bord (comme s'ils portaient une étiquette dans le dos) ? Et comment j'avais pris contact avec les organismes clandestins ?

Ils découvrirent que je n'étais pas juif. Cela les stupéfia. Ma mère, peut-être... Pas le moins du monde : Loyer Germaine, elle s'appelle.

Brusquement, j'en devins plus suspect. Ils insistèrent. Jusqu'où pousseraient-ils leurs investigations ? Irions-nous plus avant ? (Et je me souvins trois ans plus tôt de ces garçons à *profil suspect* que les marlous du P.P.F. appelaient aux lavabos d'*El Baraka* à Lyon.) Je cherchai l'ombre de Darquier de Pellepoix... Elle n'apparut pas :

— Et que viennent faire ces gens en Palestine ?

— J'ai l'impression qu'ils veulent revenir chez eux...

L'évidence les confondit ; c'était d'ailleurs la raison première de ce reportage.

Et que pensais-je de la politique anglaise au Moyen-Orient ? Qu'elle sentait le pétrole et la poudre... On sourit. Cette fois, nous fûmes d'accord.

Avais-je l'intention d'aller en Palestine ? Pas pour le moment, peut-être plus tard si le visa ne m'était pas refusé. Ils protestèrent avec énergie. L'Angleterre n'a rien à cacher, mon garçon... Parole.

Passeport 05 732. Visa du Consulat britannique à Paris, en date du 15 octobre, avec une validité de six mois à la clé.

— Votre visa n'est donc plus valable...

Je fis remarquer que le *Theodor Herzl* avait été abordé le 13 avril, à 20 heures et quelques, au large de Tel-Aviv et dans les eaux territoriales, que j'avais mis pied à terre à Haïfa le 15 avril, à 17 heures.

— Ainsi, vous avez débarqué en Palestine ?

— Oui, pour cent mètres, entre deux soldats.

Néanmoins je n'avais pas de visa pour Chypre et, de ce fait, je devais être considéré comme immigrant illégal dans le domaine de l'Honorable Lord Winster, gouverneur de l'île. Donc je devais être expulsé. Et cette interprétation nous satisfit pleinement.

— Prenez des bonbons, mon garçon... Ce que je pensais du camp ?... Ce n'est pas Buchenwald, évidemment, mais les mêmes sont toujours derrière les barbelés et les sentinelles tirent.

— Vous rendez-vous compte que vous avez fait une chose très grave ? Que vous auriez dû être fusillé comme espion en temps de guerre ?...

En temps de guerre, tous nous avions beaucoup plus de chance d'être fusillés par les Allemands et qu'en somme, aujourd'hui, je n'avais fait que mon métier.

Nous n'avions plus rien à nous dire. Eux aussi faisaient leur boulot. Le petit monsieur de l'Intelligence Service n'avait pas encore ouvert le bec...

Et la porte du camp de Xylotymbou s'est refermée. Nous avons attendu trois semaines. L'attaché consulaire fit de son mieux. *« Si je prenais l'engagement de me présenter tous les jours à la police, j'aurais peut-être l'autorisation de résider dans un hôtel en attendant le jour du départ ? Pendant la guerre, les sujets ennemis furent autorisés à rester chez eux en se conformant à des mesures semblables... »*

La lettre de l'excellent M. Lapierre — un de ces Français qu'il fait bon rencontrer loin du pays — resta sans réponse. J'étais donc plus qu'un sujet ennemi, j'étais un témoin qui venait d'atteindre les camps de Chypre, au bout de la route clandestine des Juifs.

C'est déjà loin maintenant. Pourtant la haute silhouette de Dennis J.B. Corbett, 3 Seaway Road, Paington, S. Devon doit toujours aller et venir devant le poste du 68. Et c'était tout de même un bon gars...

— *God !* Vous connaissez Brixham et Torquay et le bistro de Sarg et la boutique de Steve dit dismall Jimmy *(Crab sandwiches a speciality !)* et la colonne vertébrale de sa belle-mère pendue au plafond, à côté du goéland empaillé !... Quelle histoire, grands dieux !

Tout comme le sergent Corbett, vous aviez raison, cher major du camp 68, si profondément anglais, issu tout astiqué, tout pareil d'une page de Kipling. Vous recevez le *Times* avec dix jours de retard. Vous collectionnez des pipes, vous n'avez plus qu'à lire l'annuaire du régiment, vos sous-off' font le reste, et c'était vraiment une chose splendide que vos souliers dans la poussière ocre de Xylotymbou. *(La revue est à dix heures, Sir.)* Comme Bramble, on aurait dû vous entendre dire : *Destiny waltz Messiou vitesse 65 !...* En vérité, vous aviez raison, vieil homme si charmant, *il fait si bon à Paris...*

D'un coup de stick il agaçait ses bottes et il cherchait ses mots :

— Place de la Concorde, belles femmes, Tabarin, ah ! Messiou !

Il se levait cérémonieusement, l'entrevue était terminée. Le sergent Corbett refermait la poterne.

Vous aviez raison. Il fait bon, il fait frais, il fait libre. Le passeport 05 732, immigrant illégal, va ouvrir sa fenêtre sur le quai d'Anjou où il possède une douzaine de pipes, quelques romans, deux valises et la perspective du Pont Marie. Papa Marchal pousse sur les rames de *Mimi* 4 018 pour aller s'amarrer à hauteur du second pilier. La duchesse de Lauzun va chercher le pain. Le livreur de glace est passé. Le balayeur bâille en crachant dans la Seine et le vent du matin s'attarde dans les saules. Au *Franc Pinot*, sergent Corbett, le petit blanc est d'origine et rétame en moins de deux ceux qui ne font pas le litre...

Il fait libre. J'en ai fini de recopier ces notes, de découdre mes pantalons et de recoudre mes doublures, de planquer mes papiers, de m'appeler Farkhas, d'apprendre par cœur des mots de passe qui ne servent jamais, de payer des messagers qui n'arrivent pas, de soudoyer des Turcs, d'en appeler aux Grecs et de subir des questions.

Bon Dieu ! ils avaient tout de même de la suite dans les idées à la baraque du *Security Field*. Quelques jours avant le départ, ils nous retrouvèrent dans le camp et nous emmenaient en camion et nous conduisaient encore à la bicoque ripolinée. Aussi bien, le dispositif d'alerte avait joué et les hommes du camp savaient déjà que nous avions disparu...

Cela fut plus brutal, plus sévère. Ils étaient quatre. Allions-nous nous décider à parler ? Ce damné bateau naviguait bien sous pavillon français.

— Ainsi vous êtes partis entre Marseille et Toulon ?

— Pas que je sache...

— Avouez, *God !* et nous vous laisserons la paix.

Finalement ils se lassèrent, se radoucirent et ils nous ont offert des bonbons à la menthe.

Et c'est ainsi qu'aujourd'hui, silencieux M. Smith, et vous, très cher M. Turnbull du *Colonial Secretary*, pour qui « liberté de la presse n'est pas licence », je vais répondre. En toute licence, et dans la mesure du possible, car, vous le savez, j'ai donné ma parole et si vous le voulez bien nous n'y reviendrons pas. De ce qui suivra, si vous le pouvez, faites votre profit...

Le contact date de loin. C'était un soir d'hiver et la tempête faisait rage sur les côtes d'Atlantique et de Méditerranée. Le *Liberté*, ex-*Europa*, de 51 800 tonnes, avait cassé ses aussières dans le port du Havre et dérivant, entraîné par le suroît, avait fini par aller s'éventrer, par l'arrière tribord, sur l'épave du paquebot *Paris*. Depuis Toulon, on signalait qu'il n'y avait plus d'espoir de retrouver le sous-marin « 2326 » considéré comme perdu corps et biens à vingt milles de cap Cepet. On déclarait seulement que *l'équipage n'avait pas eu le temps de souffrir*.

Au large de Brest, les deux gardiens de phare des Pierres noires lançaient des S.O.S., coupés de tout ravitaillement depuis vingt jours.

Déjà l'affaire du *San-Demetrio*, autre forceur de blocus, chargé à couler de clandestins, avait fait savoir que des hommes s'embarquaient clandestinement sur des rafiots à la recherche d'un pays.

Le type se tenait au bord du trottoir : c'était au voisinage des Champs-Élysées, dans une petite rue déserte. Il semblait considérer comme quantité négligeable le couple embossé à l'abri d'un porche. La voiture attendait un peu plus loin. Il pleuvait et les becs de gaz balançaient leurs lueurs blêmes dans les flaques comme des ombres vertes de grands peupliers. Cela fut bref, un échange de quelques mots, la flamme d'une allumette qui craqua et j'aperçus son visage balafré d'une raie livide.

— Vous voulez embarquer ? D'accord... On vous connaît *(et j'ai su par la suite que leur enquête fut poussée très loin).* En temps utile, nous vous ferons signe, mais vous devez savoir ce qui vous attend...

Je lui tendis une dépêche. Un poste d'amateur avait capté la veille les signaux de détresse d'un navire portant 800 immigrants clandestins partis de Savone à destination de Haïfa.

Ce petit voilier de 150 tonnes qui tenait mal la mer faisait route depuis dix jours lorsqu'il s'était mis à la côte dans l'îlot de Syrina, archipel du Dodécanèse, situé à 80 milles de Rhodes et à 500 de Haïfa.

On ne savait pas encore grand-chose du naufrage. Le voilier, désemparé par la tempête, s'était échoué en vue de ce roc isolé et désertique. Huit femmes s'étaient noyées. Les rescapés avaient pu gagner l'îlot à la nage.

Quatre bombardiers Halifax de la R.A.F. venaient d'y parachuter cinq tonnes de vivres, de médicaments et de couvertures. Le contre-torpilleur *Chevron* et un dragueur de la Royal Navy avaient quitté Haïfa, faisant route vers l'îlot des naufragés. Vingt-sept containers avaient déjà été largués et les équipages des avions signalaient que les naufragés avaient allumé de grands feux sur les falaises de Syrina.

— Nous le savions déjà, me dit l'homme... Il s'agit du *Bornais,* devenu en mer le *Rafiah,* battant pavillon juif... C'est que nous n'avons pas encore pu affréter le *Queen-Mary,* ajouta-t-il.

Et puis, sans plus, il me quitta.

En principe, cela ne pouvait tarder. Beaucoup déconseillaient le voyage :

— Ce sont des négriers, ils prennent trente-cinq mille francs à chaque passager pour les embarquer. Leurs cargos sont montés par des équipages de forbans qui songent surtout à s'enrichir et à se débarrasser le plus tôt possible de leur cargaison humaine.

Le mieux était d'y aller voir. J'étais dans le bain et l'on ne contactait pas la *Haganah* (l'armée secrète juive) comme le garçon de café qui a des cigarettes. Pourtant les types se méfiaient ; il y eut des ordres et des contrordres, des rendez-vous où personne ne vint, des bars trop tranquilles et des « Dupont » tumultueux.

Les copains l'avaient belle et se taillaient chaque soir un joli succès.

— C'est pour quand ta Palestine ?

Ma Palestine finissait par se réduire devant une table poissée à la vision d'un quart Vichy cependant que le temps passait, que les garçons tournaient, rétrécissant leur cercle noir, et que l'homme ratait régulièrement tous ses rendez-vous.

J'ai su enfin que l'Armada de printemps allait prendre la mer sur la route secrète de Sion. Je me souviens du dernier contact. Celui-ci devait me mener à la piste. L'homme connaissait mal Paris, parlait peu le français. Rencontre fut fixée dans le hall d'une grande imprimerie.

Il y a d'étranges coïncidences. Un long voile de crêpe dégringolait du septième étage. Le hall, ce soir-là, était transformé en chapelle ardente, l'un des grands hommes du Parti était mort.

Quatre militants montaient la garde. Les couronnes s'entassaient. Les autres ont dit qu'ils avaient reconnu le président du Conseil de la République et Picasso, et Aragon et Marcel Cachin, et Elsa Triolet, les métallos, les cheminots.

Lui, personne ne l'avait aperçu et personne ne s'en préoccupait. C'était un homme de peu d'importance. Je le vis facilement, un petit type insignifiant, chapeau bas comme un courtier. Les délégations le bousculaient, un parfum mêlé de fleurs rares et forcées, d'encre grasse et de cette senteur moisie qui traîne toujours dans les grands plis droits des tentures et des catafalques l'enveloppait.

Il n'avait pas l'air de se rendre bien compte, le grand homme était mort : les délégations se bousculaient pour passer en tête. Il vit qu'on soufflait les cierges et s'en occupa de son côté, pour se donner peut-être l'impression d'être là. Brusquement, la clameur d'un bus balaya ce recueillement et l'homme me dit :

— C'est pour demain...

Donc, avant le départ, j'ai promis de ne pas révéler le nom du port, ni celui du navire, ni le nombre d'escales, ni la route suivie ; en bref, rien qui puisse prévenir « l'ennemi » et le renseigner sur les itinéraires clandestins. Je dis « l'ennemi » à dessein ; les Juifs — et ils me l'ont dit — considèrent qu'ils mènent une véritable guerre contre les Anglais. Et si les hommes de l'Irgoun se battent au couteau et à la mitraillette, les clandestins de la Haganah préfèrent, pour leur part, employer des moyens moins sanglants et qui sont, disent-ils, plus efficaces.

Tous les bateaux ou presque, clandestins, partis des rivages de Méditerranée et d'Atlantique, étaient affrétés par cette dernière organisation.

Ainsi, avant d'aller plus avant, je tiens à dire que c'est en témoin, non en partisan, que je suis parti et que je dirai donc ce que j'ai vu. Je me dois d'ajouter que, d'une part, comme de l'autre, jamais personne ne fit pression pour qu'il en soit autrement.

Nous avions rendez-vous à l'aérogare des Invalides. Tout était paré. Il fallait emporter très peu de choses. « Vous perdrez tout », avait-on dit, et le pronostic se vérifia.

À 10 heures, Charles, le fidèle cocher-livreur de la maison mère, avait pris en charge toute l'équipe dans sa conduite intérieure. Plus le guide, nous étions quatre, à commencer par Pearlman, mèche enfantine, moustache de grenadier, envoyé spécial du britannique *Illustrated London News*, le flegmatique Auerbach, son photographe, et Joffroy, mon camarade du *Parisien*.

Au *Français*, nous avions séché le dernier demi de Paris. Il faisait soleil et les femmes sortaient leurs premières robes claires. Bon Dieu ! quand les reverrions-nous ?...

En l'air, l'hôtesse avait de belles jambes, et le pilote s'en préoccupait trop. Nous quatre alignés pensions au cargo encore vide qui attendait quelque part au sud sa cargaison à destination de la Palestine. Ainsi, à l'issue de la parfaite droite, tracée par l'avion de transport pendant des heures, il y a une autre ville, la ligne bleue de la mer et un autre hôtel où nous avons attendu.

Peut-être aurions-nous préféré une chambre de passe aux tapisseries déchirées, aux draps douteux et aux valets indiscrets. Cela fixe les souvenirs. Maintenant rien ne nous raccroche plus à cette grande bâtisse neuve, griffée d'éclats de mortier, quartier général pour hommes d'affaires et coloniaux enrichis. Et nos quatre sacs graisseux, sans marques, mal ficelés, juraient déjà comme des parias aux épaules miteuses, égarés dans les cuirs fauves et les ferrures entretenues, en provenance du Soudan, New York, d'Alger et du Caire, via la T.W.A., les *British Overseas* et les paquebots de ligne aux étiquettes neuves.

Un soir encore, le téléphone sonna. C'était le moment. Il fallait partir et tout de suite. La voiture attendait... Militairement, Auerbach fut extrait d'un bain où il se détrempait depuis des heures ; on le ceintura de ses appareils photographiques. En bas, sacs sur l'épaule...

L'homme à la cicatrice nous reprit en charge. Je me rappelle encore un repas rapide expédié dans un restaurant aux lumières rares. L'avaient-ils choisi à dessein ? Il n'y avait pas de clients. Après la viande, l'homme pressa le mouvement. Il semblait inquiet :

— J'ai trois mille personnes qui vont bouger avec vous cette nuit, me dit-il simplement.

Un garçon aux pattes molles servit encore des macaronis. Très loin de nous, le maître d'hôtel semblait flotter dans un halo de dédain... Et cela nous prouvait déjà qu'avec nos sacs nous traînions, l'échine lasse, tout un arriéré pesant, un compte échelonné sur des dizaines de siècles avec une colonne plus lourde, à l'encre presque fraîche, en bas de page : Auschwitz. L'homme ajouta encore :

— Avez-vous des provisions ?... vous ne mangerez pas pendant trente-six heures...

Le loufiat apporta deux pains ronds. Le gang des cinq s'engouffra dans la voiture. Nous ne disions plus rien... À mesure que l'affaire se précisait et devenait plus réelle, je me sentais changer de peau et retrouver d'autres habitudes remisées depuis au magasin des souvenirs. Cette mauvaise sueur grasse collectée au creux des reins. Ne pas courir ! *Ne pas courir* cependant qu'un pas se rapproche. Avoir l'air naturel et cette envie irrésistible qui tenaille les fesses de foutre le camp. Pourtant, ce coup-ci, nous étions tous en règle... Et je suis sûr maintenant que le guide n'était pas armé.

C'était préférable. La police du secteur semblait sur les dents. Ils patrouillaient à bicyclette, deux par deux, comme tous les flics du monde entier. Sale engeance ! Et comme le portier, comme le maître d'hôtel, ils devaient nous deviner à quelque signe mystérieux que ces hommes simples savent interpréter. À deux reprises, nous fûmes fouillés. Ils insistaient, ils palpaient et retournaient les doublures. À bout d'idées chaque fois ils se décidèrent à nous laisser repartir.

Tout cela se machinait comme un feuilleton bien construit.

Le chauffeur ne disait toujours rien, il avait l'air de connaître son affaire. C'est un de ces types que l'on a pris l'habitude de voir au volant d'une traction avant, taciturnes et discrets, escortés d'un acolyte, le fusil-mitrailleur sur les genoux, le cache-flammes engagé dans le pare-brise...

Tard dans la nuit il prit une route transversale, éteignit ses phares et l'auto roula encore longtemps à petite vitesse.

C'était un vieux chemin défoncé qui passait des bois et des champs, sautait des voies ferrées abandonnées. Brusquement, devant, nous vîmes cahoter, tous feux éteints, une longue file de camions lourds.

Au bout de ce vieux chemin, loin de tout, il y avait une ferme. L'ensemble s'ordonnait en un carré de bâtiments délabrés. Des rougeoiements découpaient durement les fenêtres béantes de la maison de maître. De grandes ombres bizarres dansaient sur la façade décrépie, et du fond des étables désertes des rangées de râteliers rouillés perdaient leurs dents en ruminant des brassées de fourrages oubliées et moisies.

Le ruisseau pataugeait, brassant son lit à coups d'épaule, au fond de la gorge.

Les paysans ont quitté cette terre. Peut-être s'y est-on trop battu ? Peut-être ne paie-t-elle plus ?... Alors ils étaient là maintenant, en sûreté, les clandestins juifs, émigrants éternels, les *Haloutsims*, les pionniers de la terre de Sion. Chaque brassée de branchages enlevant des flammes plus hautes en découvrait par tas, allongés sur le sol, hommes et femmes, vieilles accroupies et des gosses assommés de fatigue. Quelques-uns chantaient, de leur voix rauque, cassée par des siècles de souffrance, que j'ai tant de fois entendue depuis. Leurs sacs difformes de hardes entassées montaient en murailles autour des foyers comme le retranchement des vieilles tribus d'un monde disparu.

L'homme à la cicatrice était entouré.

— *Shalom, Shalom Moshe* (Paix sur toi !).

Comme ceux de leur race, ils parlaient avec leurs mains, mimaient je ne sais quel dernier passage de frontière, dessinaient dans l'ombre leurs attentes dans la neige, les enfants pleurant de froid, les coups de feu de patrouille et la fuite des troupeaux entraînés par le chef de famille au caftan battant les cuisses maigres.

Pourtant ici, en bordure de l'Europe, le ciel était extraordinairement pur. Vers les 2 heures du matin, de longs coups de sifflet firent lever cette plèbe. Ils surgissaient de partout ; dessous les pins l'humus semblait en mouvement. Par sections, en ordre, ils s'alignaient derrière les camions. Des piles de pains, des boîtes de conserve furent d'abord embarquées. Pas un cri, pas d'appels ou de piaillements de femmes énervées. Celles-là, par un vieil atavisme, savaient bien qu'un appel, un mot lâché trop vite provoquent le canon des fusils... Et c'était dans ce maquis comme l'évacuation d'un village trop près des lignes, alors que les hommes se préparent à l'assaut et que les ambulances se rangent le long des maisons mortes, la nuit si calme, avant le martèlement exaspéré de l'attaque.

Ainsi ils agissaient machinalement, guidés par une très vieille habitude. Ils jetaient leurs ballots, soulevaient les gosses, enjambaient à leur tour les ridelles, embarquaient les vieilles femmes silencieuses et qui passaient de poigne en poigne. Certains, arrivés de la veille, avaient tiré quarante heures de train, la plupart marchaient depuis des semaines, depuis les confins de la Pologne, avaient passé clandestinement plusieurs frontières...

Il y a les autres gens qui se sont remis à leur train-train de vie, il y a ceux qui n'ont pas souffert et qui se plaignent le plus, ceux qui cherchent à sauver ce qu'ils ont amassé à l'époque où les gens n'ont que le droit de se faire trouer la peau, il y a ceux qui auraient dû être fusillés, et le gars qui dit : « Moi, je m'en fous, pourvu que je bouffe », les paysans qui se sont engraissés, les bouchers qui ont fait fortune. M. Guitry fait toujours des mots, M. Paul Reynaud écrit les Mémoires du coupeur de la route du fer, et la fille du crémier joue au tennis sur les courts du Racing... Belle saison à Deauville. « Moi, je suis pour l'ordre », « La grève, c'est Moscou », « Avec de Gaulle on sait où aller »...

Et puis il y a tous les autres qui n'ont plus de maison, qui vivent dans les caves, qui n'ont plus de parents, les quelques milliers qui sont revenus laissant à l'est des centaines de milliers entassés dans les charniers, les squelettes du Lutétia, les poitrinaires de Ravensbrück, les maquisards, les terroristes, les volontaires, les requis et l'armée d'une libération. Les hommes qui donnent un bras et reçoivent un ruban. « Ils ont bien mérité de la Patrie. » Liberté, Égalité, Fraternité.

Et puis dans ce continent à peine revenu à la paix, certains rampent encore, le souffle court, le long des anciennes artères souterraines patiemment forées aux années où toute l'Europe se taisait et se repliait sur ses meurtrissures. Ils ont gardé le teint blafard des gens qui vivent sans carte d'identité ; ils marchent la nuit, ils ne dorment pas dans les hôtels, ils ont peur des agents, ils ont peur des soldats et des chiens qui aboient, ils ont des mots de passe, une adresse à Lyon, un sentier dans les crêtes subcarpatiques, un relais dans les décombres de Munich ; ainsi ils progressent lentement de ville en ville. On ne voit rien, on n'entend rien, mais le long de ces réseaux mystérieux, souvent tronçonnés, trop souvent taris et qui reprennent vie après que d'autres y sont tombés, ces pauvres bougres continuent leur marche à la poursuite d'un pays.

Cette fois, après des années, des centaines d'années, ils touchaient aux marches de l'Europe, en plein maquis. Et cette fois encore, leur destin interdisait qu'ils partent comme les hommes des autres peuples qui prennent des billets aux guichets des compagnies et s'embarquent sur des bateaux ancrés dans les ports, en plein jour, sous l'œil d'une police quelconque.

La ferme en ruine, c'était un îlot, un campement loin de tout, hors du temps. Il fallait que le halètement sourd des trains, très loin, ou la stridence d'un sifflet, la modulation des crapauds, le crissement monocorde des grillons viennent nous rappeler qu'un pays vivait autour et nous encerclait.

Dix kilos de bagages. Le poids des vieilles souffrances n'entrait pas en ligne de compte. Des fumées blanchâtres montaient. Les chefs de section venaient de le beugler encore : dix kilos ! Tous obéissaient, ne triaient même pas : ils ont été tant de fois pillés que l'habitude est prise. Ils abandonnaient tout. Ils brûlaient les vieilles couvertures, les vestes râpées. Des relents d'incendie à peine froid, de ville prise et mise à sac traînaient dans le camp. Ils faisaient table rase de la pouillerie de tant de camps, de la souffrance d'Europe.

On n'a pourtant jamais pu brûler les souvenirs.

Et les camions, les dix-tonnes pour déménagements, un par un, s'étaient mis à rouler. Épaule contre épaule, la tête secouée, le chargement tanguait et vacillait par à-coups, d'un bloc, comme une masse gélatineuse. Pas un ne connaissait la vraie destination. Aussi bien avec fatalisme ils s'étaient confiés aux clandestins. Et ce qu'ils feraient, ce qu'on leur ferait faire serait bien fait.

Les chauffeurs, fraction par fraction, apprenaient leur itinéraire. Dix kilomètres après dix kilomètres on leur remettait une nouvelle route tracée.

Jusqu'au bout, eux non plus ne devaient pas connaître le point de la côte où l'embarquement aurait lieu.

Nous avions lâché le premier convoi. Je vis un autre camp. Ce semblait être une vieille gentilhommière. Une ampoule éclairait vaguement le porche. Il n'y avait pas d'amoureux dans les bosquets de buis. Quelques hommes attendaient au bas du perron, peut-être plus impatients avec leurs sacs bouclés.

D'autres somnolaient encore, allongés sur les planchers. Des vitrines de porcelaine avaient été repoussées le long des murs. Quelques femmes étaient recroquevillées dans des fauteuils de style, sous un décor mièvre d'amours fondants et joufflus, de joyeux garçons jouant de la flûte et de dames en robes à paniers qui se balançaient sur une escarpolette fixée au mur. Mais depuis Vilna, depuis Praha, depuis la Passe Verte, ils avaient fini de s'étonner. Et ces peintures murales ne les concernaient pas...

Nous avons roulé toute la nuit. Plusieurs camions se perdirent ; d'autres tombaient en panne. À l'intérieur, rien ne bougeait. Et l'homme à la cicatrice allait et venait, partout sur la brèche, questionnant en hébreu, répondant en yiddish.

Le ciel devint rose. Il faisait froid. Le printemps remontait encore doucement sur le ventre de l'Europe. Je me souviens d'un pichet de vin sucré avalé dans un bistro qui ouvrait ses volets.

— Alors, vous allez retrouver votre pays ? me dit quelqu'un.

Et je ne sus que répondre.

Les villages dormaient. Sous les platanes, les fontaines pleuraient, seules, et pas un contrevent ne bronchait au fracas des lourds camions. Ils diraient peut-être tout à l'heure :

— Un convoi a passé cette nuit... Vous l'avez entendu ? La vie reprend.

Une cigale se décida. Au soleil levant, la dernière ville apparut. Le forceur de blocus était déjà dans la passe du port.

C'était le cargo *Solteiro*.

II

IL Y A UN PEUPLE EN MARCHE

Il n'y a jamais eu de statistique très officielle. Gallup a autre chose à faire. Les Anglais s'y perdent, les Juifs n'en parlent pas. Si ce que j'ai pu savoir est vrai, 21 878 Juifs, en provenance d'Europe, se sont embarqués clandestinement à bord de 23 navires, entre novembre 1945 et novembre 1946.

Le premier, le *Berl-Katzennelson*, touchait Haïfa avec 211 passagers ; le *Hannah-Senesz* suivit, avec 252 clandestins à bord.

Une trentaine de navires firent cap ensuite sur Haïfa. Dix d'entre eux étaient arraisonnés et les émigrants débarqués à Chypre. À mesure que les mois passent, maintenant seuls quelques rafiots parviennent à forcer la zone interdite que la Royal Navy surveille au large des Échelles du Levant.

D'Atlantique ou de Méditerranée, ils ont fait route sur leur pays ; l'*Enzo-Sereni* (252 passagers), puis le *Général-Charles-Wingate* (243), le *Tel-Haï* (746), le *Dovmos* (1 014), l'*Elyan-Colomb* (812), le *Max-Nordau* (1 600), le *Josiah-Wedgwood* (1 300), le *Haviva-Reik* (462), le *Biriah* (1 060), le *Haganah* (2 678), le *Hahayal-Haivri* (510), le *Yagour* (754), le *Henrietta-Szold* (530), le *Vingt-trois* (790), le *Katriel-Yoffé*

(601), les *Quatre-libertés* (1 024), le *Palmach* (625), le *Berach-Fold* (819), le *Latrun (*ex-*San-Demetrio)* (1 252), le *Tunuat-Hamer* (3 854), le *Rafiah* (790).

C'étaient de vieux cargos, caboteurs, voiliers ayant trop bourlingué, aux coques pourries à peine colmatées par la peinture, venus de Grèce, des mers de Chine, du Honduras, d'Uruguay et de Norvège pour avoir le temps encore de danser sur la lame, leurs cales pleines, tout prêts aussi à faire leur trou dans la mer, pavillon haut...

Ayant ainsi trouvé sur le tard la route d'une aventure glorieuse et dont on parlera longtemps dans les cimetières de bateaux morts, mangés de rouille, taraudés par les vers.

Plus tard encore il y a eu le *Ben-Hecht (*ex-*Abril),* le voilier la *Negeb,* le *Rahim-Alozoroff,* les 1 450 du *Mordei-Hagetaot* (les insurgés du ghetto) et le *Yehouda-Halevy.*

Il y a eu aussi les 3 000 rouliers du *Theodor-Herzl...* Et c'est avec eux, chemineau comme les autres, que j'ai cru que le Juif errant allait arriver.

Il se mit à quai doucement. Un seul remorqueur le tenait en laisse et il virait docilement, vint frotter à peine de la hanche tout au bout des bassins, le long du hangar. Cargo *Solteiro,* forceur de blocus. À dessein, je lui ai donné ce nom : *le Solitaire.* Il l'a bien mérité, mais d'autres lettres de cuivre brillaient à sa poupe, au-dessus du gouvernail. Quelques jours plus tard, en mer, un homme accroché à un filin et surplombant le remous de l'hélice passa quelques heures à les dévisser et à fignoler un raccord à la peinture. Et le cargo n'eut plus de nom.

Les chefs clandestins le regardaient.

— Il est beau tout de même. Et il fera du bon travail, meilleur que les derniers voiliers...

— Nous en avons trente-cinq autres déjà payés et qui attendent le moment, ajouta l'homme à la cicatrice.

Celui-là avait été acheté dans un pays équatorial — dont il portait toujours le pavillon —, un bled à moustiques, à palétuviers et à marigots. Au large du pays des cinq Républiques, il avait pas mal traîné sa bosse. La mer des Antilles l'avait vu aller et venir pesamment par les journées torrides où la mer se fait plomb fondu et où le soleil rend fous les hommes sur le pont. Il avait relâché dans la baie de Fonseca. Cent fois le vieux journal de bord rappelait : « Relâche, lagune de Catarasca. »

C'était un vieux compagnon qui avait fait un peu tous les métiers de la mer. À commencer par câblier. Comme un bousier file sa fiente, des années durant il avait mouillé des milles de câbles sur les hauts-fonds de sable en vue du cap Camaron et de la Serra Madre des monts d'Omoa. Il fut bananier, et comme il n'avait que peu de tirant d'eau il pouvait remonter loin dans les rios Romano, Patuca et autres, au cœur des forêts d'acajou et de cèdre, dans le tumulte criard des paradisiers sous les lianes, où les caïmans flottent comme de vieux troncs desséchés.

Des dizaines d'équipages l'avaient monté, gréé, avaient sué dans ses machines où les Caraïbes de Saint-Vincent faisaient métier de soutiers. Et ils en avaient pris des cuites à Trupillo, à Puerto Cortez, à Punta Milo ou à Saint-Juan du Nord !

C'était un fier bateau, pas rasta pour deux sous malgré son exil en vue de Monkey Point. Des flancs lisses de boucanier, gris, cicatrisés mais sans chancres de rouille. Il en est des bateaux comme des hommes. Celui-là, du premier coup, sentait la bête de race trop longtemps maltraitée et qui conserve toujours pourtant quelque chose de sa première distinction. Il n'avait pas été taillé pour son long travail de labour. Plus tard, nous avons compris qu'il avait pourtant longtemps trop souffert !

Mais rien que sa proue triangulaire, affûtée, haut perchée, en lame de faux, proue de corsaire, son ventre étroit et l'arrière ramassé sur l'eau démontraient sa déchéance. 3 000 tonneaux, 85 mètres de long et 12 mètres de large. Il était né en 1902 sur le même chantier que le *Titanic* et il n'avait pas eu beaucoup plus de chance que le cargo *Solteiro*...

Le premier, de la *White Star Line*, faisait 268 mètres de long, jaugeait 46 800 tonneaux et transportait seulement 2 300 personnes, malgré ses dix étages de ponts, au cours de la seule traversée qui ne devait jamais se terminer.

Nous étions 3 000 à bord du *Solteiro*, un seul pont et les deux cales.

À 2 heures G.M.T., le 15 avril 1912, ayant heurté un iceberg à 300 milles au sud-est du cap Race, le frère *Titanic* s'en allait par le fond.

À 0 h 10 G.M.T., le 13 avril 1947, en travers de Tel-Aviv, après quatre heures d'un corps à corps acharné, le frère *Solteiro* n'était plus qu'une épave encadrée par les destroyers.

Philipps, l'opérateur du *Titanic*, tint jusqu'au bout, « Nous sombrons par l'avant », et mourut.

Bob écouta jusqu'au dernier assaut un émetteur clandestin qui le guidait depuis la côte de Palestine.

Le commandant Smith périt avec son bâtiment.

Je ne revis jamais Captain John.

Dans les salons du *Titanic*, Wallace Hartley dit à ses musiciens de jouer *Plus près de toi mon Dieu*.

Il n'y avait pas d'orchestre à bord du *Solteiro*.

Ainsi, à tout prendre, il aura eu une fin digne de lui. En plein XXe siècle, une agonie étonnante pour un méchant vapeur, avant d'aller pourrir en rade de Haïfa. Au cimetière des forceurs de blocus, dans les flaques de mazout où dansent les ventres blancs des poissons morts...

Pris à l'abordage, son arrière défoncé par la proue de l'assaillant, des taches de sang poissant le pont et des hommes qui s'empoignent comme aux abords de l'île de la Tortue. Il peut crever en paix le *Solteiro*, et je la ressens d'autant plus cette nostalgie que j'écris dans un fumoir de paquebot, routinier de la ligne... Les ventilateurs brassent un air mou, les femmes arborent leurs *occasions* d'Alexandrie, des pères exaspérés talochent des gamins qui s'appellent tous Philippe pour une raison précise et les filles de coloniaux font des gammes désaccordées. Ça y est... elles jouent *Continental* !...

Lamentables vieilles dames enragées de bridge, et vous coloniaux malades du foie... Indifférents, vous avez quitté Haïfa et les mitraillettes crépitaient près de Saint-Jean-d'Acre, vous avez longé Chypre, relâché à Larnaca et vous n'avez rien vu car vous photographiiez la vedette de police...

Sur la même mer il y a un peuple qui fait route et vous n'en savez rien.

— L'atout est cœur. Vous verrez que la France a beaucoup changé, monsieur...

Pauvres gens !

Le *Solteiro* avalait régulièrement sa cargaison. Cela dura près d'un jour. On enfourna 3 000 émigrants. Sautant des camions, ils s'ordonnaient en files régulières sous un hangar de zinc où le soleil commençait à taper. Un convoi de vieux wagons aux vitres brisées, aux toits soufflés par d'autres histoires en amena par à-coups de tampons une autre fournée. Les *chiens de garde*, polonais pour la plupart, bottes cirées, étaient montés les premiers, portant un brassard bleu et blanc, insigne de leurs fonctions.

Il n'y avait que peu d'hommes d'équipage sur le pont. Personne sur la passerelle. Une sorte de singe coiffé d'un canotier, le torse noué d'un maillot de corps pisseux, ployait des câbles le long de la lisse. Un autre, que je pris pour le charpentier de bord, clouait des voliges pour consolider la planche de passage.

Chaque émigrant possédait une fiche à son nom et le numéro de sa case dans les cales avant ou arrière. Tout cela était parfait de discipline. L'une après l'autre, les rangées s'ébranlaient, dansaient sur la planche et disparaissaient. Immédiatement après, le pont se vidait. Et l'on recommençait.

Je m'appelais Farkhas, tailleur à Bratislava. Joffroy, lui, maintenant, se savait né à Praha ; il arborait un feutre délavé, enfoncé jusqu'aux yeux... Le papier à la main, nous nous étions glissés dans la file. Le chef de section se détacha, vint nous renifler. Et puis nous apostropha violemment en yiddish. Un cercle se formait. On nous avait recommandé de passer inaperçus...

— *Nixt* compris. *I don't understand.*

Je parle un fort mauvais anglais et cela semblait mal porté en vue du *Solteiro*... Mais le cornac, l'homme à la cicatrice, s'était approché, expliquant :

— Il vous prenait pour des espions, ajouta-t-il.

Au loin, dans le port, des colonnes de fûts dormaient au soleil. Deux chalutiers écrasés sur l'eau franchissaient la passe, leurs filets de pêche encore pendus à mi-mât. Des rames de wagons s'entrechoquaient sourdement.

Quelques employés, en mégotant, commentaient l'événement. J'aperçus aussi une petite marchande de chewing-gum et un colporteur en cartes postales. Personne d'ailleurs ne songeait à lui acheter ses vues en couleurs. Ce port-là ou un autre, ils n'en sauraient même jamais rien, et ce qui leur importait maintenant, c'était de partir.

Le guide semblait inquiet. Responsable de l'embarquement, *chef de plage*, comme on disait, il faisait presser les groupes. On établit une chaîne pour balancer les sacs par-dessus bord. Un avion bourdonnait haut dans le ciel.

— Cela dure trop... Au précédent départ, les Anglais avaient repéré le bateau et l'escortaient ainsi dès la sortie du port jusqu'à l'heure de l'abordage...

L'avion disparut. Tribord, quatre rameurs vinrent en curieux et nous lancèrent des oranges.

Deux remorqueurs ballottaient déjà à flanc de coque. Les files embarquaient toujours. Des attardés quittaient encore les wagons, dispersant de maigres feux à coups de bottes ; traînant leurs gosses, ils accouraient et ils souriaient. Embarqués avec leur équipe, Farkhas, ex-05 732, et son copain de Praha se trouvaient maintenant à bord. Les corvées avaient déboulonné les panneaux avant et arrière, et l'on pouvait découvrir les fonds jusqu'au berceau du navire. 3 000 hommes pour 3 000 tonneaux. Les couchettes en planches s'étageaient depuis le bas, de trente en trente centimètres, une sorte d'étrange columbarium, une concentration humaine, flanc contre flanc, dépassant l'entendement.

Aux hommes qui les construisaient dans un chantier quelconque, on avait dit :

— L'armateur veut faire du transport de fruits...

Déjà une odeur forte tenait au-dessus des panneaux. Stimulés par les cris rauques des chefs de groupes, ils descendaient toujours. Ils n'étaient pas surpris. On les avait prévenus, « le voyage sera très dur » ; ils avaient accepté, ils savaient que l'objectif devait être atteint à tout prix et par le plus grand nombre... Les canots de Nogent, les rives de la Tamise, les promenades de plaisance sont seulement le fait de peuples heureux.

Les camions s'en allèrent. Un train sifflait. Les cheminots ne regardaient plus et la planche dansait toujours sous le martèlement des pieds. Des gosses désemparés, emmitouflés de laines, tournoyaient dans les bouchons de foule. Un Polonais retrouva son frère qu'il croyait brûlé à Dachau depuis déjà quelques années...

Nous avions, tous les quatre, attendu près d'un canot. La haute cheminée noire, plantée comme un pieu en travers du pont, commençait à cracher puissamment. Un remorqueur manœuvrait... À s'en faire craquer la panse, le *Solteiro* venait de digérer sa cargaison d'émigrants juifs.

Lorsqu'il franchit le feu vert de la passe, celle de son dernier départ, un long frémissement parcourut ses jointures qui vivaient à peine au rythme de la mer. C'était pourtant une houle calme, baveuse tout juste d'une petite brise du soir. Il hésita. L'avant travaillait la vague ; alors il se pencha dans le flot, bâbord du pont presque au ras. Les membrures gémirent. Trop chargé, le *Solteiro* donnait de la bande et cherchait, déjà fatigué, la position la meilleure pour tailler sa route.

L'homme à la cicatrice était resté sur le quai. Je l'avais vu courir au bout de la jetée, pour faire longtemps signe. Les bateaux de pêche revenaient au port et les cafés s'allumaient sur les quais...

Le môle avait disparu sans que personne ou presque y prît garde. Pas un mouchoir sur le pont et pas de pleurs. Ils regardaient pourtant, debout sur le bordage. Un groupe chantait... Et que laissaient-ils à la dérive ? Une vieille terre poissée du sang de tant des leurs, la puanteur des ghettos, les pétillements de fusillades. Juif, Jude, Jew, parias et misérables.

Juif (selon M. Littré, de l'Académie française) : *celui, celle qui appartient au peuple hébreu, au peuple qui habita jadis la Palestine.*

Le Juif errant : *personnage imaginaire que l'on suppose condamné à errer jusqu'à la fin du monde pour avoir outragé Jésus portant sa croix, et qui paraît être une représentation populaire de la dispersion du peuple juif...*

— *Tends un verre d'eau sur ta porte, je suis, je suis le Juif errant qu'un tourbillon toujours emporte...* (Béranger.)

C'est un homme qui change de demeure, qui voyage sans cesse...

— *C'est donc un voyageur ?*

— *Non, c'est le Juif errant.* (Collin.)

Et c'est Pinsker, un des leurs, qui disait :

« Le Juif est pour les vivants : un mort ; pour les autochtones : un étranger ; pour les sédentaires : un vagabond ; pour les possédants : un mendiant ; pour les pauvres : un exploiteur et un millionnaire. Pour les patriotes : c'est un sans-patrie ; pour toutes les classes de la société : un concurrent détesté...

« Ainsi notre patrie c'est l'étranger ; notre unité, la dispersion ; notre solidarité, l'hostilité générale ; notre arme, l'humilité ; notre tactique, la fuite ; notre originalité, l'adaptation ; notre avenir, le jour prochain... »

Le jour se lèvera peut-être demain. Et le cycle immuable du jour et des ténèbres sera enfin brisé. Ce soir-là, l'étrave leur ouvrait déjà d'autres espoirs... Et derrière, au-delà de ce quai, d'étranges lueurs rouges et des fumées n'indiquaient plus, depuis si peu de temps, leur aboutissement d'Auschwitz.

Birkenau, Buchenwald, Dora, Flossenburg, Mauthausen, Ravensbrück... Ce ne sont point des noms de batailles. Sans espoir, sans défense, on crevait nus, dans la neige, sous les coups. Le four pour finir...

Il y a trois ans, j'avais vu ces mêmes clochards de la mort vêtus, on ne sait par quelle dérision suprême, de pyjamas rayés bleu et blanc. La lueur étrange de leurs grands yeux larges mangeait une figure ravagée, rongée d'une barbe malsaine, masque taillé à même l'os où la joue se creusait atrocement pour mouler les maxillaires, où le cartilage du nez pointait sous la peau, près de la crever. Ils ne disaient rien, poursuivant un rêve dont ils ne prenaient même plus conscience. Dans la même affreuse robe à rayures, il y avait aussi des femmes fagotées, difformes, les mollets démesurément enflés par l'œdème, et portant à la saignée du bras un numéro tatoué... Et j'avais su qu'elles étaient femmes seulement parce qu'elles s'étaient noué un mouchoir en turban sur leur crâne rasé.

Ils revenaient de la Nuit et du Brouillard. C'était écrit sur les livres d'Auschwitz. *N. N. (Nacht und Nebel)*, car le geôlier le plus effrayant, s'il est allemand, couve toujours en lui les germes d'un romantisme morbide.

Leur long troupeau est revenu, béquillards et manchots, gibier de sanas, crève-la-faim et traîne-misère, des femmes, des enfants et surtout des hommes très vieux qui portaient leur âge véritable seulement sur leur carte d'identité. Ainsi ce cortège interminable, cette cohorte de damnés est revenue, est passée, s'est enfoncée et a disparu.

Ils n'ont parfois rien retrouvé, mais l'imagination est une grande garce et souvent, dans leur longue traversée d'horreur, ils s'étaient créé leur retour et ils avaient tenu grâce à cet espoir.

Restaient les Juifs.

Luftmenschen (gens qui vivent de l'air du temps) comme on les appelait aussi.

En 1922, il y avait seize millions des leurs dans le monde, soit 1% de la population du globe. Six millions ont été brûlés, massacrés, fusillés. Ce n'est pas tout. Il y a eu Himmler, il y a eu Hitler, les brigades spéciales, les chambres à gaz et les camps de la mort, l'embrasement du quartier Nalewki à Varsovie et la *liquidation* de Vilna ; il y a aussi : avant.

Les vieux en caftan s'en souviennent, les derniers rescapés l'ont appris. Cela s'appelle *pogrom*. 1903 : Kitchinev, Roumanie ; Ukraine, 1919 ; Kiev, Sorny, Postov, Kazatine, Berditchev, Jitomir...

Avant, bien avant, l'Église les pourchassait et les enfermait dans les ghettos, juiveries, *judengasse* ou *judenwiestel*. Ils n'avaient pas droit aux noms du calendrier et s'appelaient *Blum*, qui veut dire fleur, ou *Wolf*, qui veut dire loup...

On m'a traduit ce que disaient les vieux du bord. Il y a vingt-cinq ans, on embrochait à Felstin, on noyait à Tchernobyl, on violait à Trostianetz, on hachait à Rossava, on mitraillait à Kiev. 500 000 avaient fui leur foyer, 70 000 furent tués.

Et c'est pourquoi ils ajoutent :

— Les *autres* pourront peut-être recommencer à vivre. Pour notre part, nous savons que c'est notre destin quatre ou cinq fois par siècle.

Ils ont repris le bâton du vieil homme, qu'il s'appelle Boutedieu ou Laquedem. Ils sont dans les cales du *Solteiro*.

De tous points ils avaient convergé des camps de *Displaced Persons* en Allemagne, ces camps où l'on attend on ne sait quoi, de la Subcarpatie, des Marches lituaniennes, de Bruxelles, de Strasbourg, des hameaux des Tatras, du gouffre de Paris et du *Mellah* de Fez.

Les Roumains au crâne rond, les épaisses filles de Varsovie, les partisans de Voronèje, ceux du ghetto de Lwow, les gens de Berditchev, les Russes à tête rasée, les Marocains et les hommes aux yeux bridés de Tachkent. L'un d'eux, en plusieurs années, était parvenu de Vladivostok.

La couverture de G.I. était étoffe universelle, en casquettes, en pantalons, en vestes et en corsages de femmes. Vêtus de peaux de biques, de défroques allemandes, de vestes hongroises, de calots russes, de schapskas polonaises, de souliers américains, ceinturés de gourdes de la Wehrmacht, bottés, pieds nus, en haillons, ils avaient trop arpenté l'Europe.

Je vais vous reparler souvent de tous, mes compagnons de route et de misère. Je raconterai l'aventure effroyable de Norbert Klinger, un parmi tant d'autres émigrants juifs, et l'histoire de Friedler qui fit sauter une caserne allemande à Grenoble et fut condamné à mort.

Nous attendions toujours près des canots ; le *Solteiro* dansait dans la houle et ce premier soir j'avais déjà vu Georgette Zuckermann aux doigts épais, qui eut les mains gelées à Auschwitz. Matricule A. 16 833, tatouée au bras gauche, déportée à 15 ans pour aller travailler dans une mine de charbon. La belle époque...

Son père, prisonnier à Montluc, avait été fusillé près du dépôt des machines, à Portes-lès-Valence, avec 29 autres misérables de la *baraque aux Juifs*. Le monde des clandestins a de ces carrefours... Je me souviens du soir où Popaul et son équipe partaient faire sauter les plaques tournantes de ce même dépôt. Ainsi Zuckermann fut tué en représailles et je retrouve sa fille sur la route d'Eretz, trois ans plus tard.

La nuit était tombée. Sunya, 26 ans, m'a dit que de retour chez lui — après campagne dans l'armée russe de Baltique où il a perdu son bras — il avait appris que son père, sa mère et son frère avaient été fusillés en 1941, après avoir creusé leurs tombes. Ses deux sœurs, enterrées sous les cadavres, s'étaient évadées et avaient été massacrées trois semaines plus tard par des bandes ukrainiennes.

Alors Sunya s'est enfui de Pologne.

Zew, Polonais de 19 ans, a déjà connu onze camps de concentration. C'est lui qui avait retrouvé son frère tout à l'heure. Le père, la mère, la sœur et le grand-père ont été brûlés, à Auschwitz... Mais le petit Moshela qui a 7 ans ne m'a rien dit. La terreur l'a rendu muet.

Ce peuple est prompt à s'enflammer, et c'est une de ses vertus et un de ses griefs que de transfigurer tout ce qu'il entreprend. Il faisait froid sur le pont. Depuis la côte où de vagues lumières palpitaient, un vent aigre rabattait des bancs de brume. Pour la première fois la cloche piqua le quart ; il était 8 heures. Ils étaient en route pour la Terre Promise ; nous n'avions pas encore perdu de vue les rives d'Europe. Et pourtant les jeunes qui commençaient à remonter des cales avaient abandonné bottes et foulards, arraché leurs chandails. La plupart se promenaient en shorts et en chemisettes, les pieds à l'aise. J'en vis deux, torse nu.

— Ils vont prendre la crève !

Mais, habités par leur rêve, ils chantaient en regardant vers l'avant.

Au départ, j'avais cru voir le commandant, homme long et efflanqué, gesticulant dans un trench-coat pisseux et qui se faisait donner du *Capitaine* en torchant des lampées de cognac. Il disparut.

Le vrai, je l'aperçus plus tard, après l'appareillage, accoudé derrière l'homme de barre ; c'était un grand diable brun, costaud, tout en muscles, tatoué aux deux bras.

El Capitano je l'appellerai.

C'était un pur, El Capitano, et un brave type que j'aime bien. Un vieux démocrate trois fois condamné à mort. L'homme à la cicatrice me l'avait dit quelques minutes avant que la passerelle soit remontée.

— Un type qui s'est exilé depuis quatorze ans pour une idée, nous savons que nous pouvons avoir confiance en lui.

Je peux bien l'écrire maintenant à mon tour : émissaires de la Haganah, vous ne vous étiez pas trompés...

Le troisième était le plus énigmatique. C'est lui que j'avais vu à l'embarquement, clouant les passerelles et que je croyais le charpentier du bord. Son rôle s'affirma à mesure que nous approchâmes des côtes promises. Il avait aussi son brevet de capitaine ; vêtu d'une chemise bleue, coiffé d'un vieux chapeau déformé, il était en fait le gardien de la vie de ces 3 000 émigrants.

Je l'appellerai Captain John.

Les feux blancs des mâts se balançaient dans la nuit. La foire du gaillard d'avant, au grelottement des balalaïkas et des guitares pincées, avait commencé. Ils chantaient. Toujours je les ai entendus chanter. De ces rythmes étonnants et rauques qu'ils avaient appris avec l'espoir des plantations futures et de la paix des kibboutzims, mais qui traînaient pourtant dans leurs syllabes scandées toute une peine immense, puissante et démesurée, qui sautait du bord et continuait à flotter, à rouler de vague en vague, comme un dernier souffle des steppes et des montagnes désolées. La mer était calme, le ciel foncé. Les jambes pendantes, éperdus de leurs chants, ils découvraient les premières phosphorescences brisant le long du bord du *Solteiro*...

Plus un interstice dans les casiers des cales pour nous loger. Et puis, tous les quatre, nous devions être au plus près du pont, parés à monter le plus tôt possible. Or, un jour ou l'autre, nous savions bien que les panneaux seraient condamnés...

Au poste d'équipage, les hommes avaient déjà cédé leurs couchettes à des gosses — et ces gens éreintés par des veilles ont dormi la plupart du temps sur les tables de leur carré.

À minuit, comme il descendait de la passerelle et nous découvrait, acagnardés sous le berceau d'une embarcation de sauvetage, El Capitano nous offrit sans trop d'entrain le refuge de sa tanière. Ce n'était qu'une petite cabine éclairée par trois hublots aux rideaux poussiéreux, encombrée de caisses de cognac et de rhum, meublée d'une pendule (John Bliss and Co, New York) qui sonnait méthodiquement les quarts, d'une couchette en tiroir, d'une bibliothèque vide et d'une chaise. Le ventilateur ne marchait plus. Près d'une lampe à pétrole, emboîtée dans sa suspension à la cardan, une ampoule émettait une lumière rare qui vibrait désagréablement. Des tapis crasseux, sournoisement disposés, glissaient au roulis.

Le patron n'avait pas plus de bagages que nous ; sa musette et deux chemises avaient été jetées dans un coin. Il balaya du pied quelques instructions nautiques qui gênaient sa cérémonie, fit sauter ses bretelles et apparut en caleçon long. Capitaine Andrès parlait avec un fort accent.

— Inutile de balayer... dans huit jours par Dieu ! tout cela va partir à la mer, sauter au nez des Anglais... Tout, tout... Vous verrez cette furie !

Et ainsi nous avons su qu'El Capitano n'avait pas grand espoir de franchir le blocus.

— J'ai une route à moi. Nous allons essayer... Et j'ai déjà parié à John que je ne toucherais pas au sextant de tout le voyage.

Il avait collé deux photos de pin-up girls à longues cuisses au chevet de sa couchette. Il les considéra un instant.

— Brunes comme les filles de mon pays...

Il hésita. Nous sentions que ce vieux paysan de la mer voulait dire autre chose.

Il se décida :

— Alors, vous allez écrire pour les journaux... Et il y a même un *Inglés* ?... Quelle histoire !

Il s'était assis.

— Vous savez ce que je risque. Eux là-bas me considèrent comme un capitaine de pirate. Ils ne me pendront pas, bien sûr, mais ils emprisonnent et vous enlèvent le brevet. Celui qui m'a précédé a été pris. On l'a condamné à vingt ans de travaux forcés. Et personne n'ira le tirer de là... Pourtant nous ne sommes pas pirates, nous n'attaquons pas, nous ne pillons pas... Corsaire, peut-être ? Vous savez que c'étaient des vaisseaux armés par des particuliers pour la guerre de course...

» Tout cela a été aboli à Paris, au congrès de 1856. Seul le Mexique n'a pas pris l'engagement... »

Il sourit. C'était ce qu'il voulait dire.

— Vous ferez comme si j'étais mexicain... J'ai une femme et deux gosses au pays et je voudrais bien les revoir.

Il sortit, forme étrange, moulé dans ce caleçon blanchâtre.

Le *Solteiro* dansait un peu. Nous longions une côte éclairée et je compris à leur persistance que c'était à très petite allure. Le rythme des machines était imperceptible. L'avant était déjà encombré de corps allongés. Le poste d'équipage s'ouvrait juste derrière le palan des ancres, à l'étrave. On y plongeait par une échelle verticale poissée de sueur et de goudron. C'était une cale triangulaire où les couchettes s'allongeaient de part et d'autre de la coque qui allait en se rétrécissant. La tête des hommes reposait sur la pièce maîtresse de la proue, et le froissement de l'eau, la membrure qui geignait et le mouvement sec de l'étrave attaquant la vague devaient leur rendre la position intenable à force.

Jusqu'à la superstructure de la dunette bâtie au-dessus du faux pont, un encombrement de planches, de madriers, de barils et de corps enchevêtrés rendait la progression difficile. Le panneau de la cale avant était grand ouvert. Deux aérateurs coudés comme des manches à air bourdonnaient, soufflant en travers du pont un air vicié, lourd de relents. Les deux coursives bâbord et tribord traversaient tout le château, bordées par les latrines, la cabine radio, le carré, la chambre du diesel, le lavabo des femmes et la cuisine de l'équipage. Une eau grasse, et qui ne s'évacuait pas, engluait déjà les planches.

On débouchait alors sur le pont arrière. Une construction grossière, mal équarrie, y avait été édifiée. L'hôpital — avec six couchettes — et la pharmacie occupaient les deux pièces. Une passerelle de fer plongeait vers les machines. Une centaine de lourds radeaux de sauvetage avaient encore été entassés sur la superstructure. Le capot de la cale arrière s'ouvrait juste au-dessus de l'étambot, à côté du panneau de la soute aux vivres, défendu par de fortes barres de fer cadenassées.

D'un bord ou de l'autre, quatre échelles permettaient de monter au château. La cheminée s'en dégageait et, là encore, c'était un encombrement de fûts de pétrole soigneusement arrimés, de rouleaux de cordage et de tonneaux de vin. Suspendues aux bossoirs, quatre embarcations de sauvetage pour trente personnes. Des ceintures de sauvetage de l'armée américaine étaient entassées sous les bancs. Deux mâts trapus et puissants encadraient le château à l'avant et à l'arrière. J'aperçus aussi une douzaine de caisses pleines de bouteilles vides, mais je ne devais comprendre que beaucoup plus tard...

Je ne suis pas un homme de mer et pourtant cette pérégrination, guidée de temps à autre par la pauvre lueur d'une lampe poussiéreuse, me donnait l'impression que le *Solteiro* aurait du mal à terminer son labeur. Mal lesté (et les gens des cales n'allaient pas demeurer sans monter à l'air), trop chargé avec le poids de ses deux châteaux, du pétrole et du fouillis du pont, il tiendrait mal la mer au premier coup de chien. Une autre chose me frappa : les bastingages, gros comme un bras d'homme, avaient été encore renforcés. Quant à cette proue aiguisée comme une lame, son extrémité triangulaire était cimentée et boulonnée de neuf.

Nous avions fini par aller au plancher, crevés de fatigue et le ventre à peu près vide. Joffroy signala à plusieurs reprises qu'il y aurait urgence à employer le D.D.T. pour liquider les vieux locataires des tapis.

À peine les hurlements d'El Capitano, redescendu de la barre et qui expulsait trois femmes à demi évanouies, purent-ils nous réveiller un peu. Il jurait en trois langues et affirmait véhémentement « qu'il n'avait jamais vu un tel bordel en trente ans de navigation ».

Il ressortit en rallumant l'ampoule.

— Il faut toujours la laisser en mer. On ne sait jamais...

La tête de l'homme de barre ballottait dans une lueur verdâtre. Effectivement c'était un beau bordel... Le temps fraîchissait un peu et les émigrants découvraient la mer pour la première fois après des générations de ghetto oriental. Il y en eut au moins deux mille malades cette nuit-là. Le pont devint impraticable, souillé de déjections et de vomissures. Les femmes s'affalaient un peu partout, malades à mourir. Déjà beaucoup n'avaient pu supporter l'atmosphère pourrie des cales. Ils s'installèrent sur le pont, décidés à y tenir jusqu'au bout du voyage.

Bâtissant des guitounes en toile, s'entassant sur les bancs des canots, accroupis contre la cheminée, en tas dans les coursives... Certains, roulés dans leurs couvertures, s'allongeaient sous les embarcations au ras du vide ; d'autres tête-bêche, les pieds contre les surbaux des écoutilles ; hommes contre femmes et fraternellement. Comment ne tombaient-ils pas par grappes à la mer ? C'est encore un problème... Aussi bien, d'ailleurs, il n'y aurait rien eu à faire ; sinon appeler le rabbin et continuer la route.

III

ALLE MENSCHE UNTER

En cet entassement, l'odyssée devint d'une étrange monotonie. Impossible de se déplacer. Et rien que la mer... Les jours et les nuits allaient tourner régulièrement, et le soleil montait, nous surplombait et redescendait avec la conscience d'un employé ponctuel. Soleil et mer, manger, boire et vomir. C'était le cycle de ces trois mille hommes, vos frères, comme on dit le dimanche matin, vos pauvres bougres de frères...

Le rationnement était sévère. Un biscuit rond, dur à se casser les dents, chaque vingt-quatre heures. Une soupe chaude matin et soir. Le premier jour, nous eûmes droit à un litre d'eau douce et un quart de thé. Le second, la mesure tomba à un quart de litre d'eau. Comme à la caserne ou au lycée, les quatre de la cabine avaient organisé un tour. Il s'agissait, malgré le roulis, de traverser le château, descendre l'échelle, passer encore vingt mètres de planches traîtresses pour aller toucher nos rations à l'infirmerie... Le photographe en fut dispensé, ce garçon lymphatique n'avait aucune disposition pour le travail sans filet. Après tant de retours à vide, nous pourrions maintenant nous porter partie civile contre ce lascar !

Par contre, vieux rite britannique, il voulait se raser chaque jour. Interdiction formelle était faite de se laver... ou bien il fallait employer l'eau de mer. Mais l'animal guettait les sommeils pesants d'El Capitano pour subtiliser son arrosoir (strictement personnel) et barboter en paix dans le lavabo du maître. En avons-nous aplani, t'en souviens-tu ? Joffroy, des incidents diplomatiques où la famille Auerbach se voyait insulter jusqu'au trisaïeul générateur d'un tel produit... *Cojones ! Hijo de chibato !...*

À 16 heures, sur l'arrière, les hommes de corvée se formaient en longues théories silencieuses pour toucher le seau plein de leur groupe.

Pas de cuillère, pas de fourchette. Les doigts... C'était aussi une vieille habitude à réapprendre.

Et tous disaient :

— Nous préférons souffrir dix jours et arriver en Eretz...

À force de se le dire de bouche à oreille, de chercher des arguments pour appuyer leur thèse, d'avoir vingt raisons de n'y pas croire et cent d'en être sûrs, ils finissaient par se persuader qu'après deux semaines, tout au plus, ils fouleraient ce sol tant désiré.

Tous, plus ou moins, on se faisait des idées. Chaque soir, peu après le quart de 8 heures, le type venait cogner aux hublots. Un énorme gaillard à la poitrine velue, aux biceps gélatineux, et pourvu d'une calvitie de maître d'hôtel. Le bas du visage était mangé d'une mauvaise barbe foncée par la sueur.

— Alors, cette belote ?

Nous n'y tenions pas ou nous avions autre chose en tête. En fait, ce pauvre mythomane voulait surtout nous raconter sa vie. Il se prétendait fiancé à la fille de l'ambassadeur de Roumanie. Il se disait médecin, ingénieur, ancien bat' d'Af' ou fusilier marin. Nous l'écoutions poliment. Naviguant dans sa graisse, c'est toujours vers cette cabine qu'il se rabattait. Les autres ne l'aimaient pas et le tenaient à l'écart. Il s'occupait seul du diesel pour l'électricité du bord.

Et un soir on nous dit :

— Il paraît que Joanovici est à bord !

Sur un vieux journal suisse, servant d'abat-jour, nous découvrons la photo de l'escroc recherché alors par toutes les polices...

C'est lui, l'homme du diesel !

Branle-bas de combat. Une délégation part pour les machines ; l'excitation monte. Évidemment, ce n'était pas Joanovici... Pourtant, à Chypre, on continue maintenant à l'appeler *M. Joseph.* Il travaille aux cuisines et il parle toujours de la fille unique du diplomate.

La discipline à bord était parfaite ; elle n'a jamais cessé de m'étonner, à l'abordage, dans la tempête et dans les camps. Les troupes obéissaient strictement aux chefs de groupes ; l'état-major clandestin — qui occupait la cabine contiguë — était composé de *Sabras.* C'est ainsi que l'on nomme les Juifs nés en Palestine. Le *sabra* est un fruit épineux de cactus et ces hommes, en effet, au contraire de leurs frères d'Europe, sont basanés et secs, taciturnes, avares de leurs gestes. *Captain John* qui en était le chef avait 25 ans ; il a je ne sais combien de transports clandestins à son actif. Son second, dit *le Rouquin,* petit homme rond, aimé de tous les gosses du bord, s'occupait des magasins et des vivres ; le lieutenant surveillait les machines et le diesel de l'électricité ; le radio apparaissait de loin en loin sur la passerelle et disparaissait rapidement. C'est à Haïfa seulement que j'ai découvert ses émetteurs dans une pièce de la coursive tribord.

Les passagers étaient divisés en vingt groupes fortement charpentés. Les chefs de section avaient à charge l'entretien des cales et la distribution des vivres. Deux groupes de volontaires, chacun de soixante, nettoyaient les ponts. Vingt autres travaillaient aux cuisines, autant dans la fournaise de la chaufferie, encore vingt se relayaient jour et nuit pour la veille à l'incendie et comme vigies de mât.

Malgré tout, jour après jour, la puanteur des cales devenait insoutenable. Et il semblait que le *Solteiro* avec son long sillage en forme de fougère laissait traîner loin derrière lui comme une écharpe de relents plus solides à mesure que le temps passait.

Le vent ne mollissait pas et nous longions des côtes à l'eau plus bleue, qu'ils découvraient en chantant toujours.

El Capitano était à peine descendu de la passerelle depuis trois jours. Nous étions seuls à savoir que des mines étaient signalées à la dérive dans la région... Et il n'avait voulu prévenir personne, pas même les vigies d'avant, craignant une panique au premier dos de marsouin sautant le long du bord.

De temps en temps, au loin, une silhouette de navire apparaissait. Immédiatement le cargo changeait de route. Le chapeau mou de Captain John débouchait sur la passerelle et le porte-voix commençait à nasiller :

— *Sheket ! Sheket !* (Silence ! Silence !)

D'un bout à l'autre du pont, de l'infirmerie au gaillard d'avant, l'ordre courait. On savait déjà ce qui allait suivre :

— *Alle unter ! Alle unter !* (Tous en bas !)

À coups de gueule, les brassards bleus repoussaient les émigrants vers les cales. Les capots s'engorgeaient ; on se passait les gosses de main en main. D'autres sautaient directement sur les hautes couchettes par les panneaux de l'écoutille. En quelques minutes, le pont était déblayé et seules quelques rangées de têtes apparaissaient au sommet des échelles. Il ne fallait pas que le *Solteiro* attire l'attention. Sur les faux ponts, les malades, autorisés à rester à l'air par un billet de l'hôpital, se tassaient dans les canots, recroquevillés sous leurs couvertures. Les bâches s'animaient du rampement reptilien des gosses qui cherchaient l'air... Mais, quoi qu'on fasse, le *Solteiro* n'aurait jamais l'air d'un paisible cargo comme les autres.

On amenait le pavillon. J'entendais les hommes, jumelles au poing, parler sur la dunette. Là-haut, tous les commandements se transmettaient en français :

— C'est un courrier...

— Non, un pétrolier.

— Il doit faire route sur Gibraltar !

Le chadburn sonnait. En vérité, le *Solteiro* méritait bien le nom de guerre que je lui ai donné.

Pas de distribution d'eau le troisième jour ; il faudrait attendre le lendemain. Je tâchais de calmer la soif à force de lampées de rhum. Comme la cloche piquait le quart de minuit, El Capitano, les yeux creux, descendit enfin. Des phares énigmatiques clignotaient au loin. Sur l'avant balancé du corsaire les émigrants immobiles dormaient, roulés dans leurs couvertures et trempés d'embruns.

Ça n'allait pas. Le *Solteiro* se traînait. La gite sur bâbord s'était encore accentuée. El Capitano venait de faire filer le loch, mais il savait déjà que nous marchions à cinq ou six nœuds tout au plus.

— Allons à la chaufferie ! dit-il brusquement.

Les pistons allaient et venaient dans la salle des machines. Le vieux empoigna encore une échelle de fer et disparut le premier.

Les six fours flamboyaient. Les ringards plongeaient dans la braise, secoués par les hommes qui fourrageaient à pleins bras. Enfer, je ne trouve rien d'autre à écrire. Deux démons espagnols gantés de cuir, plus qu'à demi nus, dansaient devant nous en harcelant les foyers.

— *Agua ! Agua !*

Le mâchefer dégringolait en plaques écarlates. Un homme balançait de grands seaux d'eau. La vapeur fusait. Une fumée âcre décomposait leurs formes huilées de sueur.

— *Agua ! Agua !*

D'un mouvement sec les pelles mordaient le tas de charbon, étalaient leur chargement avec symétrie sur l'ensemble des grilles. Des retours de flammes grondaient. Les volontaires juifs tombaient comme des mouches.

— Si c'était affaire de résolution, disait le vieux, ils en ont à revendre, mais ils n'ont pas grand-chose là-dedans.

Et il claquait de sa grande poigne ses biceps bleuâtres.

Chaque demi-heure il fallait remonter des gars, suffoquant, jusqu'à l'air du pont. On hissait les escarbilles par un seau à bout de poulie dans une manche à air. Par un sabord de la coursive tribord, deux autres volontaires ruisselants les projetaient à la mer. Et, côte à côte, dans un renfoncement balayé de courants d'air et de poussières de scories, toute une famille hongroise avait cherché refuge, pressée sous l'abri illusoire de deux toiles à sac.

Malgré tout, la pression ne montait pas. C'était du mauvais charbon anglais qu'on brûlait. Le manomètre s'était fixé à 90, au lieu de 160, n'en voulait plus décoller, et le *Solteiro*, à demi couché, filait péniblement ses six nœuds par temps calme.

Pourvu qu'il dure ! répétait le vieux. C'est un bon bateau mais il est trop chargé. Il en crèvera. Ses superstructures le couchent sur l'eau. Six nœuds ! une misère. Je viens encore de voir les livres de bord. Les autres signalaient toujours : dix, douze nœuds après leur quart. Jamais moins.

Connaissant à peine son bateau, El Capitano l'avait tout de suite aimé. Son instinct ne le trompait pas. Il savait que c'était une bonne barque et qui, bien menée, pourrait faire du chemin.

À chaque réveil il s'extasiait :

— *Madre de Dios !* On n'entend même pas les machines. Et regardez comme il est bien à la houle, il se laisse porter, il ne roule jamais. Et nous le tuons !

Je pense qu'il n'aurait guère fallu pousser El Capitano pour le faire avouer, et sa rêverie le portait à imaginer son bateau vide de passagers, lui seul à bord avec ses hommes, taillant la mer où que ce soit, pour le plaisir de gouverner un aussi brave compagnon.

En remontant de la chaufferie le vieux se lava les pieds. J'appris ainsi que c'était fête et dimanche par-dessus le marché. Il se donna le droit d'un seau plein d'eau douce. El Capitano tenait à ce genre de tradition...

Pesach ! la Pâque juive fêtée chaque année le quatorzième jour de la première lune... La commémoration du premier exode de leurs ancêtres, ce souvenir d'autant plus actuel à bord du cargo en route pour la terre des Ancêtres...

Alors Moïse et Aaron demandèrent au Pharaon d'emmener tout le peuple hébreu au pays de Chanaan. Et le Pharaon refusa. Alors Moïse frappa le peuple du Pharaon de dix plaies miraculeuses. L'eau du Nil fut changée en sang. Les grenouilles, les moustiques et les mouches ravagèrent la contrée. Les animaux moururent et les hommes furent couverts d'ulcères. Les récoltes furent anéanties par l'orage. Vinrent les sauterelles et d'épaisses ténèbres couvrirent l'Égypte. Tous les premiers-nés moururent...

Le peuple hébreu se remit en marche sous la conduite de son chef. Ils franchirent la mer Rouge à pied sec et les eaux se refermant derrière eux engloutirent l'armée du Pharaon envoyée à leur poursuite.

C'est alors que commença la marche dans le désert qui devait durer quarante ans.

L'an 5707 de l'ère juive, quelque part en mer, un cargo faisait route vers Chanaan. Et ce soir-là, à bord, il n'y avait pas eu de biscuits de mer mais des *Matzoss*, le pain sans levain que leurs ancêtres emportèrent dans leur fuite.

À l'arrière les hommes de garde veillaient devant l'hôpital silencieux. Cela se passait maintenant au gaillard d'avant. À la proue, cette proue de *Nous irons à Valparaiso* et celle des *Vols de gerfauts*, les gens de la secte des *Hassidims* dansaient.

Rabbins ou pratiquants, ils étaient au plus une trentaine à bord. J'étais habitué à les voir le matin au soleil, leur boîte de prières au front, l'avant-bras noué par le ruban des *phylactères*, tous accotés au premier canot de sauvetage sous la lessive du capitaine.

Le plus vieux, barbu, enveloppé d'une houppelande aux boutons disparus, les pieds nus dans ses brodequins, broutait son texte avec ferveur, relevant d'un mouvement gourmand des lèvres quelque subtilité qui nous échapperait toujours, hochant la tête et souriant derrière ses lunettes à monture de fer.

Il se méfiait seulement d'Auerbach, le photographe, qui le voulait prendre à l'improviste. Mais la loi dit : « *Vous ne ferez point d'image taillée, ni aucune image de ce qui est dans le ciel et en bas sur la terre.* »

Et le voilà maintenant échevelé et trépignant ! Sous la flaque sanglante du feu de bâbord, les joues empourprées, ils étaient une dizaine à s'être empoignés par les épaules pour sauter en cadence, les pieds battant furieusement le pont. Les Russes claquaient des mains, les Hongrois brandissaient leurs archets. Un rabbin, les papillotes au vent, son chapeau noir fiché sur le crâne, bondissait en chantant, la barbe dans les embruns...

— *Yomtov ! Yomtov !* (Bonne fête !)

Et mon barbu est là, remonté à bloc, vociférant au milieu d'un cercle endiablé. On me traduit. Il explique qu'à Vilna, chez lui, au dixième soir du mois de *Nisan*, on choisissait un agneau mâle, qu'on l'immolait le soir du quatorzième jour et qu'on le mettait au four, comme il est prescrit par la Loi. Dès la nuit ils se réunissaient à dix ou vingt pour le festin de *Pesach* et le plus jeune des convives posait les questions rituelles au maître de maison.

On s'écrasait sur le pont dominé par les silhouettes immobiles des hommes de quart. Partout une éclosion, un relais de chœurs... Les Baltes (tous avaient eu leurs parents fusillés) rythmaient le chant des pionniers. Un Polonais les écoutait, debout, près d'un canot, la tête sur le cou de sa femme. Les Hongrois se déchaînaient. Et ils ne disaient plus dans leur enthousiasme effréné : « *L'an prochain à Jérusalem !* » mais : « *La semaine prochaine, la semaine qui vient !* »

Le bateau bourdonnait ainsi d'une étrange fièvre. El Capitano pensait peut-être qu'il pourrait les débarquer et revenir avec son *Solteiro*. Les femmes enceintes ne gémissaient plus. Et personne ne se doutait qu'au large de Tel-Aviv les destroyers attendaient l'heure.

Une à une, j'ai retrouvé ces notes dont le papier se brise, décoloré d'eau de mer, déjà très vieux manuscrit d'aventures finies...

Cinquième jour. Comme il se doit, le premier réveillé sur le tapis de la cabine ouvre les hublots et chante le distique rituel :

La gîte à tribord que l'on croyait perdue,
C'était bâbord qui l'avait dans le...

Matin : pommes de terre tièdes. Un litre d'eau.

Soir : pommes de terre froides. Quatre dattes.

Pearlman sifflote : *On ne danse plus la java* ; le refrain l'a conquis. Les deux lochs ne fonctionnent pas. La pression se maintient à 90.

Minuit. Les gardes arpentent le pont. Par les caillebotis qui plongent sur la chaufferie et les pavillons des manches à air, des clameurs montent et la voix suraiguë du vieux soutier à panama domine le lot. Les portes des foyers se sont arrêtées de claquer. El Capitano est descendu, l'officier de quart est venu le prévenir. Il paraît que l'un des hommes engagés le dernier jour par le chef mécanicien fait tomber ses grilles chaque fois qu'il vide son foyer. Avec ça, il n'est pas très causant. Alors les autres l'ont traité de *saboteur fasciste*. Les ringards se levaient. Ils parlaient sérieusement de le jeter dans un four. Ils avaient cessé le travail.

El Capitano vient de remonter. Il a eu un geste d'ennui en nous voyant debout. Du poing il fracasse les planches d'une caisse de rhum ; il nous dit :

— C'est un bon petit... Je connais la famille. Seulement, il n'a pas l'habitude.

Il repart, traînant ses savates, ses bouteilles sous le bras, étonnant sommelier mal rasé. À nouveau, en bas, le crissement des pelles attaquant le charbon, le choc des contrepoids et le fracas des seaux hissant les scories dans la manche à air ont repris...

El Capitano tient pourtant à une formule qu'il répète souvent : « Mettre aux fers ceux qui sont saouls. » Cela n'est jamais arrivé à bord du *Solteiro*...

C'était toutefois le thème majeur de ses entretiens et il y revenait sans cesse. Il semblait être possédé d'une horreur sacrée pour le vin. Peut-être à la suite d'une histoire tragique ; toujours est-il qu'il ne la racontait jamais. Retour de ses quarts, accroupi sur sa couchette, ayant lâché quelques incongruités, il se curait les pieds, considérait avec un étonnement railleur ces trois types qui faisaient métier d'écrire...

Comme tous les gens de son pays il aimait, indifféremment, à parler des femmes ou de la mort. Il parlait de fesses avec une candeur touchante, prenait à cœur les conquêtes de l'équipage et ne savait pas, comme Thucydide, que les femmes vertueuses sont celles dont on ne parle pas. El Capitano parlait beaucoup des filles qu'il avait connues...

Il finissait par s'endormir.

Sixième jour... C'est du moins la version du calendrier. Pour nous, nous ne saurions déjà plus. Le navire se traîne et les jours recommencés se ressemblent étrangement.

Pas de distribution d'eau. Du singe filandreux. Le thé est salé car ce sont les mêmes conduites qui amènent alternativement l'eau de mer dans les tubulures des chaudières et dans les tanks d'eau douce sur le pont.

Chauffeurs épuisés. Trois nœuds à l'heure.

— Ce sera pire quand nous atteindrons vraiment la zone chaude, répète le vieux.

Captain John est impassible, passe douze heures dans la timonerie, va dormir et remonte.

On comprend que certains matelots hésitent souvent à partir. Ils ne savent jamais s'ils reverront leur famille et si les Anglais ne les retiendront pas, pour l'exemple, quelques années à l'ombre. Juan m'a raconté l'histoire d'un capitaine grec.

— Un drôle de type. Il a bouffé quarante mille francs pendant sa dernière nuit dans une boîte. Chaque fois que l'orchestre jouait un air espagnol, pour faire honneur, il leur lançait mille francs roulés en boule. Tu parles si les musiciens se sont donnés ! À 2 heures, il était saoul. Il était décidé à rester. Il jurait que personne ne l'obligerait à commander son maudit rafiot. Une fille l'a emmené sur son dos jusqu'au bateau. Alors le matin, par habitude, il a pris la mer. Je ne crois pas qu'il soit encore de retour...

Juan m'avait donné l'adresse de la boîte. Elle m'est revenue brusquement un soir. J'ai voulu voir. C'est pas très loin du port. Il y a un petit vieux poli devant l'entrée, avec une tête de chien battu et sa casquette à la main. On y promet des attractions étonnantes, des danseuses étoiles et une chanteuse qui fait bouger les tripes.

Douze tables désertes et trois filles battant des cartes attendaient l'occasion. Un quarteron de miteux soufflait, battait ou triturait de pauvres instruments qui ne le méritaient pas. Tirer sur le pianiste semblait être à la portée de tout homme de bon sens.

La blonde en rouge se souvenait du client — ce n'était pas si loin et les nababs font date.

— Celui qui faisait de la contrebande d'armes ? Tu es de son équipage ?

Il n'était peut-être pas aussi saoul qu'il s'en donnait l'air, le Grec... Une vieille femme drapée de tulle rose sur un ventre plissé vint faire des pointes en lançant des baisers à une table de métis. Les miteux étaient déchaînés. On avait dû leur passer le mot : ils jouaient des paso doble.

Ainsi c'est là que l'autre avait passé sa dernière nuit avant sa longue traversée et son abordage qui fut rude, celui-là aussi... Quelque part en Orient il se souvient maintenant, c'est probable, de la blonde en rouge et il doit affirmer, le bougre, qu'elle valait bien toutes les filles, de tous les ports, qu'il a connues en vingt ans de mer...

Septième jour. Selon la légende, ce jour-là le numéro *un* s'était reposé. *Alle unter,* tous en bas, au fond des cales, les vieux et les gosses, les femmes grosses, tout ce qui vit à bord... Ce cri rauque des vigies revient de temps à autre, comme une obsession et un rappel... *Vous êtes toujours des parias.* Ils le savent et ils obéissent, ils dégringolent en files par les échelles.

C'est la mer, la grande mer cette fois, sa respiration large où plonge l'étrave ; dégagée du corset des côtes et des îles. Le *Solteiro* donne de la bande à treize degrés. Selon le vent, il s'allonge sur tribord ou bâbord, vacillant comme un homme saoul. Et, chaque fois, un long gémissement monte depuis les fonds.

Ce matin, un *liner* blanc nous a dépassés facilement dans sa foulée, à peine moucheté d'écume. Tous en bas ! il y a des hommes libres en vue. Et l'on ne sait ce qu'ils pensent, ceux qui nous croisent, de cet étrange cargo aux ponts déserts, à demi couché sur le flanc, traînant désespérément sa cheminée difforme et qui crache une fumée puante.

Probablement rien. Sûr qu'ils attendent le deuxième service, ils vont se baigner, ils grognent parce que le steward ne répond pas au commandement. Les actionnaires retournent à Alexandrie. Quelques grues vont porter loin le prestige de la fesse française. Des missionnaires sont en route pour prêcher ; un général part voir si la soupe est bonne quelque part. Les jeunes filles attendent le soir pour se faire peloter sur le pont supérieur par les aspirants. Les femmes mariées sont en chasse. Les touristes cherchent l'Etna au large de la Crète... Ils ont dû voir le cargo. Ils remarquent avec stupidité :

— Comme il fume !

Ou bien :

— Regardez, cher, ce petit navire si romantique !

À bord du *Solteiro*, navire maudit, par le travers à dix milles de vous, on crevait de soif, de chaleur et d'espoir... car c'étaient des hors-la-loi, des traîne-misère, et cela m'a suivi maintenant puisque je fus leur compagnon et ami.

À l'escale d'Alexandrie, au retour avec Joffroy, ils nous ont interdit de descendre et gardés à vue. Ne demeuraient plus à bord que les passagers de troisième, tous les Juifs et nous deux. Un policier égyptien, après nous avoir renvoyés avec une grossièreté indigne d'un homme dit civilisé, avait déclaré :

— Terroristes !

Un cinéma, à la suite de je ne sais plus quelle rivalité, venait de sauter au Caire. De misérables chaouchs asticotés à coups de garcette s'engouffraient dans le navire, un couffin de charbon sur le dos. Leur ronde dura dix heures. Ils touchèrent dix piastres. Dans les cabines, deux marins français se battaient au couteau contre une équipe de pillards travaillant en *pool* avec les mêmes policiers.

Et vive l'Indépendance ! M. le Fonctionnaire de S. M. le roi Farouk, je préfère l'amitié de Norbert Klinger, ex-matricule 160 333, émigrant juif...

IV

IL N'Y AURA PAS LA GUERRE...

Ils étaient toujours deux copains à demeurer ensemble : Klinger et Marcus Heü. Klinger est un type mince, aux jambes fluettes ; il est en short, coiffé de son éternelle vieille casquette d'Europe orientale à la coiffe haute, la visière bien enfoncée cachant les yeux. Il n'a pas gardé trace de ses aventures terribles : peut-être ce teint un peu blafard, ses joues creuses, sa main droite amputée de deux doigts et surtout les brusques silences, sans raison pour nous, où il plonge seul, les traits durcis.

Voici son histoire.

Chaque matin il venait devant la cabine et me l'expliquait en trois langues dont l'anglais, avec des termes yiddish qui surnageaient çà et là. J'ai fini par en transcrire l'essentiel.

Il est né à Vienne il y a vingt-cinq ans. Ses parents ? Il ne sait pas maintenant... Ils habitaient Kosice, en Tchécoslovaquie, depuis 1929. En 1939, pendant que les Allemands envahissent Prague, leur ville est occupée par les Hongrois. Leur magasin de confection fermé. On leur donne quarante heures pour partir. Pourquoi ? parbleu, ils sont juifs.

Ils s'en vont habiter une masure hors de la ville. Ils survivent.

6 août 1941. Trois heures du matin. Douze policiers hongrois. Quinze minutes pour faire les paquets. La sœur de Klinger se cache dans un placard. Le vieux reste seul avec elle. Ils ont décidé de ne pas l'emmener, il a 82 ans.

Après trois jours d'attente (vous savez ce que c'est trois jours sans manger, entassés dans une cour d'école, en sachant trop qu'il n'y a plus beaucoup d'espoir ?), ils sont déportés à Rakowo. Soixante-cinq kilomètres à pied, encadrés par les mitrailleuses de la milice ukrainienne.

Puis Kamenetz-Podolsk. Ils sont 1 500. On les aligne cinq par cinq. Son père et sa mère ont disparu, partis pour une autre destination. Cinq par cinq et les mitrailleuses commencent à bavarder. Klinger s'effondre, il n'est pas touché. Il fait le mort sous les autres morts. À la nuit, il rampe hors du charnier, enfile un manteau ukrainien et fuit. Il parle bien l'allemand (outre le français, l'anglais, le russe, le polonais, le yiddish, le tchèque et l'hébreu). Il passe la frontière. Il est capturé par les Hongrois. Torturé.

— Plus terrible que Gestapo, dit-il simplement.

On le ramène en Pologne. Il s'échappe toujours. Il est encore repris. Il tire alors deux ans au camp de Garanyi, puis il est transféré au quartier politique de la prison de Ricse.

En 1943, il est remis en liberté pour un mois. Il retourne au pays. Sa mère est morte de chagrin ou de privations ; les voisins ne savent plus très bien... Il apprend pourtant que son père, sa sœur et son frère sont transférés depuis peu à Cluj (Transylvanie). Il part les rejoindre. Le train. Rafle à soixante kilomètres de Budapest. Il s'échappe encore, arrive à Cluj, s'y cache.

Mars 1944. Il vivait toujours dans une cave. Les Allemands occupent la ville. Il n'a pas revu les siens. Son père et sa sœur sont concentrés en ghetto. Puis, transport après transport, les Juifs sont déportés. Il se cache. Tout est bouleversé ; grâce à un billet d'entrée au jardin zoologique — son seul papier — et pas mal de culot, il réussit à se faire passer pour étudiant. Un jour, à la bibliothèque de la ville, le malheureux lit du Bernard Shaw dans le texte. Cela suffisait à vous faire condamner à l'époque. Et la bibliothécaire qui le prend pour un parachutiste allié le dénonce. Torturé, toujours torturé. Et il répète :

— Hongrois... Plus terrible que Gestapo !

On lui serre la verge dans une bague électrisée et la rupture du courant provoque chaque fois des chocs atroces. On le pend par les mains le long d'un mur plusieurs heures d'affilée. On le bat à coups de nerf de bœuf, on l'assomme à la cravache.

Il finit par avouer qu'il n'est *que* juif.

Pendant six semaines ils le tiennent accroupi entre deux murs. Il ne peut ni marcher, ni même se lever, ni s'allonger. Alerte. Les avions alliés sont signalés. Les gardiens conduisent les prisonniers importants dans les caves de la prison. Il s'évade (chose incroyable) au volant de la voiture du général de la police allemande. Il se dit maintenant que c'était idiot, mais sur le moment, pour fuir, il était décidé à n'importe quelle folie. À la sortie de la ville, il est repris par une patrouille. On étouffe l'affaire ; le général ne veut pas être blâmé par ses supérieurs.

À nouveau en cellule. Une soupe tous les deux jours, mais on le torture tous les matins pendant trois semaines. Il est enfin déporté à Debreczin, puis vers la Pologne. On le jette dans un wagon de vieux et de femmes, entassés à coups de bottes par cent quarante.

À minuit, comme le train passe la frontière slovaque, Klinger fait sauter la paroi du wagon avec des tenailles. Les autres supplient, s'accrochent à lui. Lui sait que tous doivent être exécutés, il a entendu les gardiens allemands le dire dans une gare.

Il saute, d'autres le suivent. L'alarme est donnée, des rafales de mitraillette claquent. Le train s'arrête. À quelque distance de la voie, Klinger s'est arrêté dans la forêt pour souffler un peu. Alors il a vu qu'ils faisaient descendre *tous* les gens du convoi, tziganes, Juifs, partisans et vieillards, qu'ils les alignaient le long du ballast. Les misérables n'avaient même plus la force de broncher. Les mitrailleurs ont allumé de grands feux et ils ont commencé à travailler à l'arme automatique...

Klinger s'est mis en marche, un camarade l'a rejoint. Ils vont vers les montagnes. Ils mangent l'écorce des arbres. Ils marchent ! Six jours et six nuits, ils cherchent les partisans dans la forêt. Son copain devient fou et veut le tuer. Klinger le tue et rejoint enfin les maquisards. Il demeure trois mois avec eux, puis est envoyé en mission à Bratislava. Il est encore dénoncé, encore arrêté, toujours torturé.

Il est déporté à Seret, puis en Allemagne. Cent vingt par wagon, on connaît la musique... Cinq jours sans boire ni manger. À Saxenhausen, il reste vingt-cinq survivants sur quinze cents. Klinger en est. Il va travailler à Berlin en kommando. Le bombardement du 6 février 1945 fait 60 000 morts. Il est blessé. On le transfère à Spreehagen où des SS de 16 ans les gardent.

— C'était encore plus dur qu'avec les autres.

18 avril 1945. L'étau allié se resserre. La terreur continue... *Los, Los mensch !...* Ils sont évacués sur le Mecklembourg. Cinq jours à pied, un os de veau, deux pommes de terre. Ils s'arrêtent dans une forêt. Un convoi de la Croix-Rouge suisse est rangé le long de la route. Klinger se glisse sous une voiture. Une sentinelle qui l'a aperçu fait feu et lui coupe deux doigts. Mais le convoi a démarré. Des avions bombardent en piqué. Klinger cramponné au châssis fait cent kilomètres presque sans connaissance. Le convoi va arriver à Ravensbrück lorsque le conducteur le découvre et le fait évader. Klinger se cache dans les bois ; sa main le fait atrocement souffrir. L'artillerie commence à donner dans le secteur et les Russes arrivent enfin.

Il passe six mois dans un hôpital tchécoslovaque. Et puis les *Displaced Persons*, et puis la Belgique. Il est garçon d'hôtel à Bruxelles.

Vous savez la suite.

Ce garçon a 25 ans. Sept ans de sa vie se traduisent en « mort, déporté, évadé, repris, torturé, dénoncé, blessé, repris, torturé, évadé, repris ». Atroce litanie qu'ils m'ont tous récitée pendant des heures. Et Klinger, comme les autres, ne veut plus de l'Europe. Il sait que ce sera dur en Palestine, mais au moins, maintenant, il se sent fort de la foi de tout un peuple.

— J'ai demandé à mon père, c'était en 1938, de partir pour la Palestine, dit-il encore. C'était un homme attaché aux anciennes idées et qui ne croyait pas au sionisme. Il a refusé. Et puis, à quoi bon, m'a-t-il dit, nous n'aurons jamais la guerre...

Le B. 14 102, son camarade, est un petit homme blond et trapu. 25 ans. Slovaque.

C'est Pnina Sanders, la petite Hollandaise de Arnhem, qui traduit. Elle non plus ne se plaint pas puisqu'elle est revenue...

Le B. 14 102 s'appelle Marcus Heü. Il habitait Mikhalovtse. En dessinant sur le pont, il me fait comprendre que c'est une petite ville tout au bout de la pointe slovaque. Jusqu'à la guerre ses affaires ne nous concernent pas. Peut-être même qu'il n'avait pas d'histoire, le B. 14 102.

En 1941, les Slovaques organisent un régiment juif encadré par les Allemands. Pris à domicile, embarqué dans un camion, ses parents disparus, Marcus est embrigadé. Ils restent en garnison près de Bratislava. Les Allemands n'ont tout de même pas l'air très sûrs de ces hommes. En 1943 il s'évade et rejoint les groupes slovaques, tchèques et russes qui opèrent dans les contreforts des Tatras.

Le 28 août 1944, le centre des partisans à Banska-Bystrice est violemment attaqué par les troupes allemandes. Avant l'encerclement, Marcus Heü est envoyé à Brastilava pour remettre au point les réseaux et surtout tâcher de découvrir les agents de l'ennemi qui ont fourni le plan des défenses à Banska. Il est vendu par une femme, sa maîtresse, qui était aussi une amie de sa famille. Onze camarades et lui sont pris dans un bunker où ils tenaient réunion. Ils sont torturés, ne parlent pas et, *bénéficiant* du doute, envoyés à Auschwitz. Marcus Heü y devint le B. 14 102.

Celui qui traîne toujours devant l'infirmerie, quémandant à tous des nouvelles de sa femme enceinte de neuf mois — et je reparlerai plus tard de la tragédie qui a suivi —, il s'appelle Friedler.

Né à Anvers, il était électricien et gagnait bien sa vie. Jamais il n'avait pensé à la Palestine avant juin 1940.

Cette année-là, il était soldat et fit toute la retraite avec son régiment, se battant à Arras et Amiens. Il ne voulait pas retourner en Belgique occupée, et, en juillet, s'engage dans une unité de l'armée de l'Armistice à Lyon.

Le 11 novembre 1942, les Allemands envahissent la zone sud et Friedler part au maquis, dans la région de Chambéry, sous les ordres du commandant Gonzalès.

Friedler est un des seuls survivants du fameux raid sur la caserne de Grenoble le 2 décembre 1943. Il y eut 200 morts et 300 blessés allemands. Il est arrêté dans la rue avec cinq de ses camarades. Ils avaient pourtant pu amorcer leurs explosifs. On lui arrache les ongles des pieds à l'École de Santé de Lyon, quartier général de la Gestapo, puis il est condamné à mort à Montluc. Il attend vingt jours, vingt matins. Il est enfin transféré à Compiègne où il apprend qu'il est gracié.

— Ils ne savaient pas que j'étais juif.

Sa peine est commuée en vingt ans de travaux forcés et il part pour Auschwitz.

Là-bas, Friedler a bien connu Armbruster. Je ne lui avais pas lancé le nom par hasard, mais parce que c'était une des figures les plus sanglantes de ce camp d'extermination. Friedler se souvient très bien et il me dit :

— L'a-t-on fusillé ?

Pas encore. Probablement jamais. Je l'avais vu dans une cellule de criminel de guerre, à Paris. Cet homme avait une sale gueule, une tête de faux jeton.

Il se tenait au garde-à-vous :

— J'étais caissier à Auschwitz.

Cela dépendait des jours. Lorsqu'il se sentait en forme c'est ce qu'il jurait. Un soir de cafard, écrasé par les témoignages, il avait avoué au lieutenant instructeur qu'il gardait cent quatre-vingts femmes choisies pour les SS.

— Mais je comptais seulement les cadavres le matin. Jamais je ne les ai battues.

En fait, les témoins avaient affirmé qu'il avait lui-même monté ce lugubre harem. Et ce tôlier du camp de la mort, chaque soir, retrouvait sa femme qui logeait au camp, une jolie maison avec des pots de géraniums à chaque balcon.

Les fenêtres s'ouvraient sur la potence et ses fardeaux comme toile de fond.

— Tu sais, dit très vite Friedler, ma femme aussi était à Auschwitz...

David était en Tchécoslovaquie. L'armée rouge où il avait servi comme ambulancier de première ligne pendant deux ans venait de le démobiliser. Il a cherché à travailler. On lui a dit :

— Vous êtes juif ? Réellement, nous n'avons rien pour vous en ce moment.

Et David s'est embarqué à bord du *Solteiro*...

Il m'avait dit aussi :

— Mes parents ont disparu dans la liquidation du ghetto de Vilna.

Vilna, la Jérusalem des neiges, comme on l'appelait autrefois. Et beaucoup de ceux qui s'étaient embarqués avec moi y avaient eu des frères, des parents ou des rabbins vénérés.

Mais, en vérité, un seul homme peut dire l'histoire du ghetto de Vilna ; il y fut un des héros de la Résistance. Il s'appelle Dworzecki. Il m'a communiqué son rapport, il m'a dit ce qu'il avait vu. Ce petit homme rond est l'un des vingt rescapés sur les 137 médecins installés à Vilna.

— J'ai vu la mort, dit-il, tant de fois dans le ghetto et tant de fois dans les camps... Je l'ai attendue dans les greniers et les cachettes pendant les premiers jours du ghetto de Vilna, en 1941, quand leurs crosses de fusils heurtaient les murs de notre *maline* (cachette). Encore un coup... nous étions découverts. Ils ne nous ont pas découverts.

» Je l'ai attendue en octobre 1943, saignant de la dysenterie, dans les baraques du camp de Vaïvara en Estonie, et elle n'est pas venue.

» Je l'ai attendue, brûlant de fièvre, atteint du typhus exanthématique, au camp de Kouremé, en décembre 1943, quand les plus forts tombaient soudain comme des arbres sciés...

» Le ciel, les nuages, le vent s'emmêlaient dans un brouillard, en mars 1944, et j'ai senti que je ne pouvais pas continuer cette marche sans fin, *marche d'évacuation* vers le camp de Goldpilz. Tout m'était égal. Je ne voulais plus qu'une chose : une minute de repos, tomber et m'étendre dans la neige en attendant la balle des SS. La main d'un camarade m'a empoigné, m'a traîné pendant des kilomètres et m'a amené jusqu'aux barbelés du camp...

« Je l'ai vue, l'été 1944, lorsque nous marchions à la sélection et que le médecin-chef SS, von Bothmann, m'a dit : "Tu es déjà vieux !" et m'a poussé à gauche vers la mort ; et le chef du camp SS a dit : "Il n'a pas encore de cheveux gris", et m'a repoussé à droite, vers la vie. »

Avec des milliers d'autres Juifs, il fut encore embarqué à la schlague sur le pont d'un bateau couvert d'une croûte d'excréments humains. Le transport les emmenait au large de la Baltique. Ils pensaient qu'ils allaient sauter comme les autres cargos. Le rabbin de Smorgon disait le *Vidoui Hagadol*, les autres criaient les chants des *Haloutzims*, et le bateau les débarqua, sans qu'ils osent le croire, à Stutthof, le camp des fours, près de Dantzig.

Il continue toujours :

— Je l'ai attendue, en janvier 1945, à l'infirmerie du camp d'extermination de Dautmergen, atteint de septicémie généralisée, la main brisée par les coups d'un surveillant... Sur vingt médecins juifs, mes camarades de classe, quatre restaient encore dans le camp et chacun se demandait quand donc allait venir son tour. Mon tour n'est pas venu...

» Je l'ai attendue, février-mars 1945, au *Bloc réservé* de Dautmergen, où nous nous soutenions par les bras durant les appels pour ne pas tomber évanouis. Les caisses béantes pleines d'excréments et d'urine se trouvaient au milieu de la baraque. Les paillasses étaient pleines de cadavres nus et l'on nous distribuait notre maigre portion de soupe dans les tinettes des malades de la dysenterie.

» C'est là que j'avais un camarade français, me dit-il ; il chantait toujours ceci... (Il fredonne...) C'est "*Reviens*, lui dis-je... *J'ai retrouvé la chambrette d'amour témoin de notre folie...*" Il est mort en le murmurant. Je n'avais pas oublié l'air...

» Je l'ai encore attendue, en avril 1945, lors de la révolte de notre camp sur la route de Dachau quand les balles des SS nous poursuivaient et que nous cherchions à fuir dans la forêt. »

Étonnant petit homme que Dworzecki qui croit ne pas avoir fait assez de résistance et qui cherche à se disculper parce qu'il est encore en vie.

Seuls dans le ghetto pouvaient subsister ceux qui avaient les *billets de vie* jaunes. La sienne fut tirée au sort entre le docteur Kolodner et lui. Goldbourt de Vilna et Finkelstein de Kowno regardaient. C'est Dworzecki qui a gagné. Il refusa d'établir les listes de vieillards, il refusa d'entrer dans la police juive, il refusa d'être kapo du Hofkommando et il se demande encore, lui qui en a tant vu, s'il a bien fait tout son devoir...

Vilna fut occupé le 24 juin 1941 par les troupes allemandes. Cela commence par les sévices habituels : les Juifs sont tenus de porter la rouelle jaune, doivent remettre tous leurs bijoux et ne plus marcher sur les trottoirs. Du 1er au 6 septembre, les battues aux Juifs commencent. Ce pauvre troupeau est concentré dans les vieux quartiers de la rue Roudnitska et de la rue Strachouna. Un deuxième ghetto, celui de la rue du Gaon, est « liquidé » en quelques semaines, plus tard, et tous ses habitants massacrés le jour de Kippour 1941.

On s'entassait à quinze ou vingt dans une pièce pour une personne. Pas de lit. Les hommes installaient des planches où toute la famille pouvait s'allonger à son tour. La puanteur dans les rues devint rapidement effroyable. Les ordures s'amoncelaient en tas qui bouchaient les fenêtres des premiers étages. Pas de bois, pas de feu. Markus, un ingénieur, construit des poêles que l'on baptise les « Markussuvkes » ; ils fonctionnent à l'aide de débris d'écorce. Des légions de punaises courent sur les murs...

— Pour la nourriture, explique Dworzecki, nous avions droit à 50 grammes de pain chaque jour. Seulement, en janvier 1942, nous étions 18 000 au ghetto et il n'y avait que 12 000 *permis de vie*. Il fallait faire vivre aussi le tiers illégal. Nous marchions en loques ; nous n'avions pas de savon et nous étions couverts de poux ; c'est alors que nous avons commencé à essayer de nous défendre...

» Ils creusent ce qu'ils appellent des *malines* (Melounah : où l'on passe la nuit) dans les maisons en ruine, sous les caves, sous les fosses d'aisances.

» Il y a eu des choses atroces. Les guetteurs allemands en repéraient parfois et grenadaient le réduit. J'ai su que des mères avaient étranglé leurs propres enfants parce qu'ils criaient et allaient dénoncer ainsi des dizaines de personnes. Aussi je faisais donner des narcotiques aux bébés pour éviter de telles paniques... Après la *liquidation*, certains sont restés cachés pendant plusieurs mois, mais ceux qui mouraient rendaient bientôt l'air absolument irrespirable. Les vivants perçaient une ouverture, mais les Allemands veillaient encore et massacraient tout ce qui vivait...

» Au bloc H.K.P. quatre-vingts enfants étaient cachés dans une pièce à la porte masquée par un poêle que l'on chauffait toute la journée pour éviter que les petits ne soient pris. »

Aux confins de l'Europe, les Allemands, pour le seul usage des Juifs, avaient créé un droit barbare. J'ai déjà parlé de ce *permis de vie*... Mais toute personne l'ayant en sa possession pouvait en faire bénéficier son conjoint. On se mariait donc beaucoup mais les Allemands avaient interdit de procréer *sous peine de mort*, et les femmes enceintes vivaient perpétuellement cachées.

Les enfants de moins de 16 ans étaient couverts par le permis des parents. Faute de billet, toute la famille était exécutée. Dès qu'il avait passé le cap des 16 ans, l'enfant devait se débrouiller ou mourir...

— Peu avant l'hiver, continue le docteur, les Allemands placardèrent un écriteau sur nos murs.

Danger d'épidémie ! Accès interdit aux non-Juifs !

» Nous avons commencé à lutter. Le docteur Epstein de Kovno dirigeait les opérations. On partagea le ghetto en secteurs placés sous la surveillance d'un médecin et de quelques infirmières. Nous avons ainsi réussi à enrayer l'épidémie de typhus exanthématique propagée par les poux.

» Cette histoire pourrait prêter à rire maintenant, dit-il. Ce n'était pas drôle pourtant. Un soir, pour leur faire comprendre quel danger représentaient les poux, nous avons organisé, au 6 de la rue Roudnitska, un procès public contre cet hémiptère. Le docteur Epstein tenait le rôle du procureur. Je décrivis en qualité de témoin les ravages du typhus exanthématique. Cela peut vous sembler puéril maintenant, mais nous étions réduits à de si pauvres expédients !... »

La pauvre histoire... Serait-ce en Europe ? Les enfants dormaient dans des berceaux et les parias de Vilna, comme ils pouvaient, se battaient contre tous, que ce soient des insectes, des hommes ou des Allemands...

— À la première infection généralisée nous savions que les Allemands liquideraient tout. C'est ainsi qu'ils avaient incendié l'hôpital de Kovno où se trouvaient quelques incurables.

» Nous tâchions aussi de soutenir les tuberculeux avec des injections de calcium, et nous avions entrepris une vaste action de vaccination contre la typhoïde, le paratyphus et le choléra. »

Ainsi, selon le mot des camps, ils *s'organisaient*. Et le premier fait de résistance, c'était d'abord de demeurer en vie.

Il fallait manger. Ceux qui possédaient un certificat de travail pouvaient franchir les enceintes de barbelés et acheter — à prix d'or — quelques croûtes de pain ou des légumes. Jamais la population polonaise ou lituanienne n'eut un geste ou même un mot de pitié pour les malheureux... Le service juif d'assistance publique, à l'intérieur du ghetto, essayait de sauver les vieillards ou les femmes qui ne travaillaient pas.

À l'hôpital de la rue Zawalna, le docteur Brodski vivait dans une crainte perpétuelle. Toute femme enceinte, on le sait, était condamnée à mort. Et la maternité continuait pourtant à travailler malgré les rafles quotidiennes. On cachait les mères dans des coins secrets ; les nouveau-nés étaient emmenés dans les *malines*. En ce temps-là, les bêtes sauvages mettaient bas plus facilement et leur portée vivait mieux que les petits d'hommes juifs.

— Un soir, les Allemands arrivèrent et ils liquidèrent tous les fous. Schweinenberg, un SS, leur fit un discours et leur promit qu'ils allaient être bien traités. Il leur jeta de petits pains blancs et les camions roulèrent vers les tranchées d'exécution...

Il y avait une autre salle à l'hôpital du ghetto de Vilna. C'était celle des *demi-exécutés...* On tâchait d'y soigner ceux qui, blessés, s'étaient échappés du champ d'exécution de Ponar et s'étaient traînés jusqu'au quartier maudit. Dworzecki se souvient ainsi d'une femme, blessée au bras, jetée dans une fosse et qui s'éveilla au moment où les fourmis mangeaient sa blessure.

Il n'y avait pas ou peu de médicaments. Les mères alors n'hésitaient pas à arracher l'étoile jaune, à sortir du ghetto pour aller dans une pharmacie *aryenne*. Le commerçant n'avait pas le droit de délivrer un médicament sur le vu d'une ordonnance signée d'un Juif. On falsifiait. La plupart d'ailleurs n'en revenaient jamais et partaient pour Ponar, leur flacon à la main, cependant que l'enfant se mourait.

Les enfants... on sait déjà qu'ils n'avaient pas le droit de naître. Au-dessus de 16 ans, ils n'avaient pas le droit de vivre. Les autres devaient être *productifs*, toujours selon l'étymologie allemande.

Ils les considéraient ainsi comme recrues possibles au Service obligatoire du Travail et leur permettaient de rester en vie. Alors l'instituteur Olitski avait organisé des cours de couture, de confection de chaussures en feutre, de tissage de paille.

Vivre ! C'était l'obsession de ces vingt mille êtres à la merci d'une *opération* qui se développait chaque jour. Non seulement il fallait déjouer les Allemands mais encore se méfier de la police juive qui entretenait le marché noir. De petites bandes d'enfants aux parents disparus parcouraient les rues, volant et pillant. L'avocat Mouchkat réussit à les grouper et à leur redonner le goût d'une vie honnête dans ce pandémonium.

D'autres fondaient des centres médico-scolaires, provoquaient des conférences, tenaient des cours professionnels ; cependant la lutte clandestine prenait forme ; des agents de liaison comme Tamar Chneidermann atteignaient le ghetto de Varsovie et recommençaient. Mordhaï Tenenbom était tué au soulèvement du ghetto de Bialystock.

Chaque jour, au ghetto de Vilna pourtant, les patrouilles perquisitionnaient, arrêtaient pour conduire leur pauvre gibier au tir de Ponar. Les portes claquaient. Des femmes s'évanouissaient dans les *malines.* Le médecin courait avec sa petite mallette étiquetée *Guikhe Hilf* (secours immédiat) et les coups de crosse ébranlaient les maisons, ébranlaient le cœur du peuple traqué...

— Ils étaient capables de tout, raconte encore Dworzecki. Pendant l'été 1943 ils ont rassemblé les vieux, les ont emmenés en banlieue, dans une propriété de l'O.S.E. Ils les nourrissaient bien, pain frais, beurre et fraises comme dessert. Des étrangers sont venus, les ont photographiés. Les vieux étaient bien portants. Dès que les photographes furent partis, les Allemands les fusillèrent tous...

Le 27 septembre 1943, tous les habitants juifs du ghetto de Vilna — excepté quelques détachements de travailleurs — étaient emmenés vers les camps de Lettonie ou Auschwitz. Les enfants et les derniers vieillards partirent pour une destination restée inconnue.

Ils étaient tous les deux déjà en short, mais avaient conservé leurs bottes noires. La peau encore blême de leurs cuisses était marquée de quelques cicatrices livides. Depuis la cale arrière, Klinger me les avait amenés. Ils parlaient le yiddish, le polonais ou l'allemand. Ils étaient nés tous les deux à Dantzig. Ils avaient 23 ans.

— Sont-ils frères ?

— Non, mais c'est tout comme. Ils ne se sont pas quittés depuis Varsovie. Le premier est le survivant d'une famille de quarante personnes, les siens ont été entassés et brûlés dans une synagogue ; l'autre avait deux sœurs. Il sait qu'elles ont travaillé dans un bordel à soldats, près de Lwov ; elles ont dû être abattues ensuite.

Tous deux parlaient avec véhémence, s'adressant à Klinger, puis me regardant :

— Ils me disent de te répéter que leurs parents étaient depuis des siècles en Pologne, qu'après la libération ils pensaient pouvoir travailler tranquilles, mais l'antisémitisme est toujours aussi puissant là-bas... À Lublin, ils n'osaient pas sortir dès que la nuit était tombée. On accusait encore les Juifs de voler les enfants pour leurs meurtres rituels.

Ces deux garçons avaient été concentrés dans ce qui fut le ghetto de Varsovie. Ils travaillaient dans une usine hors des murs maudits et c'est pourquoi ils ont pu échapper à l'anéantissement. Ils ont rejoint ensuite des groupes de partisans qui opéraient dans les Tatras.

— Que disent-ils encore ?

— Qu'on n'a jamais habité dans les cimetières.

Il y avait trois millions cinq cent mille Juifs dans la Pologne en 1939. En 1945 il en restait cent cinquante mille. Les autres sont morts.

Ne dis jamais que c'est ton dernier chemin
Le ciel de plomb cache la lumière bleue
Mais notre heure viendra au bout de longues [souffrances.
Notre chant est fait de sang et non d'encre
Ce n'est pas le chant d'un oiseau en liberté,
Mais un peuple emmuré parmi des ruines
A chanté ce chant, revolver au poing !

Je l'ai souvent entendu le refrain des partisans juifs, sur l'avant du cargo *Solteiro*... On n'a jamais habité les cimetières... Je n'oubliais pas ce premier soir où je l'avais entendu dans un bouge de la Marszatkowska, à Varsovie. Quelques mois après la guerre. Étrange décor. Le plafond pissait l'eau. Un énigmatique jeune homme, coiffé d'une casquette allemande, tanguait sur le sol de terre battue. Le vacillement jaunâtre des bougies faisait danser aussi les ombres sur les murs. Et après qu'il eut terminé le chœur des *Pêcheurs de perles* sur un banjo à quatre cordes, le vieux musicien juif — un bout de sparadrap sale cachait son sourcil gauche — attaqua la chanson. Les filles en bottes et défroques de peaux de lapin s'arrêtèrent de chahuter. On n'entendait plus que la casserole de thé bouillant sur le fourneau désarticulé au fond de la pièce. De part et d'autre d'un bouquet d'immortelles, les visages tirés de deux joueurs de cartes surgissaient de l'ombre. Et, verre après verre, une poule juchée sur les genoux d'un type hébété lui enfournait la vodka à pleine gueule dans la pause qui pesait après chaque couplet.

Le vieux reprit avec la complainte de l'autre insurrection :

« *Mille douleurs t'oppressent, Varsovie, et je pleure sur ta misère... Je t'offre non seulement ma chanson mais mes pleurs et s'il le faut je t'offrirai ma vie...* »

On n'a jamais habité les cimetières. Nous nous trouvions sur l'emplacement du ghetto. Sur un pan de mur, je pus lire encore : *Seuchensperrgebiet nur Durchfahrt Gestattet* (Zone d'épidémies interdite. Ne pas s'arrêter.)

Quelqu'un qui a fait « *l'autre* » disait :

— On se croirait au Chemin des Dames... ou plutôt à Lens, en 1918 ; cet effroyable entassement de briques !

Zone d'épidémies. Au cœur même de cette capitale des ruines aux murs branlants que des équipes de terrassiers pendus à des câbles s'employaient à faire crouler avant la neige, rien n'égalait le ravage de ces deux cents hectares, milliards de briques amoncelées, jalonnées du hérissement béquillard des poutrelles d'acier rouillées.

C'était le ghetto qu'un mur d'enceinte, haut de trois mètres, construit par les Allemands en 1941, isolait hermétiquement du reste de la ville. Ils commencèrent à y concentrer les Juifs de Pologne jusqu'à en entasser 400 000. Et puis, à partir de 1942, ils liquidèrent, direction Auschwitz.

Rues Leszno, Dzeka, Pawia, Maranovska, Pokorna, Milan, Stawki, Gesia, tout cela a disparu. Le guide les nommait une à une.

— Ici c'était l'*Umschalgplatz* comme ils disaient, où les déportés étaient rassemblés à coups de crosse, expliquait-il. En 1942, ils ont emmené tous les petits enfants d'une école, comme pour une promenade jusqu'au cimetière, et les Ukrainiens les ont fusillés...

Le 19 avril 1943, c'était la première insurrection de Varsovie, celle des sans-espoir, alors que les armées russes étaient encore à deux mille kilomètres. Les Juifs se soulevèrent. Ce fut atroce. Au centre de la capitale, à peu près calme, des centaines de milliers de damnés furent bombardés jour et nuit par l'aviation et l'artillerie débouchant à zéro.

— Feu et chaleur immenses ! dit simplement l'homme qui nous accompagnait.

Il se tut.

Beaucoup s'étaient réfugiés dans les souterrains qu'ils avaient creusés. Les Allemands qui le savaient projetèrent des gaz dans les égouts, dynamitèrent toutes les issues de ces refuges. Une minorité fut déportée à Maïdanek. Il reste des dizaines de milliers de cadavres sous ces ruines froides.

— *Je suis le roi, disait à Malaparte le général gouverneur de Pologne, Reichminister Frank, et ils festoyaient au Palais Bruhl avant d'aller visiter ce ghetto où les équipes ramassaient les morts dans la rue, où les jeunes filles se battaient pour une pomme de terre crue.*

— *So schmutzig ! (c'est tellement sale !) disait le général gouverneur Frank.*

Quelques coups de feu claquaient au loin, brisant parfois ce silence insupportable. Dans un éboulement j'avais aperçu une fille, le visage ceint d'un foulard rouge, debout et seule au pied d'un pan de mur calciné. Muraille nouvelle des lamentations transportée de si loin au cœur des terres tristes de Pologne...

On n'a jamais habité les cimetières... Les Polonais au moins ont retrouvé des parents, des amis, un travail et une raison de continuer. Les Juifs n'ont rien.

Je logeais alors au *Polonia*. C'était notre point d'attache, et tout nous ramenait à ce grand caravansérail où la mangeaille défilait au poing des serveurs entre midi et minuit, sans interruption.

Quelques nouveaux pauvres distingués se relayaient pour sommeiller en permanence dans les clubs graisseux du hall d'entrée. C'est là qu'on pouvait aussi croiser tous les diplomates campés à trois ou quatre dans les chambres de l'hôtel, ou bien M. Mozelewski, ministre polonais, et la calvitie large de l'ambassadeur d'Italie, les gens de l'U.N.R.R.A., plus un ou deux Français de l'ambassade venus en reconnaissance de leur faubourg lointain de Praga... Je le retrouvais toujours là ce pauvre Juif qui fut un chef d'orchestre connu ; il s'accrochait à nous et ne nous lâchait pas.

À cette époque la Palestine leur semblait inaccessible ; ils n'avaient même plus le courage d'échafauder un projet.

— Venez ! regardez, et dites-moi si nous pouvons encore vivre.

Et le pauvre garçon m'entraînait.

Polonia, c'était le seul bâtiment demeuré debout, vivant, au centre même de la ville absolument détruite, brisée, effondrée, concassée avec une minutie, une méthode à toute épreuve. Sur l'autre bord de l'artère boueuse où brimbalaient des *télégas*, des camions distendus d'un magma humain oscillant sur les pavés, des trains bourrés et bourgeonnant de grappes humaines ; la grosse molaire creuse des façades de la gare centrale griffait de son double croc le ciel bas, uniformément de suie. Plus loin encore, la longue perspective décousue des ruines, des murs dentelés aux briques rongées par le feu et l'eau ne cessait plus.

Une douzaine de gosses, deux ou trois vieilles, bottées, allaient de long en large sur le trottoir que l'on dégageait de la bouillasse fondante. Ils tendaient leurs éventaires de cigarettes.

— Papyrossi... Papyrossi !...

Toutes les marques : Lucky et Camel, cigarettes polonaises doublées de leur tube de carton, Baltyk, Navy Cut et des paquets de Gauloises même, venus ici on ne sait par quels mystérieux détours. Une vieille aristocrate à mitaines, qui tenait boutique en plein vent sur ses genoux, m'avait même dit :

— J'attends des Gitanes !

Une petite femme ronde, au nez épaté, son bébé sur un bras, roulé dans un fichu, geignait d'une voix monocorde *Mapa Polska !* en tendant la carte marquée des nouvelles frontières de la Pologne. Le fleuve humain continuait à se bousculer, botté de feutre, roulé dans les touloupes à longs poils. Quatre heures ; et la nuit était presque close, déjà.

Il m'entraînait par le bras.

Après le carrefour de la Marszatkowska et de l'avenue de Jérusalem où bat maintenant le cœur de la ville, à l'endroit même où la petite soldate polonaise, fagotée dans une capote trop longue, réglait mollement la circulation, nous descendions vers le pont Poniatowski aux arches rompues. De place en place les passants se découvraient. Et chaque fois j'apercevais une plaque noire accrochée au mur calciné. Une rangée de pots de chrysanthèmes, des bouquets de fleurs fanées s'amoncelaient, piqués de drapeaux en papier rouge et blanc. Et l'inscription disait que cinquante, soixante ou cent Polonais avaient été fusillés là, en tas, un jour d'occupation. À chaque attentat, les Allemands raflaient dans la rue vieux et femmes, ouvriers, enfants, et tuaient.

Plus loin, presque au bout de l'Aleja Maja, dans le jour finissant, j'avais trouvé, au milieu d'un massif, un long tumulus fiché de bouteilles, le col planté en terre. Une croix écartelait ses bras minces au milieu des arbustes élagués par la mitraille et décharnés par l'hiver. Au fond du square, un grand christ blanc bénissait encore du haut de son socle, par habitude, on ne sait plus quoi ; taché d'une vérole rouillée d'impacts de balles et de ferrailles.

Les éclats de voix d'un haut-parleur qui diffusait l'*heure littéraire* aux passants circulant en file indienne le long de la chaussée éventrée furent brusquement couverts par un roulement monocorde soutenu. Un étrange cortège d'enfants, des fanions sur l'épaule, en colonne par deux, remontait la rue, au pas. Les précédant, trois tambours ficelés dans des toiles de tente allemandes tapaient sur leur caisse un halètement bizarre, rauque d'humidité. Et seule devant eux, bottée, la tête haute, une grande fille s'avançait, coiffée d'un capuchon blanc. C'étaient d'anciens combattants de l'Insurrection, des gosses qui s'en allaient en groupe au Soldat inconnu.

Le guide me conduisit encore vers les décombres, où tous les ouvriers de l'usine de moteurs Ursus et les gens du quartier furent enfermés dans le grand quadrilatère des bâtiments et brûlés vifs : sept mille dans la journée. Dans celui de l'usine à papier Franaszek ils étaient dix mille...

C'est ainsi que nous étions parvenus, pataugeant dans une boue noirâtre, à la nouvelle gare des marchandises, au centre d'un grand terrain vague, dans le quartier ouvrier de Wola. J'aperçus d'abord un train immense, ces trains de l'Est d'au moins cent wagons, des bicyclettes enchevêtrées sur les toits où des soldats s'entassaient, jambes ballant dans le vide. Deux d'entre eux, coiffés d'astrakan, campaient sur l'avant de la locomotive. Elle sifflait interminablement pour demander le vert. Convoi de troupes retournant en Russie.

Au milieu de ce terrain vague où la nuit tombait il y avait des centaines de baraques en planches et en torchis, mêlées aux dizaines de petits reposoirs habités par une statue de plâtre colorié. Et l'on ne savait plus très bien, en approchant, qui allait paraître : un saint ou bien un pauvre bougre de Polonais.

Dominant le tout, une potence en portique se dressait encore. Des bouquets de fleurs séchées s'amoncelaient alentour. C'était une des places d'exécution dressées par les Allemands.

— Les Polonais ont terriblement souffert, disait mon guide. 25 000 ont été tués pendant l'autre insurrection, 500 000 en quatre ans. Il y avait 1 500 000 habitants à Varsovie en 1944, il y en a maintenant 500 000.

« Du 1er août au 30 septembre 1944, dix divisions allemandes d'élite, dirigées par Goering, décimèrent, rue après rue, barricade après barricade, maison après maison, ces gens qui se battaient avec ce qu'ils prenaient à l'ennemi...

« Et pourtant les Juifs ont souffert cent fois plus ! Beaucoup de gens nous haïssaient, certains dénonçaient leurs voisins... Il n'y avait guère que les gens des quartiers ouvriers pour nous héberger. Et nous savons bien que ce n'est qu'un répit... D'autres pogroms se préparent... »

S'évader de ces ruines... C'était la hantise de tous ces gens dès que la nuit tombait et cachait les détails. Ils y réussissaient dans cette salle de concert à la lueur d'une seule bougie. Un maître polonais jouait sur le piano de Chopin. Il me semblait être égaré au fond d'un tombeau profond, mêlé aux hommes de Varsovie. Elles montaient, les notes, cependant que nous collions à cette fosse et que, très haut, penchés de la première galerie, perdus pour nous, des visages blafards nous regardaient...

— Pourrons-nous survivre sur ce charnier ? m'avait dit l'homme de Varsovie.

— On n'a jamais habité les cimetières, répétaient les émigrants du *Solteiro*.

Les dirigeants polonais avaient pourtant essayé de faire émigrer ces rescapés des *Réserves juives* pour prospecter les nouveaux territoires de l'Ouest. Polonais ou Juifs, rescapés des bagnes nazis, j'étais parti à leur recherche, et le sybarite ventripotent qui me tenait lieu de mentor nous avait engagés, en plein novembre, vers les minuit, sur une effroyable route de montagne. Nous avons su plus tard que nous nous étions égarés du côté de Kladsko, à proximité de la frontière tchécoslovaque, sur la limite de la fameuse *Passe verte* que tant de clandestins juifs ont franchie depuis. Région où le coup de fusil est donné le plus facilement du monde et sans raison précise... On venait à peine de réduire quelques repaires d'aventuriers, comme Yelena-Gora dans les Sudètes, nouveau camp du Klondyke où toutes les têtes brûlées convergeaient... où chaque maison arborait — les déserteurs ont de ces derniers élans — un drapeau national étoilé, tricolore ou rouge. Vert quelquefois. Flamme de la guerre sainte hissée à des milliers de milles d'un Islam natal et qui se consumait maintenant aux sautes du vent des steppes...

Nous avancions. Souvent, sur le chemin défoncé, une barrière rouge et blanc surgissait, tout à coup éclaboussée par les phares. Le guide descendait et parlementait, tendait deux cigarettes. C'était le tarif.

Nous repartions.

À droite de la route, des patrouilles de cavaliers apparaissaient, blafards de lune, galopant à cru sur de petits chevaux nerveux. Et le chef de file s'approchait de la guimbarde, la dépassait. Juste le temps d'apercevoir son fusil en travers de la bête et ses yeux bridés, méfiants.

Quelque part, il y avait des gueux sans patrie qui cherchaient à fuir.

Ainsi nous avions roulé vingt et une heures de suite, égarés on ne sait où, dans les Sudètes polonaises, au-delà de l'ancienne frontière allemande que nous avions franchie dans l'après-midi. Ligne dérisoire que défendait — côté Varsovie — un lacis intermittent de tranchées, à demi comblées. Une tombe surmontée d'un casque rond, rouillé, y avait été laissée en évidence au revers d'un fossé : *1er septembre 1939.*

Trente millions d'hommes ne savaient pas encore qu'ils devaient suivre.

Et nous avons traversé un chapelet de villages déserts, brûlés, les toits au moins écornés d'obus, avec la pâleur jaunâtre d'une bougie qui oscillait parfois derrière le rebord d'une fenêtre aux volets arrachés.

— C'est Solice.

Salzbrunn en allemand. Nous étions arrivés. L'Allemagne..., c'était donc là qu'on leur proposait de venir pour refaire leur vie. Malgré cette transition lente de plusieurs heures de route, après l'accueil de Cracovie, la ville aux couvents, intacte, où l'on me chantait *la Madelon* en guise de *Marseillaise,* cette rue hostile où les chalets se recroquevillaient dans la coque de brouillard me surprit désagréablement. Et l'homme surtout...

Immobile devant le capot, engoncé dans sa capote de la Luftwaffe, grenades à manche fichées dans les bottes, la mitraillette en sautoir (la Mauser, pas celle que nous étions accoutumés à voir, avec le chargeur en tambour). Et le casque, *leur* casque enfoncé jusqu'aux yeux... Holà !

Mon cornac expliqua que les policiers polonais manquant de vêtements s'habillaient en soldats allemands dans cette partie de Silésie annexée maintenant à la Pologne.

Et nous cherchions toujours les pionniers, ceux que l'on ramenait de la Pologne de l'Est annexée par les Russes.

Je finis par aboutir à la gare d'Opel ou Opole, je ne sais plus.

— Allez au bout du quai... me dit le chef de gare. Il y a une rame qui vient d'arriver.

Le bout du quai c'est le bout des voies aux limites de la gare des marchandises. Il n'y avait pas de quai, d'ailleurs... Je longeais une colonne interminable de wagons hétéroclites, si semblables aux autres trains de Pologne où la Reichsbahn s'attelle à la S.N.C.F. et remorque un fourgon *Italia*... Enfin ! une femme aux bottes éculées, les seins voguant dans un chandail trop large, les yeux pleurant de fumée, attisait un feu de madriers et de bois vert pour faire bouillir la marmite de la journée. Une vieille, un fichu noué sur la tête, somnolait, accroupie sur un rail poissé de brouillard.

« *Hommes :* 40. *Chevaux en long :* 8. » Je me sentis brusquement en pays de connaissance. Il fallut rouler la porte sur ses galets. Une dizaine d'hommes et de femmes s'entassaient là-dedans, allongés sur des paillasses moites d'humidité. Le poêle fumait pesamment, sûr de n'être pas dérangé. À droite, entre une commode et une armoire sans glace, les naseaux d'un cheval soufflaient deux jets de vapeur dissymétriques. Le guide compta :

— Un cheval... quatre vaches... un cochon !

Et deux malades dont une femme enceinte.

Plus loin, toute une famille logeait dans un wagon non bâché. Ils étaient partis depuis quatre semaines. À destination d'un village à vingt-cinq kilomètres d'Opel.

Ils étaient à Opel. Depuis dix jours, et ils attendaient encore.

Je me souvins de l'homme de Varsovie. L'interprète traduisit :

— Tous les Juifs de notre pays sont morts, monsieur, répondit la plus vieille.

Le chef de gare retrouvé se souvenait bien d'un de leurs convois. Il en avait oublié la destination.

— Les Polonais ont détroussé un Juif l'autre fois, et ils l'ont jeté par la portière.

Ce chef de gare était allemand.

Peut-être à Breslau... La rafale s'étira bien nette, à compter les coups dans le silence épais de la ville en ruine. La lune s'était cachée... Il pleuvait même un peu.

Les détonations rapprochées m'avaient fait sauter du lit. Il était près de deux heures du matin. C'était à Wroclaw, l'ancien Breslau allemand, annexé par la Pologne. Breslau, la ville où les derniers Allemands résistèrent avec acharnement, même après la signature de l'armistice en Europe. On s'y battait toujours le 15 mai. Et puis, après avoir soutenu plus de trois mois un siège infernal, une partie de la garnison se rendit. L'autre réussit à forcer l'étreinte russe pour rejoindre les lignes américaines. Cette ville-là, aussi, comme Varsovie, n'existait pour ainsi dire plus. Les Allemands en avaient d'abord fait sauter une partie pendant la bataille pour y construire un aérodrome. Les femmes avaient été mobilisées et faisaient le coup de feu aux barricades. Seules celles du faubourg de Zieplin refusèrent de combattre et se révoltèrent. Le coin fut isolé et c'est maintenant le seul quartier de la ville qui soit intact.

Il restait 130 000 habitants, dont 70 000 Polonais.

Le Werwolf était nombreux et s'organisait. Couvre-feu à vingt heures. Passé ce moment, les patrouilles polonaises et russes tiraient à vue, sans sommations, sur toute ombre devinée au bord des ruines... Nous étions arrivés à la nuit et l'on nous avait menés d'abord à l'hôtel *Métropol*, une de ces grandes bâtisses d'hôtels allemands. Avec colonnades massives en stuc écorché par les balles et gâteaux rances à la crème. Il y avait même un orchestre qui jouait... Des filles aux cheveux d'un blond fané tournaient, enlacées par des officiers à schapska. Un homme au regard fixe s'était avancé au bord de la piste, jouant du violon.

J'aperçus son brassard blanc. Un Allemand... Les coups de fusil s'entendaient par moments, au rythme de la porte battante. Et le musicien frappait si nerveusement du pied que je n'ai pas su s'il marquait la mesure ou la cadence ininterrompue des rafales, au-dehors.

Maintenant nous étions à un nouveau *Polonia* dans des chambres sans vitres. Et le vent glacé jouait dans les rideaux de tulle intacts. Des soldats russes avaient fait bivouac sous nos fenêtres. Un grand feu dansait, alimenté de volets et de bois de décombres. Les ombres des capotes s'allongeaient sur les murs démantelés. Ils tiraient à courtes doses, balayant toute la rue. Les petits crachotements rouges du canon roulaient de long en large. En bas, la sentinelle polonaise s'était mise aussi de la partie, à coups de Mauser. Werwolf en vue. Des ombres.

C'est qu'ils étaient nombreux aux alentours de la ville. On m'avait même dit qu'ils se terraient dans un réseau souterrain, au cimetière. C'étaient pour la plupart de jeunes SS qui attaquaient les passants pour leur prendre argent, papiers et vêtements.

Quelques jours auparavant, douze d'entre eux pris par les Russes avaient été pendus. Ils étaient commandés par une femme. Mais quatre Polonais avaient encore été assassinés la veille. On venait de découvrir un réseau aux environs de Lwowek... Une partie de la première fabrique de wagons remise en marche à Breslau avait été sabotée par l'explosion d'une mine antichar.

Ils s'organisaient et la population allemande les aidait... Là-bas les pionniers polonais étaient considérés comme des intrus. Ils le savaient et souvent ils n'avaient même pas de chiens pour garder les maisons où ils se calfeutraient quand la nuit tombe... Cette nuit si épaisse sur les petits cimetières russes isolés, veillés d'une seule étoile rouge.

Les tracts nazis disaient : *Tenez-vous prêts, camarades ! Ne perdez pas l'espoir ! les Polonais et les Juifs partiront ! Attendez l'intervention de la Providence !...*

Pauvre peuple juif... C'est aux émigrés polonais, aux survivants d'Auschwitz que l'on a donné ces terres. Vivez en paix... Le pays de forêts et du brouillard, la terre des vieux dieux et des guerriers morts... Lembovice où nous avons trouvé, dans la baraque d'un ancien camp, cinq squelettes au rictus désespéré, figés dans un dernier sursaut. Ils finissaient de pourrir. Et personne ne s'en préoccupait.

Déjà les Juifs commençaient à franchir la Passe verte.

Souvent, Gordon venait me retrouver ; il se tenait accroupi sur le coffre devant les hublots de la cabine, au pied de l'échelle de la passerelle, ne disait jamais grand-chose, regardant descendre et monter la houle que les goélands rasaient de l'aile. Il avait vécu assez longtemps en France et notamment à Lyon. Je pense qu'il avait dû y être étudiant. Et cela le mettait en confiance de parler de la *ficelle* de la Croix-Rousse, de la bibliothèque Saint-Jean, des quais, du Docteur Locard et des filles qui sont fières et plus chaudes que partout ailleurs.

Alors, et les Français ? Excepté Georgie, il n'y avait guère que le gros Maurice. Il était parti sur un coup de tête, selon lui il n'avait guère que le choix entre « la Légion et Sion ». Il le disait trop souvent. La phrase lui avait probablement plu, tout cela avait un petit parfum d'épopée qui lui convenait et le mot *Légion* rameutait en lui des souvenirs de cinéma de quartier... *L'alcool tue, le légionnaire ne craint pas la mort.* En avant la musique !

Cela me semblait être le type même de cette graine d'oisif qui proliférait à Paris, en dehors du coup, pendant l'occupation. Un jour, nous montrant sa paire de souliers en daim, il dit :

— J'ai fait au moins quinze bottiers pour trouver la teinte qui me plaisait.

Il déplaçait énormément d'air ; au bout de quarante-huit heures il était partout. Cette mouche importante et pressée dirigeait, mais de loin, l'équipe des balayeurs qui s'emparait du pont à partir de minuit. Il se fournissait ainsi en cigarettes, en approvisionnait ses amis car il avait bon cœur, et couchait au poste d'équipage. Il fut chargé de distribuer le D.D.T. Il s'était annexé les cuisines à force d'astuce, ayant rompu la résistance des cuistots de l'équipage, et rabiotait comme il se doit. Il régentait l'infirmerie, planait sur les cales, allait et venait... Parvint même à annexer la dunette, mais sans subjuguer El Capitano. Il se saisissait des jumelles, promenait un regard aux horizons, déclarait péremptoirement que l'on faisait route sur Sfax ou Gibraltar — indifféremment. On l'écoutait. Les Hongrois béaient. Les Polonais colportaient. Il aurait annoncé qu'on allait faire du charbon à Châlons-sur-Marne qu'on l'eût cru. Il descendait aux chaufferies, en félicitait les hommes, leur carottait du rhum, parlait et commentait. Il devint indispensable : c'était pourtant un assez pauvre échantillon humain...

Une nuit, El Capitano, embusqué derrière son hublot, me réveilla :

— C'est encore votre maudit *Francés*, dit-il.

Le gros Maurice était en train, à bâbord, de siphonner une futaille de vin pour son usage personnel.

El Capitano ne parla pas de le mettre aux fers. Il nous aimait trop pour nous infliger cet affront.

— Eh quoi ! c'est le vin de son pays, conclut-il.

Les nuits qui suivirent, il se contenta de placer un garde en faction près des barils.

Nous fumions côte à côte un soir comme les autres, avec Gordon, et je lui parlais des aventures de Friedler, de Norbert, de Rifka la partisane et de tous ceux de ce bateau. (Je me demande encore, excepté Maurice, lequel d'entre eux n'aurait pu dire : j'étais dans tel camp, ou c'est ainsi que mes parents ou mes amis ont été massacrés !...) Et Gordon me dit :

— Crois-tu que, comme eux, je n'avais pas une raison pour quitter un aussi doux pays que le vôtre ? Je travaillais, j'avais retrouvé des amis, mais jamais je n'ai oublié que chez vous aussi nous n'étions pas à l'abri de la haine, que c'est fini, bien sûr, mais nous savons aussi que ce temps-là peut revenir... Je veux avoir des enfants et je veux qu'ils soient heureux, qu'ils aient tout au moins le maximum de chances... ; chez vous, mon frère a été brûlé à Saint-Genis-Laval. Il faisait des liaisons pour le maquis. Il a été pris, ils l'ont passé à la baignoire, oublié à Montluc, et puis...

C'était le dimanche 20 août 1944. À Lyon, la terreur continuait... je la raconte, cette affaire, parce que des Français menaient le bal. Les cinq fusillés place Bellecour devant le *Moulin à Vent*, les rafles dans la rue, les exécutions dans les garages, le pêcheur à la ligne abattu d'une rafale parce que c'est l'aube et qu'ils sont saouls. Enfin, le haut lieu de l'atrocité : Saint-Genis-Laval. Cent dix, cent vingt victimes. On ne le saura jamais. Des femmes sûrement, des petits enfants c'est probable.

Et ce sont des Français de la Gestapo qui ont exécuté ce crime. Car, sur les chemins de la forteresse torturant et massacrant au nom de l'Europe nouvelle, il y avait

Irma Greese, von Rot, le SS Bothmann, les Ukrainiens, les Tartares, et puis aussi Doriot, Darnand et leurs équipes.

Des Français... Fritz Hollert, le chef des SD, les avait convoqués le samedi soir pour le lendemain 20 août au matin. Ils ont dû faire la foire toute la nuit, Bobby Folker, Max Payot et leurs amis avec les filles du *Monde* et de la *Mascotte*. Une noce du tonnerre de Dieu, et, dès minuit, tous fin saouls, lâchant des coups de parabellums et des rafales de mitraillettes dans les rues de la ville qui se recroquevillait entre ses ponts et se taisait, attendant l'heure.

Vers sept heures du matin, l'ensemble des agents français et allemands, trente-cinq à peu près, tout le ban et l'arrière-ban, était rassemblé devant le SD place Bellecour.

Les tractions avant, couleur noire, pleins gaz, filèrent vers le fort Montluc. Le tram n° 1 commençait à ferrailler, en route pour Grange Blanche.

Montluc, un matin comme les autres..., blafard. Les punaises regagnent leurs trous et les clés tournent dans les cellules pour découvrir l'instant d'après la silhouette verdâtre du geôlier. L'appel.

— Pugnaire...

— Sarrazin...

— Héritier...

— Sontag...

Le nom d'un homme qui retentit si lugubrement, et puis :

— Sans bagages !

C'est la formule rituelle. Déjà, ils avaient compris.

Alors ceux qui restent pour les prochaines fournées chantent, la voix cassée : *Ce n'est qu'un au revoir, mes frères, ce n'est...*

— *Los Mensch !*

Et l'homme se prépare, celui qui va s'en aller sans bagages au peloton d'exécution.

Il y a aussi Graeppi, dit *Dulac*, le patron du *Grillon*, qui délire parce qu'il a été torturé, qu'ils ont dansé sur son ventre, lui ont cassé les côtes et que tout son corps n'est plus que plaies. Et puis, il y a l'abbé Bourcier qui a passé toute sa nuit en prières sous le toit goudronné de la *baraque aux Juifs*.

Cent dix, cent vingt peut-être... on ne saura jamais.

Ils leur ont d'abord lié les mains, puis les ont réunis, deux par deux, pour une étreinte qui durera jusqu'au moment... Boby Folker avait apporté un gros rouleau de ficelle qui lui gonflait la poche gauche. Dans la droite, le goulot doré d'une bouteille de champagne dépassait.

Les cars sont arrivés : l'un peint en jaune, du type Citroën, et puis un panier à salade portant l'inscription *Gendarmerie nationale*. On les a bourrés là-dedans les cent vingt, et l'étrange caravane traversa Lyon presque désert : les deux charrettes à suppliciés suivies de six voitures de tourisme menant grand train les bourreaux.

Il était 8 h 30 quand le convoi s'engagea dans Saint-Genis-Laval. Une voiture SD freine sec pour demander la route :

— Le fort Côte-Lorette ?

Celui qui questionnait avait, paraît-il, l'*accent de Paris*. Côte-Lorette : une bâtisse désaffectée, située à l'ouest de Saint-Genis, comprenant, outre les bâtiments principaux, un pavillon — c'est important — autrefois logement du gardien.

Tout avait été minutieusement ordonné et la veille des Allemands étaient venus reconnaître les lieux. Les deux fourgons pénétrèrent par le grand vantail de fer. Et les hommes de la Gestapo descendirent en sifflotant. Il faisait chaud. Certains quittaient leur veste ; l'un d'eux était en short. Tout autour du fort, la troupe allemande formait un cordon de barrage.

Alors ils ont commencé à faire descendre les condamnés du premier car. Un bourreau a dit :

— Il faut faire vite.

Puis :

— Les six premiers !

Toujours liés deux à deux, on les poussait dans la maison du garde. D'abord au premier étage : c'est qu'ils étaient nombreux. Les mitraillettes ont crépité.

— Six encore !

Payot était dans la cuisine au pied de l'escalier.

— Vite !

Et ceux qui montaient piétinaient debout les corps de leurs camarades avant d'être abattus à leur tour. Le sang pissait par le plafond. Une femme hurlait d'une plainte monotone. Une vieille de 60 ans, en passant devant Schmitt, cria :

— Je meurs pour la France, mais toi, salaud, tu crèveras !

Six encore.

Au premier étage c'était *complet* (car les mêmes mots nous servent pour parler des tueries ou des trajets en autobus...). Au rez-de-chaussée, il y avait un tas de cadavres d'un mètre cinquante de haut et les bottes piétinaient ceux qui râlaient encore. Les giclées des rafales haletaient toujours.

Ainsi, six par six, les cent vingt y passèrent.

Alors, les cadavres, rez-de-chaussée et premier, furent arrosés à grands jets de bidons d'essence...

Alle Franzosen mussen erchossen werden. Des soldats de la Wehrmacht semaient des plaquettes de phosphore. Les hommes du 19e régiment de police allemande descendaient dans la cave les caisses de dynamite.

Les tueurs s'épongeaient le front.

À 10 heures, la maison du garde commença à flamber. Puis les explosions se succédèrent régulièrement toutes les douze minutes jusqu'aux environs de 14 heures. Une effroyable odeur de chair brûlée déferlait sur Saint-Genis-Laval où quelques habitants, cachés derrière leurs volets, voyaient monter au loin les torsades de fumées rousses et aperçurent, à 11 heures, des voitures qui revenaient « bourrées de civils aux mines réjouies ».

Pendant l'incendie, du côté sud, un supplicié apparut à la fenêtre, environné de flammes. Il cria :

— Pitié !

Une longue rafale crépita. Dans le feu sa figure se liquéfiait comme une cire.

On reconnut un seul cadavre. Et les gens qui commencèrent à venir le soir ne découvrirent que des débris fumants dans les décombres concassés et des masses noirâtres qui étaient des corps. Leurs mains étaient attachées avec de la ficelle de botteleuse de gros diamètre, et si étroitement que souvent les liens n'avaient pas brûlé. Certains corps étaient à ce point carbonisés qu'ils étaient réduits à l'état de cendres incandescentes. Des sauveteurs les mirent dans des récipients, des lessiveuses. Ils ont continué à y brûler jusqu'au lendemain matin.

Le soir même, le cardinal Gerlier, primat des Gaules, protestait avec indignation auprès des autorités allemandes :

« J'ai 64 ans, j'ai fait la guerre de 1914, j'ai vu des spectacles horribles, mais aucun qui m'ait révolté autant que celui dont j'ai été témoin il y a un instant... »

Il fallut quatre-vingt-huit cercueils pour contenir tous les débris humains. Seize corps furent identifiés par la suite. Les gens du pays avaient recueilli de pauvres débris, quelques alliances, plusieurs boutons, des bandages herniaires, une boucle de ceinture marquée de la croix scoute, une bible, un dizainier.

Un petit pied calciné dans un soulier d'enfant.

— Sur le terre-plein, ajoute Gordon, un homme du pays m'a dit qu'il avait vu, parmi les douilles de mitraillette, une bouteille vide à goulot doré, poissée de sueur et de sang.

— Le vent se lève, nous dit en anglais un homme d'équipage, ça va bouger.

Voilà, ce sont leurs histoires. Pauvres récits : pauvres gens... Et le *Solteiro* aurait sombré au bout du chenal, si toutes leurs peines, leurs tortures, les pleurs versés et le sang perdu se traduisaient en éléments pondérables... Et vous voulez qu'ils oublient maintenant, attendant passivement le prochain dictateur, la prochaine politique ?

En Europe, ils ont appris que les mots avaient perdu leur valeur.

Sélection : la vie à droite, la mort à gauche pour les cheveux gris.

L'évacuation : en haillons, sous le fouet, marches forcées d'un bagne à l'autre.

Douches : savon et serviettes, pièces carrelées où les jets crachent des gaz asphyxiants.

Enfant productif : enfant qui ne sera peut-être pas fusillé.
Femme enceinte : strictement interdit, doit être liquidée.
Action : le fait d'agir, c'est-à-dire de tuer en masse, le plus grand nombre possible chaque jour.
Vieillard : cela n'existe pas.
Juif : peuple qui aurait dû être exterminé...
Le *Solteiro*, les feux clairs, piaffait dans la houle.

V

LES CHAROGNARDS SONT EN VUE...

On disait que c'étaient des *Besprisorni* (des enfants errants). Leurs parents avaient été brûlés. Ils étaient cinq de 3 à 10 ans, nés à Vilna, cachés à Vilna, qui avaient vécu à Vilna... Au soleil de midi une infirmière les avait extraits de la cale avant où ils demeuraient depuis des jours à transpirer et à grelotter alternativement. Leurs voisins de misère s'en occupaient bien pour leur donner à manger... Pour le reste ce n'était pas leur affaire. Le plus jeune portait encore au cou le foulard qu'on lui avait noué une nuit froide dans le camion avant le départ. On les installa sur des tonneaux de gas-oil. Ils ne bougeaient pas, les cheveux ternes, les yeux creux, le teint cireux... Ils ne bronchaient pas, ne suivaient pas le jeu des vagues. C'étaient de très petits vieux taciturnes et pleins de choses que les autres gens ne connaîtraient jamais. Passivement ils absorbaient ce grand soleil trop dur qui les assommait de sa lumineuse brutalité.

Ils ne parlaient pas, ne jouaient pas, demeuraient inertes et tant de misère semblait les accabler qu'on les rentra dans leur trou.

C'était le huitième jour de notre affaire... Soupe claire le matin. Le soir, cinquante grammes de corned-beef et quatre dattes par tête de pipe.

Par groupes de plus en plus nombreux, les émigrants gagnaient le pont pour dormir. Et le *Solteiro* se penchait un peu plus, les reins cassés. Nos deux Anglais dans la cabine tuaient le temps en se racontant des histoires de chasse au renard, daubaient les conservateurs et Pearlman disparaissait chaque soir à la même heure pour s'en aller recueillir des chants subcarpatiques ou les complaintes de la région de Tachkent...

À 22 heures, j'avais découvert deux petites Belges accroupies devant le hublot de la cuisine de l'équipage... Ceux-là, et c'est normal, mangeaient mieux que nous. Le mataf en bas, avec une belle indifférence, taillait dans le saucisson et le pain de leur casse-croûte pour la nuit.

— Ah ! les tartines !

Elles avaient faim... Il n'y a que ce mot-là... Le café bouillait. Elles demeuraient blotties au bord de cette vague de chaleur parfumée au graillon. Elles ne demandaient même rien. Habituées, elles se contentaient maintenant de voir et de sentir. L'opérateur radio prenait le frais sur la passerelle, traînant ses savates. Un peu partout des groupes chantaient. Le toubib est passé, son stéthoscope à la main. Les vigies venaient d'être relevées. El Capitano m'a dit :

— Il reste quatre cent milles...

Encore *Alle unter... Alle unter !* La gîte a augmenté. Le navire donne de la bande à vingt degrés, l'ombre des mâts s'allonge sur l'eau. Les craquements de la membrure ont réveillé le vieux dans sa couchette. Il faut alléger le pont. Il vient de donner l'ordre de jeter par-dessus bord quarante barils de gas-oil de trois cents litres chacun et les quatre-vingt-dix radeaux empilés sur l'arrière. Les épaves dérivent dans le sillage.

— Le frère qui va les ramasser fera une bonne affaire, sa journée faite...

— Et si nous coulons ? demande quelqu'un.

El Capitano ricane.

— Il y a beaucoup plus de chances d'arriver sans eux... Il faut choisir.

La plupart des émigrants ne se doutent de rien... Quoi qu'on fasse d'ailleurs, le *Solteiro* continue à donner toujours fortement à tribord. Impossible de se tenir debout sur le pont. Tout glisse dans la cabine jusqu'aux piles poussiéreuses de l'*Admiralty notices to mariners* et les livres des *phares et signaux de brouillard*. Dans ce capharnaüm, Joffroy et le premier officier sont accroupis — les chaises ont depuis longtemps basculé à tribord — et ils comptent placidement les chutes.

En rangs serrés, et les vieux qui ne sortaient jamais s'en sont mis, les émigrants gravissent les pentes des cales, débouchent aux panneaux. Ils se pressent sur ce gaillard d'avant qui enfonce son coin dans la mer ; les hommes accroupis en ligne sur les bastingages comme des compagnies d'échassiers au repos, les pattes repliées. Les jeunes sont sur les échelles, cramponnés aux câbles, les femmes sur les écoutilles, les gosses dans les manches à air ou chevauchant les vergues... Des violons grincent, des couples s'étreignent, les corvées vont aux cuisines. Et un observateur patrouillant à quelques centaines de pieds d'altitude eût aperçu une énorme grappe humaine, triangulaire, de têtes agglomérées et paraissant posées sur la mer. Sorte d'essaim flottant parcouru d'étonnants courants comme des frissonnements d'ailes. Un bourdonnement confus enveloppait les mâts. Les gens couraient, des seaux à la main et l'étrave du *Solteiro* piochait la vague.

Un jour de plus. Chaleur lourde. Soleil mat et fondu dans le ciel. Au-dessus du corsaire, la fumée bouillonne comme un grand feuillage noir et immobile, épanoui autour du tronc lisse de la cheminée. L'horizon est poissé de cette lumière diffuse... c'est un très vieil astre qui n'a plus rien de ce jeune éclat d'un soleil nouveau levé aux rayons percutants, projetés depuis l'horizon, dès son apparition... Là-bas, une vieille nébuleuse au ventre flou sombre dans une lumière morte de monde en dislocation.

Il fait terriblement chaud dans les deux cales. Les hommes ont fini par se déshabiller à peu près complètement, en caleçons, en slips ou en chemises et souffrent, trempés de sueur, dos contre dos, allongés sur les planches.

La mer est d'un argent brûlant aux reflets pâles de ventre de poisson crevé, lourd de pourriture et d'une nouvelle gestation.

Bien sûr, il y a ceux qui n'ont pas l'habitude et qui demeurent à demi nus, exposés au soleil parce que c'est la mode. J'ai vu de fantastiques coups de massue leur enflammer les épaules. L'un d'eux frappé d'insolation, secoué de tremblements convulsifs, s'est abattu sous un canot de sauvetage.

Toujours un quart de soupe à midi. Une portion de viande. Trois figues le soir.

Ils commencent à se voler de l'eau. Des bagarres courtes éclatent, font tournoyer des remous dans ce magma de têtes et les hommes à brassards plongeant du faux-pont interviennent. Extraordinaire *Solteiro*... Au-dessus de ce tumulte, des types, torse nu, poignard à la ceinture, se balancent au bout des filins, d'un bord à l'autre du navire.

Impassibles, les hommes de quart en haut planent sur cette figuration à grand spectacle.

Ceux du Bétar (parti d'extrême droite dont l'Irgoun est l'élément de choc) ont édifié, on ne sait pourquoi, une baraque sur l'avant... Captain John l'a fait démolir. Le pont de ce bateau, quoi qu'il arrive, doit avoir l'air *naturel*. Rien que vingt hommes d'équipage à bord et une cargaison quelconque pour un port d'Égypte...

Des bobards prennent forme. Celui-là tient, se fortifie à mesure que les jours passent sur cette mer déserte.

— On passera ! Captain John n'en est pas à son premier coup.

En attendant, les mâts s'inclinent un peu plus chaque jour et certains ne quittent plus leurs ceintures de sauvetage.

L'aube. Les hommes qui redescendaient au carré butaient dans leurs formes entassées le long des bastingages. Chaque fois, aux premières heures du matin, avec le froid, ces nuits presque orientales — on y piquait doucement à sept nœuds —, ils reprenaient conscience de leur misère ancestrale. Wanda qui avait passé cinq ans, déportée dans une briqueterie de Sibérie, me le répétait :

— Personne ne peut savoir ce qu'il nous faut souffrir pour retrouver notre pays et y vivre.

On leur assurait que c'était au moins notre raison de nous trouver à bord. Ils souriaient, pas trop convaincus.

— *Le* San-Démétrio *on l'a expédié en dix lignes,* disaient-ils.

Wanda n'était plus maintenant qu'une émigrante comme les autres. Je l'avais vue quelques jours avant le départ, vêtue d'un manteau correct à col de fourrure, chaussée de bottes vernies et coiffée d'un calot tricoté. Ce devait être une petite-bourgeoise rangée, à Varsovie, avant qu'ils aient collé son mari au mur.

Maintenant, dépeignée, drapée dans une vieille couverture, elle s'abandonnait à son sort, recroquevillée dans un canot du faux-pont. Ainsi je la retrouvais chaque matin avant le lever du soleil.

Tous, ils absorbaient tellement la misère du monde qu'elle finissait à cette heure de l'aube par leur peser trop aux épaules et elle les surmontait, vaincus pour un instant. On gelait sur le pont... Mais, étonnante vertu de leur peuple, une heure plus tard, lorsque l'avant du bateau s'empourprait, ils chantaient :

Nous sommes les pionniers de la Galilée...

Neuvième jour de mer. Les soutiers et les volontaires ont travaillé toute la nuit pour coltiner le charbon d'un bord à l'autre. Il faut absolument soulager le bateau. Ils sont remontés le matin, pour prendre un peu l'air, noirs et dépenaillés. Alors, d'un effort de reins, le *Solteiro* s'est redressé... Ce fut très lent, degré par degré. Nous nous taisions, l'armature geignait doucement, des fibres se détendaient, les mâts vibraient un peu. Il a marché pendant quelques encablures, le pont à peu près d'aplomb, mais le mouvement a repris irrésistiblement et il est retombé, fatigué, cette fois sur l'autre bord. À tribord, son ventre poissé d'algues gluantes commence à sécher au soleil.

Une soute à eau fuit.

Trois dattes. Une portion salée de *meat and beans.*

21 heures ! Il fait nuit. *Alle unter ! Alle mensche unter !* Tout le monde en bas... Je dis tout le monde en bas !

Il paraît que la zone d'alerte est devant nous... Pourtant, selon la rose des vents, nous faisions route au sud.

J'aperçois l'ombre mince de Captain John près de l'homme de barre. Lumières éteintes, feux de mâts camouflés. Le *Solteiro* n'est plus qu'une épaisse masse noire qui s'ébroue dans l'écume en progressant à petite allure.

Une vigie a crié. Déjà une lumière jaunâtre est apparue à tribord, émergeant à peine du brouillard bas qui monte de la mer. Au gaillard d'avant ils continuent à chanter. *Sheket ! Sheket !* (silence !) Les minutes passent. John a fait mettre en panne. Le lumignon là-bas ne bouge pas et c'est peut-être le feu de pêche d'un chalutier aventuré très au large. Captain John s'est décidé, la sonnerie du chadburn a tinté. Carrément, le *Solteiro* fait cap sur le feu suspect. El Capitano a été réveillé. La lumière ne bouge toujours pas, figée sous un banc de brume... Quelqu'un rit nerveusement et lâche ses jumelles. C'était une étoile juste au-dessus de l'horizon, clignotant comme une lanterne de mât balancée par le roulis.

22 h 45. Pas de doute cette fois... Il vient droit sur nous. À toute allure nous avons vu sa rangée de lumières émerger du brouillard. Personne n'a été surpris sur la passerelle. Depuis la nuit, une sourde angoisse nous étreignait tous. Bob, le radio, il y a quelques heures, interceptait quelques émissions puissantes et dangereusement proches.

El Capitano enfile son pantalon. L'affaire est dans le sac ; l'autre se présente de flanc brillamment éclairé. Les étoiles, elles, vont une par une. *Alle unter ! alle unter !* J'entends claquer les portes des capots. Les canots de sauvetage eux-mêmes sont débarrassés rapidement.

Ils ne sont pas même à un mille de nous.

— Faites rallumer les feux, *cojones !* hurle El Capitano.

Immédiatement ils nous contactent en morse sans interruption. Et indéfiniment les mêmes intervalles de points et de traits fulgurants crépitent à leur passerelle.

— *Who are you ? Who are you ?* (Qui êtes-vous ?)

Les hommes de la Haganah ont eu un instant d'hésitation. Nous sommes en droit de ne pas répondre, loin de toute terre et il n'y a pas de pays en état de guerre... Mais lui, de son côté, peut envoyer une section perquisitionner à bord, sous quelque prétexte.

El Capitano dégringole l'échelle, torse nu, et s'engouffre dans la cabine.

— Si vous avez des papiers, c'est le moment de les brûler... Bateau de guerre !

Il a raflé les paperasses du bureau, entassé ses papiers, arraché les tiroirs, s'empêtre dans le tapis et jure, déchire le rôle d'équipage, les listes, les noms. Il est sorti. Je le suivais. Je l'ai vu les jeter par brassées à la mer.

L'autre répète sans se lasser : « Qui êtes-vous ? qui êtes-vous ? » ; et à cette interrogation, impérieuse de plus en plus, nous n'osons pas répondre. Là-haut, à la dunette, l'état-major clandestin est rassemblé au complet. L'œil clignote toujours. Ses lumières grandissent. La flaque de son reflet, de vague en vague, atteint presque le bord du *Solteiro.*

Alle unter. Mais ils sont tous en bas... Des femmes se trouvent mal dans les cales et doivent y demeurer. L'un des chauffeurs est étendu, inerte, sur le plancher de la cabine. Il s'est effondré dans la soute à charbon. Le docteur tâche de lui remonter le cœur, à coups de seringue. Un homme qui revient des fonds dit :

— *Die Matrosen haben ihre Papieren gebrannt!* (Les matelots brûlent leurs papiers.)

Un silence écrasant pèse d'un bout à l'autre du *Solteiro* et, pour une fois, je perçois sous nous le halètement des bielles qui fait doucement vibrer la coque.

Nous nous sommes décidés à répondre. Captain John parle à voix basse à Bob qui émet au projecteur.

— Ici S.S. (le vrai nom du bateau) et son indicatif en code.

L'autre continue, pressant, sûr de lui, par séries d'éclats brefs.

— D'où venez-vous ?

— De Naples... (c'est faux).

— Où allez-vous ?

— Port-Saïd.

Il n'a pas compris, ralentit encore, et je ne sais rien de plus angoissant que ce dialogue entre deux lanternes.

— Où allez-vous ? répète-t-il.

— Port-Saïd.

À son tour, le *Solteiro* interroge :

— Qui êtes-vous ?

— *War ship* (navire de guerre).

C'est tout. L'autre a encore transmis :

— Bon voyage S.S. ...

Ce fut peut-être dit sans ironie. Il a dû remettre toute la gomme, s'éloigne aussi vite. Il a disparu dans la brume de mer. El Capitano jure bruyamment :

— *Vete encalomar per el bul !*

Et il ajoute :

— Dans une heure, il aura alerté le consul de Naples. Demain ils seront fixés et ne nous lâcheront plus. Je vais tout de même un peu changer la route... *que le se* ?

Une fumée lourde noie les feux du *Solteiro* qui continue doucement à rouler.

Il n'y a plus beaucoup d'espoir.

Ainsi, peu à peu, le vieux bateau finissait par grignoter sa dernière route de près de 2 000 milles. À l'aube du dixième jour, Eva, la belle Polonaise de Lwów, que nous avions toujours connue, allongée dans un canot de tribord, avait disparu. La veille au soir, elle y reposait encore, sa figure calme baignée de lune. Ce n'était pas l'une des silhouettes les moins étranges de cette foule. Je l'avais toujours vue, dolente et silencieuse, l'ovale de son visage souriant dans ses boucles romantiquement à l'anglaise. Hier soir, elle lisait une brochure que j'avais déjà vue circuler un peu partout à travers le bateau.

Un petit bonhomme à lunettes — il s'appelait Lerman — m'en avait traduit quelques passages. C'était, m'avait-il dit, le récit du procès de terroristes en Palestine.

— Nous n'avons pas la même façon de voir qu'eux souvent, mais sur le fond nous sommes d'accord.

Hassia Shapira dite Malka Lerner avait comparu pour détention illégale d'un pistolet colt armé et d'un engin explosif dans une boîte d'allumettes.

Elle refusa d'avoir un avocat et elle a commencé par déclarer qu'elle regrettait que la police se soit introduite dans sa chambre par subterfuge, l'empêchant ainsi d'utiliser ses armes... Elle a dit qu'elle ne reconnaissait pas le régime britannique comme pouvoir légal puisqu'il fermait les portes de sa patrie aux millions de frères en exil.

Le soir, elle fut condamnée à quatre années de prison...

Il m'a encore lu l'histoire du procès de Matatiahu. Celui-ci était accusé d'avoir tiré sur un soldat britannique et de port illégal d'un pistolet automatique, d'une bombe « *boîte d'allumettes* » et de 25 cartouches.

— Matatiahu a reconnu tous les faits reprochés. Il a déclaré qu'il était entré illégalement en Palestine.

« Je suis soldat, a-t-il dit, et le moment est venu de dévoiler mon vrai nom ; je le dévoile parce qu'il est lié à un événement important que vous serez obligés d'ajouter à la liste de mes crimes...

» Mon nom est Schmulevitz et je suis l'un des vingt *Combattants pour la liberté d'Israël* qui se sont évadés du camp de concentration britannique de ce pays. Nous avons creusé la terre, des nuits et des nuits, pendant des semaines et des mois. Nous avons renoncé à la vie du camp de Latrun pour entrer dans la lutte clandestine...

» Il fut un temps où vous donniez des armes aux Juifs pour qu'ils vous aident à conquérir la Palestine. Et je ne doute pas un instant que si je n'étais pas juif mais libanais, vous m'auriez donné des armes pour combattre le "régime de terreur" de la France. Si la Palestine était sous mandat français, vous Anglais m'auriez donné des armes en mains propres.

» Pendant vingt-cinq ans nous n'avons pas compris que la Grande-Bretagne ne voyait en nous qu'un instrument pour l'accomplissement de ses desseins impérialistes... »

Et l'accusé continue :

— Ce corps a déjà été troué par vos balles qui, par hasard, ne m'ont pas tué. Demain vous pouvez me tuer et cela sera sans importance. Ce qui importe, c'est la puissante détermination de restaurer dans cette Jérusalem, qui est la nôtre, notre royaume de David. Vous ne briserez pas cette volonté, ni par vos mitrailleuses ni par vos potences.

» Cromwell a dit : "*Toute action humaine justifiée, même si on en pend les protagonistes à tous les arbres du monde, doit tôt ou tard réussir.*" Cette idée se réalisera : le royaume d'Israël dans notre pays se lèvera même si l'on pend ses guerriers à tous les arbres...

» Nous ne sommes pas des criminels ! et vous savez fort bien que si la Grande-Bretagne n'avait pas trahi le peuple juif et ses espoirs, nous, jeunesse juive qui vous combattons, serions occupés maintenant à nous instruire, à construire, à assécher des marais et à cultiver des déserts. »

— Et il fut condamné ? dis-je à Lerman.

— Matatiahu a encore récité le psaume de David et le Président a lu le verdict. Il disait qu'il était « *difficile d'imaginer plus mauvais cas que le sien* ». Le Tribunal n'avait pu trouver aucune circonstance atténuante...

Matatiahu fut condamné à mort.

— Vois-tu, poursuivit Lerman après avoir un peu hésité, nous sommes tous dans son cas. Nous faisons partie de différents mouvements, mais notre but premier est le même : retrouver notre patrie.

» Je t'avais dit que j'étais un apatride. En fait, je suis né à Cologne. Mes parents sont morts, notre magasin a été brûlé, mes compatriotes, pendant trois ans, m'ont tenu enfermé dans un de leurs camps. J'ai été battu, mordu par les chiens, assommé par les kapos, j'ai subi des appels cinq heures les pieds nus dans la neige... Ils m'ont pendu par les mains à un crochet deux fois par semaine pendant trois mois... J'ai tout subi. Depuis deux ans j'attendais avec les autres. Rien ne venait, rien ne viendra. Dis-toi bien que le *Solteiro* pour nous tous, hommes, femmes et enfants, c'est notre dernière chance, que nous le savons et que nous ne la perdrons pas ! »

Tout le monde en bas... Hier soir, ce n'était que la première alerte. Maintenant les vigies avaient été doublées et Captain John ne quittait plus l'ombre de l'homme de barre.

Dès l'aube, les troglodytes des canots avaient été expulsés. Le pont était désert, souillé de déjections, des ceintures abandonnées traînaient de place en place. On butait dans des litres vides et les matelots tâchaient de remettre de l'ordre avec les rouleaux de câbles dénoués et les futailles pleines qui divaguaient au roulis.

Le corsaire avait enfin, première fois depuis dix jours et au prix d'un effort prodigieux, digéré sa cargaison d'émigrants.

À tribord, les manches à eau avaient rempli les canots de sauvetage en guise de ballast, pour tâcher de redresser un peu le navire. En vain.

Le moindre incident donne toujours naissance à des bruits stupides :

— S'ils ont rempli les canots, c'est pour en gonfler les planches desséchées par le soleil... Captain John doit avoir une idée.

La seule idée qu'ils aient, Andrés et John, c'est d'amener le *Solteiro* en vue de la côte... Dans les coursives, pataugeant dans un magma de vomissures, de boue de charbon et d'escarbilles, hommes et femmes piétinaient passivement devant la porte des latrines. Impossible, malgré les corvées, d'y assurer un semblant de propreté. La gîte engorgeait les tuyaux d'écoulement, le tangage ballottait des paquets de déjections à travers les caillebotis qui flottaient, eux aussi, et la puanteur exacerbée par le soleil était véritablement atroce. S'il n'y a pas eu d'épidémie à bord du *Solteiro*, c'est que tous ces gens avec une discipline sans pareille parvenaient encore à se laver, puisant l'eau de mer à l'avant du navire.

Je ne savais pas encore notre position exacte — et je ne la demandais pas — mais sans aucun doute nous approchions.

— Toujours route sud, disait en souriant El Capitano.

Je n'en croyais rien. Les hommes responsables des groupes avaient été réunis sur l'avant. L'énigmatique Captain John leur avait parlé :

— Nous aurons à nous battre bientôt. Nous sommes forts surtout de notre droit. C'est chez nous que nous revenons. Ceux qui ont de la famille ou ceux qui ont peur pourront rester dans les cales... nous ne leur en voudrons pas. Les panneaux seront fermés. Les volontaires resteront sur le pont... Nous n'avons pas d'armes, nous ne nous servirons pas de nos poignards, mais il faudra lutter et nous nous battrons avec ce que nous avons... Allez le dire à tous les *Havehrim* maintenant !

Déjà on entassait des caisses de bouteilles vides, en guise de prochains projectiles.

Journée torride. Et sur ce pont désert on aurait cru que c'était dimanche de terre. Il n'y avait que deux hommes de quart à la timonerie. Les capitaines dormaient. Quelques gardes allaient et venaient sur le pont. Deux vigies fixaient les lointains de la mer chauffée à blanc, en fusion sous le soleil. Juste à hauteur de la ligne d'horizon une felouque était en panne, ses voiles flasques le long des mâts...

On avait dû oublier les deux violonistes hongrois. Ils jouaient pour eux, frappant du pied dans la coursive déserte. L'un, jeune, nu jusqu'à la ceinture, poilu comme un faune et botté, avec un foulard rouge noué sur les cheveux ; le second était un vieux bougre à tête tannée de pirate, avec des moustaches de comitadji, coiffé d'une calotte. Il avait relevé son caleçon long jusqu'aux genoux. Très loin de nous, les yeux perdus, le geste fébrile, ils jouaient des czardas.

Ça n'allait pas mieux en bas. Les cales avec tant et tant d'hommes entassés devenaient des fournaises intenables. À la chaufferie, les soutiers étaient épuisés. On les soutenait à renfort de piqûres et deux ne travaillaient déjà plus. Depuis dix fois dix jours et dix nuits, à demi asphyxiés, ils essayaient de maintenir la pression au moins à 90. Le charbon les enterrait. Ils glissaient, se blessaient ou se brûlaient aux tuyauteries.

El Capitano entra en coup de vent :

— Arrivée ? Demain, plus tard ou jamais.

Et il s'en fut. Parole, il venait de sécher un verre de rhum... L'affaire se présentait décidément très mal.

On se décida à faire sortir les émigrants par groupes de cinq cents, quatre heures par jour.

Pas d'eau avant le lendemain 16 heures. Soupe trop salée. Il n'y a pas moyen de décaper les tuyauteries engorgées de saumure.

À 17 heures, deux cargos apparurent très loin dans la brume de chaleur. Sur le toit, au-dessus de la dunette, deux hommes de la Haganah peignaient les banderoles de combat et les panneaux de la nouvelle identité du navire. Ce n'était un secret pour personne. Le *Solteiro* bientôt deviendrait le *Theodor-Herzl.*

Tous les quatre, nous nous étions mis au travail dans la cabine. Il n'était que temps de cacher les notes de voyage et nos papiers. Nous voulions embarquer à bord du bateau-cage, car maintenant, pas plus que El Capitano, nous ne doutions de l'arraisonnement prochain.

Nous savions que la fouille sur le quai de Haïfa était sévère. Pour la suite à Chypre, il serait toujours temps d'aviser au camp...

Rien à tenter du côté souliers. Les cordonniers du bord prétendaient que c'était impossible. Creuser une cache dans un livre au moins pour les passeports et recoller les pages ? Il paraît qu'ils les prenaient là-bas. Une solution fut enfin adoptée : dissimuler les documents dans des gourdes pleines d'eau. Au rasoir, avec Joffroy, nous découpions les enveloppes caoutchoutées des ceintures de sauvetage pour protéger les rouleaux. Le tout serait colmaté à l'albuplast.

Pearlman, lui, restait indécis.

— Le coup du bras cassé et les papiers cachés dans le plâtre : *il a une barbe...* ça ne prend plus.

Il résolut de chercher ailleurs. Auerbach le photographe était décidé à se dénoncer dès l'arrivée au port. Il ne voulait pas, avec raison, risquer le passage et quelques centaines de mille francs d'appareils impossibles à camoufler.

Et puis nous attendîmes le ciel vert du couchant. Cette attente devenait insupportable. El Capitano grognait dans sa couchette, se levait sans cesse pour aller consulter un baromètre anéroïde suspendu à la paroi. Alors qu'il avait découvert chaque qualité du bateau avec une joie d'enfant, ou d'amant, dont il nous faisait profiter, il se méfiait de cet instrument en chêne bruni où l'aiguille une fois pour toutes semblait fixée à *beau temps.*

— Je ne le crois pas, me répéta-t-il dix fois ce jour-là. J'ai vu hier soir des lambeaux de brume masquant le soleil couchant et c'est mauvais signe dans ce coin de

Méditerranée. Encore deux ou trois jours, et il faudra bien alors que nous soyons arrivés...

Nous écoutions, la bouche desséchée. Des bouffées suffocantes se traînaient au-dessus du pont où des formes vagues veillaient. Dans la cabine, j'avais retrouvé un vieux numéro de *Life*, de novembre, je crois, consacré à la Palestine. Je ne vais pas à dessein chercher les comparaisons. Elles s'alignaient d'elles-mêmes en cet étrange voyage.

Il y avait d'autres photos... La première traversée de paix du *Queen-Elizabeth*, 2 249 passagers, les diplomates de 33 nations. *Paris-Couturière*, Nina Ricci. *Sir Alan Herbert, british humorist.* On dansait jusqu'à l'aube au Veranda Grill... Selon le confrère, M. Molotov avait pris la barre et le commandant du navire Sir James Bisset (un petit vieux bien propre) a pu faire un mot : « *Nous avons dérivé de deux degrés à gauche.* » Ce trait fut vivement apprécié. Le passage coûte 1 350 livres. À votre santé, merci.

Queen-Elizabeth : 88 000 tonneaux, 2 249 passagers. *Solteiro :* 2 680 tonneaux, 3 000 hommes à bord.

Allons, camarades, pas de démagogie comme on a sitôt dit dans ces cas-là. Il n'y a pas de rapport ! Les pouilleux vont à pied, les pouilleux se font tuer... Les autres sont sur le pont et applaudissent. Tout est bien puisque c'est ainsi.

21 heures : de fortes détonations ont ébranlé les tanks d'eau douce comme une sourde canonnade. Il n'y a personne sur le pont. Accentuant le mouvement de seconde en seconde, régulièrement, le *Solteiro* penche d'une façon extraordinaire : vingt-deux degrés à bâbord. La lumière du diesel a encore baissé. Tout fout le camp... Nous culbutons dans un désordre de chaises, de sacs et de bouteilles vides. Des portes battent. La membrure vibre douloureusement par saccades brèves. Le navire fatigue terriblement. Les ombres des poignards fichés dans la cloison s'allongent à mesure que le mouvement s'amplifie.

L'eau qui remplissait les canots à tribord en guise de ballast commence à se déverser en cataracte et cascade le long du pont.

À l'arrière où ils chantaient encore, tout s'est tu. Nous avions touché un grand seau de vin (le récipient nage maintenant contre la cloison dans un jus rosâtre) et Pearlman braillait le *Concerto brandebourgeois* en tapant sur sa gamelle.

Situation très grave. L'ordre a troué la nuit :

— *Alle Menschen gehen heruber auf die rechte Seite* (tout le monde du côté droit du bateau).

J'entends les sentinelles de l'avant à l'arrière à l'issue des échelles qui répètent : « *Alle Menschen...* »

El Capitano déboule en rafale, les pieds d'abord.

— À trente degrés nous sommes foutus. Il se retournera d'un coup, le ventre en l'air, le pont sous l'eau.

Il ajoute :

— Les passagers sont inconscients... S'ils savaient, il n'y aurait plus qu'à sauter à la mer. Au moins, nous sommes tranquilles de ce côté-là.

Il considère perplexe l'aiguille de son baromètre. La mer est calme. Depuis l'alerte de la veille les feux de position ont été rallumés. En bas, les soutiers épuisés ont recommencé à coltiner le charbon sur l'autre bord. Captain John a demandé des volontaires. Une centaine d'hommes se sont présentés...

Nous avançons tout de même à petite allure. Et ce vieux navire, couché sur l'eau, tribord regardant le ciel, n'est plus qu'une épave, une bête à l'agonie qui continue pourtant à progresser, gagnant mille par mille, dans un dernier effort qui lui sera fatal.

À l'aube, si nous tenons encore et si le *Solteiro*, aussi lentement, n'a pas fait son trou pour s'en aller, enfin redressé, poser doucement sa coque sur un fond de sable et d'algues, il faudra vider l'eau douce du tank *trois* dans le *quatre*, et remplir le *un*, le *deux* et le *trois* d'eau salée pour rétablir un peu la stabilité.

Le vieux reste en haut et nous savons bien qu'il fera l'impossible pour sauver trois mille (3 000) hommes, femmes et enfants, terriens de toujours qui chantaient parce que nous approchions du bout de la route. Et ils croyaient que les bateaux, comme les trains, arrivent à l'heure au terminus...

C'était donc, si je me souviens bien, vers le milieu de la nuit du onzième jour. Ce vieux *Solteiro* n'avait pas fini de nous étonner... Sans raison valable, ou vérifiée par quelque loi physique, sans un coup de vent favorable pour le soulager, le lascar, avec des précautions infinies, des hésitations interminables qui nous faisaient haleter, s'était un peu redressé.

Nous n'avions pas envie de dormir, mais El Capitano profitait du répit pour en écraser un peu. Écraser est le mot, il l'était sur sa couchette, moulé de son classique caleçon long, la liquette lui battant les fesses, bras et cuisses écartés, tué de fatigue. Captain John, lui, restait en faction près de l'homme de barre.

Un coup de sifflet strident nous prévint. Joffroy sauta sur le commutateur.

Nous savions ce que cela devait signifier ; le pont était désert. L'autre débouchait de l'arrière. Ce semblait être un assez petit navire, corvette ou chasseur ; à toute allure, comme hier, ce bateau fantôme vint par notre travers, présentant son point rouge de bâbord. Il était faiblement éclairé et l'on devinait plutôt qu'on ne voyait son spectre fuselé ramassé sur la vague. La nuit était fort noire et c'était comme une maigre rangée de feux follets se déplaçant en ordre sur la mer. Puis il dut ralentir considérablement son allure.

Indifférent comme un bon cargo qui n'a rien à se reprocher, le *Solteiro* continuait sa route.

Aucun signal, aucun appel. De part et d'autre, sur mer, un morne silence. Parfois une lame plus forte, heurtant le bordage, lançait une poignée d'embruns tièdes.

Nous attendions. Jamais nous ne pourrons dire cette angoisse qui nous étreignait. John avait lâché ses jumelles. Tout se taisait au fond ; ils devaient dormir... Probablement fixé, l'autre vira de bord, présenta le vert et il s'étouffa sans bruit, quasi irréel dans cette vapeur d'eau à demi condensée, celle des mers chaudes, qui poissait les ponts, les bastingages, collait aux paumes des mains et énervait les hommes.

LES CHAROGNARDS SONT EN VUE...

Le *Solteiro* maintenait sa petite allure de rentier. Comme si de rien n'était, les machines bourdonnaient en bas. Les chasseurs étaient sur la piste ; à l'heure qu'il est, le petit morpion devait câbler notre position, notre allure, à toute l'escadre de la Méditerranée.

— Il faut dormir, dit Andrés.

Aussi bien les carottes étaient cuites et les jeux faits.

L'aube n'allait pas tarder. Le diesel bourdonnait. Il fallait assurer ses points d'appui pour progresser sur ce pont aux traquenards glissants. Je descendis encore dans les cales, nous savions bien que c'était leur dernière nuit d'hommes libres... Jamais nous ne dégringolions ces échelles gluantes sans une secrète appréhension ; cette fois, les quelques privilégiés, les débrouillards, les femmes malades qui dormaient sur les ponts depuis le départ avaient été rassemblés et poussés en bas par les aboiements des gardes.

C'était une fantastique bergerie d'hommes, ventre contre ventre, entassés comme des bêtes de troupeau. Des bouffées lourdes ballonnaient au-dessus des panneaux béants. Des femmes geignaient. Les vieux s'étaient réunis en bandes funèbres et silencieuses, leurs membres maigres enchevêtrés. Malgré les ventilateurs, une odeur solide que l'on taillait en tranches se reformait après votre passage comme un brouillard épais. Des corps, toujours des corps rangés dans leurs casiers étiquetés.

Fiedler le Belge sommeillait accroupi devant l'infirmerie et il me dit que si nous ne touchions terre avant deux jours, sa femme enfanterait à bord. Il le disait avec une grande résignation...

Une barre blanchâtre taillait la mer au levant. En poupe, encore dans l'ombre et cette brume chaude, j'aperçus à hauteur de la ligne d'horizon une ligne de feux vacillants. Loin de nous, ils demeuraient en vue comme ces charognards au vol lourd qui attendent leur heure, rétrécissent leur cercle et s'abattent alors, le bec en avant, pour un festin de viande morte et de tripes pourries...

VI

CORPS À CORPS DEVANT TEL-AVIV

Deux hommes de l'équipage portaient le premier des grands panneaux que l'on peignait la veille sur le pont supérieur, et je pus lire :

Haganah Ship.
Theodor Herzl.

Ce nom-là ne vous dira peut-être rien, à vous qui vivez en paix dans votre pays. Pour ceux du *Solteiro* c'était le flambeau, l'homme qui avait repris le premier le bâton du chemineau, les avait secoués dans leurs ghettos d'Europe orientale, faisant pièce aux rabbins, *« valets de synagogue »*, disait-il, et criant aux autres :

— Il est temps de partir.

Né à Budapest en 1860, c'était un descendant de *Sephardi* (Juifs espagnols). Il avait d'abord été avocat à Salzbourg. Et puis il arrive à Paris comme correspondant de la *Neue frei Presse*. Sa barbe carrée, annelée comme celle d'un Assyrien de bas-relief, est rapidement connue à la Chambre des députés. Selon les chroniqueurs de l'époque, il travaillait sous l'escalier de la salle de la Rotonde. Il écrit même un livre, *Le Palais-Bourbon*... Il devient peu à peu un de ces chroniqueurs étrangers à peine connus, mais que l'on dit « très parisiens » dans leur pays d'origine. Selon les Tharaud, il ne pensait pas du tout à Sion et, rendant compte de la pièce de Dumas fils, *La Femme de Claude*, il écrivait : « Le bon Juif Daniel veut retrouver sa patrie perdue et réunir à nouveau ses frères dispersés. Mais sincèrement un tel Juif doit savoir qu'il ne rendrait guère service aux siens en leur rendant leur patrie historique. »

Et voilà l'homme qui fut accueilli au premier congrès sioniste de Bâle en 1897 par le cri de *Jechi Hamelech !* (Vive le roi !).

Seulement, le 15 octobre 1894, un officier d'artillerie du ministère de la Guerre, Albert Dreyfus, 35 ans, né à Mulhouse, était arrêté sous l'inculpation de haute trahison et écroué au Cherche-Midi.

En décembre, il avait été condamné à la dégradation militaire et à la détention perpétuelle dans une enceinte fortifiée. Herzl suivait l'affaire. Le 5 janvier 1895, Dreyfus est amené à l'École militaire où quatre mille hommes de troupe sont rassemblés. L'adjudant Bouxin brise le sabre du condamné qui s'écrie :

— Soldats, on dégrade un innocent.

De la foule s'élèvent les cris « Mort aux Juifs ». *L'Intransigeant* et *La Libre Parole* de Drumont mènent la campagne antisémite.

Theodor Herzl est bouleversé. Le livre de doctrine antisémite de Dühring, qu'il avait lu étant étudiant, l'avait déjà fortement impressionné. Prend-il brusquement conscience de ce peuple dont il fait partie et dont il prévoit déjà les grands massacres ? En juin 1895, il essaie vainement d'associer un philanthrope, le baron Maurice de Hirsch-Gereuth, à ce projet fantastique qu'il élabore...

Et c'est alors qu'il écrit cette petite brochure qui devait bouleverser le peuple des ghettos et le mettre en route, quarante ans plus tard. C'est l'essai sur l'*État juif*.

De communauté en communauté, des Carpates à Vilna, cette flamme embrase ses frères d'Europe. D'après Herzl, le problème juif ne saurait être résolu par l'émancipation. Cela ne peut que l'aggraver et l'antisémitisme va se trouver fortifié par le sursaut du nationalisme.

Les Juifs sont isolés, les Juifs sont sans patrie.

— Nous sommes un peuple, nous avons une patrie ! répète Theodor Herzl.

L'émancipation n'est qu'une étape nécessaire. Les Juifs doivent avoir le moyen d'immigrer librement et de s'établir sur le territoire qui leur sera accordé pour jouir d'une autonomie complète.

Pour étayer son plan, Herzl décide de créer la *Society of Jews* représentant les intérêts juridiques et la *Jewish Company* qui s'occupera des problèmes pratiques de l'émigration et de la colonisation.

Ce pays, c'est la Palestine.

Si je t'oublie, ô Jérusalem,
Que ma main droite se dessèche !

C'est la terre où Dieu avait conduit leurs ancêtres, d'où ils avaient été chassés et dispersés à travers le monde après la destruction du Temple...

Déjà, après les pogroms de Russie, en 1881, les *Hovevé-Sion* (les amants de Sion) avaient décidé de s'embarquer pour la Terre promise. Les quatorze premiers pionniers étaient partis en 1881 et avaient fondé des colonies comme Richon-le-Sion, Roch-Pina et Zikhron-Jacob...

Herzl répète :

— Les Juifs qui le voudront auront leur État. Nous devons enfin vivre en hommes libres sur notre propre sol et mourir tranquilles dans notre propre patrie... Le monde sera délivré par notre liberté.

On rit de lui. Les grands banquiers, dont Edmond de Rothschild, lui refusent leur aide. Mais Herzl sait qu'il doit s'appuyer sur la masse, le peuple concentré dans les ghettos, les pauvres gens pressurés par les tsars, massacrés par les cosaques. Et là-bas, son enthousiasme emporte tout.

Il frappe aux portes, voit Guillaume II qui l'écoute. Herzl le rejoint à Jérusalem. Il part pour Constantinople, essaie de fléchir le sultan.

Il est décoré.

Affaire faite si le Trésor ottoman reçoit cinquante millions. Mais les banquiers juifs ne s'intéressent pas au sionisme et Herzl n'a que six millions au compte de la *banque coloniale*.

Il va en Russie, est reçu par Witte. Il va à Rome, voit le pape... Tout cela en vain.

À Bâle, le 31 août 1897, deux cents délégués juifs de tous les pays du monde se réunissent pour la première fois. Le *Programme de Bâle* établit que le « *sionisme a pour but la création en Palestine pour le peuple juif d'un foyer garanti par le droit public* ».

Herzl continue à parcourir le monde. Fébrilement il demande, réunit, enrôle, va convaincre les rabbins. Avait-il compris qu'il foulait déjà un brûlot dont Kiev et Auschwitz seraient les capitales sanglantes, vingt et quarante ans plus tard ?

Quoi qu'il en soit, le retour à la Palestine ne lui semblant pas immédiatement possible, il propose l'Ouganda, puis l'Argentine et Chypre aussi. Ce qu'il veut c'est que son peuple, enfin réuni, soit en mesure d'étaler la vague de fond qu'il a déjà senti s'enfler. Mais il meurt en 1904.

Il disait :

— À Bâle, j'ai fondé l'État juif. Si je disais cela aujourd'hui à haute voix, des éclats de rire me répondraient partout. D'ici cinq ans peut-être, en tout cas d'ici cinquante ans, chacun comprendra...

En guise d'exergue à son roman sur le sionisme, *Altneuland*, il avait écrit : *Si vous voulez, ce ne sera pas un conte...*

Très exactement cinquante ans plus tard, ce n'était plus un conte pour les hommes de son peuple qui allaient se battre sur le cargo clandestin *Theodor-Herzl* en route pour Tel-Aviv... Et le soir de l'abordage, les grandes lettres de son nom n'étaient pas encore sèches, à tribord et bâbord du navire.

À l'aube du douzième jour, quand les émigrants émergèrent des cales, ils s'aperçurent que les échelles du pont supérieur avaient été sectionnées au chalumeau et jetées à la mer. Ainsi nos deux cabines — celles des hommes de la Haganah et d'El Capitano —, la passerelle et la chambre de barre étaient coupées du reste du navire et allaient donc devenir bientôt le bastion de la résistance à bord du cargo. Serait-ce à l'abordage, les Anglais ne pouvaient parvenir qu'au pont inférieur. Il leur faudrait encore escalader les deux parois verticales pour arriver à notre pont, commander la barre, et faire stopper les machines.

On avait gâché du ciment pendant la nuit, je ne savais pour quelle mystérieuse raison. Le radio était devenu définitivement invisible ; quant au *Rouquin*, le second de Captain John, je ne le revis jamais. Certains m'ont dit qu'il se tenait dans la cale avant, chargé d'une mission qu'il a pu mener à bien. Toujours est-il que les Anglais ne l'ont pas fait prisonnier...

À 10 heures, Captain John grimpa lui-même jusqu'à la pomme du mât d'artimon. El Capitano en conçut du dépit, mais nous avions compris que le *Sabra* attachait une grande importance à son geste. Il resta très longtemps là-haut à rouler le pavillon bleu et blanc frappé de l'étoile de Sion. Il mit un soin tout particulier à le nouer d'une drisse qui rejoignait la passerelle de commandement. Une grande rumeur, issue du gaillard d'avant, dut l'envelopper là-haut dans son balancement. Il fit un geste. El Capitano tira un coup sec sur la ficelle. Le pavillon se déploya. Cela irait... John le roula à nouveau et redescendit le long des filins.

Les deux panneaux portant le nom *Theodor-Herzl* avaient maintenant été accrochés, prêts à être rabattus, de part et d'autre de la dunette.

Le pont avait été dégagé, les barils et les futailles repoussés le long des lisses. Les hommes charriaient des caisses de bouteilles vides qu'ils empilaient dans les canots. Klinger coupait les bouchons servant de *défenses* aux coques des embarcations. Amarrés au bout d'un filin, ce devenait des massues très acceptables et que l'on pouvait lancer loin en les projetant à la façon des frondeurs.

Pendant l'après-midi, ultime répétition, une trompette haleta le branle-bas de combat. En haut, torses nus, les vigies étaient toujours à leur poste.

Cela s'ordonnait à longs coups de sifflet. On distribua une dizaine de masques à gaz aux hommes qui devaient tâcher de relancer à temps les bombes à gaz. Les jeunes escaladaient les canots. Des types armés de matraques en caoutchouc et de coups de poing américains s'alignaient le long des bordages. Le porte-voix gueulait. Les bouteilles s'entassaient toujours : Vichy, Évian et Vittel qui avaient soigné des foies malades et des reins perclus avant de devenir, sur le tard, projectiles ou casse-tête.

Il y avait aussi des femmes sur le pont ; fortes filles calmes — je reconnus Rifka qui commandait un maquis dans le secteur de Bialystock —, anciennes partisanes slovaques aux poitrines larges de bœuf de labour ou de ces Germania tétonnières, époque de M. de Bismarck.

Tous les non-combattants devaient être bloqués dans les cales. Pourtant, on avait laissé des gosses qui traînaient encore, prenaient part aux préparatifs et s'amusaient follement. J'avoue que, sur le coup, je ne croyais pas à une bagarre sérieuse. Nous savions bien que les Anglais attaquaient avec décision, refroidissaient les enthousiasmes avec des lances à eau (et ne sait-on pas, selon tous les historiens de salon et les tacticiens bureaucrates, que les pluies arrêtent l'émeute ?). Par mesure supplémentaire, les assaillants tireraient peut-être quelques rafales par-dessus les mâts, nous accosteraient et prendraient la barre.

— Ils jouent aux petits soldats avec leurs bouteilles ! dis-je à Joffroy.

C'est ainsi que je voyais l'abordage. Je savais pourtant que les émigrants étaient décidés à se battre... mais que pouvaient-ils oser contre une escadre de destroyers ?

On peut difficilement se mettre le doigt dans l'œil d'une façon aussi décisive que la mienne.

À 17 heures, les vigies aperçurent encore une silhouette de bateau, très loin au sud. Ce semblait être un cargo qui, lui, faisait vraiment route vers Port-Saïd... Dans la cabine, pour nous c'était la dernière heure des couturières : il s'agissait de finir les *planques* pour les papiers. Les passeports ne tenaient pas dans les gourdes. Joffroy décousait ses manches et s'interrogeait avec perplexité. Pearlman avait requis l'assistance d'un tailleur bossu de Kitchinev et sa veste était déjà décousue en trois morceaux. Simone, la petite Belge, cousait le passeport 05 732 à l'intérieur de mon chèche et cachait les dernières notes dans la ceinture d'un pantalon.

Le plus mauvais fouilleur n'aurait qu'à poser la main pour deviner et nous étions persuadés que nous ne passerions pas. Enfin, tout semblait paré. El Capitano bouclait son sac et allait devenir un émigrant. Il restait soixante milles à courir.

Par excès de précaution on nous *maria*. Je dis bien : j'ai été marié en compagnie de Joffroy et quelques autres. C'était l'idée de l'un des chefs de la Haganah. À l'arrivée à Chypre nous pouvions être interrogés en yiddish ou en allemand, ou en slovaque, et Farkhas ignorait tout de la langue habituelle à ses compatriotes de Bratislava... ; c'est ainsi que l'on procédait à des mariages fictifs à Vilna ; tu te souviens, Dworzecki, au temps des *permis de vie* ?...

À bord du *Solteiro*, il y avait une certaine quantité de jeunes filles parlant français. El Capitano tint, lui aussi, toutes affaires cessantes, à être marié. Nous devînmes beaux-frères. Ma femme s'appelait Héléna. Elle était Polonaise. Elle était blonde.

On me dit :

— Voilà ta femme.

L'affaire, je n'ai pas besoin de le dire, n'a jamais été plus loin. J'ai perdu mon épouse pendant la bagarre. Je l'ai retrouvée à Chypre au bras d'un violoniste tchèque et elle m'annonça qu'elle venait de se fiancer... L'incident, dans nos souvenirs, porte le nom de *foire aux femmes* et nous en reparlons souvent, n'est-ce pas, Maurice ?

La chaleur tenait. L'aiguille du baromètre demeurait inflexible, à beau temps. Les manches à air tournaient leur pavillon, gigantesque cornet de sourd, graisseux comme un cornet à frites, dans la direction d'un semblant de vent. En bas, le raclement des pelles s'était accentué ; on harcelait les foyers. Pour leurs dernières heures, les chauffeurs trimaient dur et cette cheminée stupide n'arrêtait pas de dégorger à torrents des tourbillons de fumée noire, sans les répits où l'air chaud et transparent vibrait doucement, posé comme un morceau de vitre au-dessus de l'orifice.

Et puis, avec cette précipitation des soirs orientaux, la nuit tomba d'un coup, se plaquant sur le ventre chaud de la mer.

Nous étions rassemblés dans la cabine avec nos *femmes*. Nous n'avions pas mangé depuis la veille, sinon quelques biscuits de mer. À midi, les fourneaux avaient été jetés à la mer.

Restaient quelques bouteilles de rhum et une caisse de cigarettes américaines que nous avons balancées par-dessus bord, après avoir bourré quelques paquets dans nos poches.

— Alcool, tabac et femmes, qu'en dites-vous ?

El Capitano n'en disait rien. Il s'était mis une autre idée en tête et ce fut notre dernier entretien avant l'affaire...

— Réellement, il a manqué un mort, disait-il. Je crois que pour nos voyages, les morts portent chance... Stefan a eu deux macchabées chez lui... Il a pu débarquer ses gens et revenir.

» Je lui aurais fait un joli enterrement. Je dis toujours un discours. Il y aurait eu le rabbin. Alors je prends la barre ; on la met sur bâbord toute, et le mort glisse tout doucement le long d'un panneau de cale, les pieds bien lestés. Un coup de sirène, un tour en rond et nous reprenons la route ! »

Ainsi parlait-il, les coudes aux genoux, mâchant son mégot, dans cette petite cabine aux rideaux déchirés où les sacs entassés dans un coin attendaient l'évacuation.

El Capitano ne pouvait pas prévoir...

Il était 20 heures. J'entends encore la pendule de John Bliss and Co piquer le quart de son timbre fatigué. Nous étions prêts, papiers cachés. Les femmes transpiraient déjà, ayant enfilé toutes leurs robes l'une sur l'autre pour perdre le moins de choses possible de leurs pauvres bagages. Un chandail, quelques chemises, deux paires de bas, c'était toute leur richesse. Les gens du *Solteiro* n'étaient pas de ceux qui gardaient le regret d'un buffet Henri II, six chaises et du service à porto oubliés en Europe. Tout cela était si loin.

Quelqu'un cassa le col de la dernière bouteille de rhum. Une rumeur suinta par les hublots.

— *Eretz !* (Notre terre !)

Tous nos feux étaient éteints. La nuit avait englouti le *Solteiro* et je distinguais à peine l'ombre mouvante du mât d'artimon. Tous regardaient vers l'étrave. Au loin, droit devant, des lumières palpitaient ; une girandole étirée juste au-dessus de la ligne d'horizon (si peu même qu'une lame plus haute suffisait à l'effacer par instants) scintillait tout offerte à notre proue. Un délire les avait saisis. Avaient-ils l'impression que bientôt ils pourraient les cueillir de la main ? Mon Dieu ! qu'ils étaient loin les feux de la ville ! Ils me semblaient terriblement au bout du monde ces lampadaires. C'étaient ceux d'une autre planète. Une ligne d'ombres agitées nous en coupait pour longtemps. Et cela ne se mesure même pas en années-lumière.

— C'est Tel-Aviv, me dit El Capitano... Je crois qu'ils ont reçu des ordres par radio. Nous devons foncer sur la plage et nous y échouer. Peut-être y parviendrons-nous... Après tout, nous sommes en vue.

Tel-Aviv ! Ils se pressaient au gaillard d'avant pour se rapprocher, autant qu'il se pouvait, de ce rêve ancestral à portée de la main.

Nous naviguions les feux éteints et pourtant j'ai l'impression que ceux de la côte durent le percevoir, le grand murmure à la proue du *Solteiro,* ce souffle qui venait du large.

Un grondement montait des cales, boursouflait les planches des ponts :

— *Eretz ! Eretz !* La Terre ! La Terre promise !

C'était fini cette fois. Ce cri bousculait tout... Il y eut ainsi quelques secondes de cette démence collective, de celle qui embrase irrésistiblement une foule, la triture, la fait rire et pleurer. Rarement connaît-on un tel sentiment plus d'une fois dans sa vie... Et nous l'avions ressenti, il y a de cela déjà longtemps, lorsque le premier char pénétrait dans la ville morte, que les fenêtres des maisons et les portes des prisons s'ouvraient librement.

Eretz ! Les vieilles fumées des souvenirs passés fuyaient en déroute dans le sillage du *Solteiro,* ce sillage qui s'allongeait jusqu'à l'Europe. *Eretz !* Il emportait définitivement les pogroms de Vilna, les terreurs de Varsovie, les famines des Carpates, les spectres des petits enfants que l'on *concentrait* au Vél'd'hiv'. Il éteignait les dernières lueurs rouges d'Auschwitz. La Terre promise...

Ils touchaient au but. Trois mille misérables traînant des siècles d'oppression dans leurs besaces les balançaient par-dessus bord et allaient devenir des hommes libres.

Minute.

Toujours droit devant, mais placé entre le *Solteiro* et la côte, un long froid de lumière sauta par-dessus l'horizon.

Un silence subit retomba du même coup, planté dans les mâts, écrasant le pont. Trois cents hommes suivaient des yeux cette lueur aveuglante qui se promenait délicatement, sans hâte, comme une patte livide, en effaçant les étoiles.

Un, puis deux, puis trois, à bâbord, à tribord, s'allumèrent à leur tour. Il n'y avait plus que la haute mer derrière nous, méchant trou d'ombre. Personne ne se retourna... Les destroyers étaient en chasse. Comme une vieille mouche à demi morte, nous avions été pris dans le réseau du radar. Un instant il y eut presque un court découragement. Le temps de se reprendre... Le but était si proche et c'est qu'un espoir insensé les avait saisis lorsque les lumières de la ville, comme une lente offrande, montaient par-dessus l'horizon d'est.

Plus que vingt milles.

À combien marchions-nous ? Cinq, six nœuds à peine. Bon Dieu ! il n'y avait pas d'espoir, il ne pouvait plus y en avoir... Irrésistiblement les machines nous poussaient vers les grilles des bateaux-cages, vers les réseaux de barbelés.

Avec ces projecteurs aveuglants, nous retrouvions l'impression des montées silencieuses vers les lignes... Et à cet instant, sur le pont encombré du *Solteiro,* je me revis avec Debarge dans ce village vide, aux volets clos. C'était en avril 1945. Nous partions avec les commandos de débarquement. Les sections se rassemblaient en silence devant les maisons. Une enseigne nous avait accrochés :

Travail soigné. Deuil en 24 heures, et nous avions envie, mais vite, d'avoir déjà pris pied sur la plage du sémaphore et qu'ils se décident à tirer. Pourvu que ce silence pesant finisse par se fracasser en une multitude d'explosions et de bruits...

Au large de Tel-Aviv, le 13 avril au soir, nous attendions ainsi. La lumière fouaillait l'eau. Ils cherchaient, ils sentaient la bête. Et nous devions attendre, passifs, nous plaquer au pont et suivre des yeux leurs pinceaux qui se baladaient dans le ciel.

Je ne sais rien de plus déprimant, excepté peut-être le ronronnement majeur d'une escadre de bombardiers précédée par les fusées livides des avions marqueurs découpant, ombre et lumière, des objectifs fantastiques...

Pas même ce moyen primitif de ramper et l'illusion imbécile de passer inaperçus. Rien ne vivait plus sous nous. Les femmes, instinctivement, faisaient taire leurs gosses. Le vieux *Solteiro* crachait toujours une fumée noire qui devait traîner en écharpe pendant des milles. Leurs faisceaux montaient toujours...

Pris. Nous étions faits : le pâle réseau, cinglant les vagues, pénétrant l'obscurité comme un coup de poing, et qui avait gagné de façon foudroyante, se colla au bordage. Il le palpait, y dansait un peu et semblait vouloir le reconnaître.

Il se fixa.

Le *Solteiro* se découpait d'une façon fantastique. Le moindre filin, les vergues, les bastingages et sa vieille cheminée ridicule soufflant toujours venaient de surgir des ténèbres comme un monstre marin cerné par les chasseurs. La nuit, repoussée très loin comme un fond de décor, nous semblait maintenant inaccessible.

Le premier devait appeler les autres. En quelques minutes, braquant leur feu si aveuglant qu'il en devenait bleuâtre, trois destroyers furent bord à bord avec nous. Captain John fit un signe et le clairon commença à sonner. Rampant le long des lisses, les hommes — il y en avait donc à peu près trois cents — gagnaient leurs postes de combat.

Le *Solteiro* se traînait toujours péniblement, comme une bête blessée, à bout de force et qui revient crever à l'entrée de sa bauge, à demi couchée sur l'eau. Cinq nœuds à tout casser...

Nous nous tenions près de John sur la passerelle. Et le grondement des machines en faisait grelotter frénétiquement les vitres comme celles d'un vieux wagon de troisième classe secoué par les bifurcations à l'entrée d'une gare de triage. Le servomoteur chuintait doucement. John jetait un coup d'œil aux destroyers, regardait vers la côte et continuait à commander en français, très calme, son chapeau pisseux enfoncé jusqu'aux yeux pour ne pas être ébloui.

— Bâbord un peu. La barre comme ça.

À quoi bon ?

L'un des destroyers se détacha. Sa rangée de feux courait sur la mer et il monta à tribord. On distinguait maintenant, dans le reflet, ses superstructures rigides d'animal de guerre, canons masqués, ses flancs gris luisants de bête bien soignée, souvent bouchonnée. Des hommes casqués de blanc étaient rangés sur l'avant. Aux tourelles, des mitrailleuses étaient braquées. J'aperçus l'officier sur la passerelle qui nous cherchait des jumelles. Ainsi, le destroyer K. 600 s'avançait silencieusement, moucheté d'une frange mince d'écume, sûr de sa force.

Et tous les hommes de son bord, accoudés au bastingage, regardaient, illuminé pour sa dernière parade, ce cargo fatigué, au ventre mangé de rouille, surmonté de cette cheminée bête, apparu brusquement en mer, la coque ruisselante comme s'il en émergeait, environné de suie parce que des matelots d'enfer harcelaient furieusement ses foyers, au fond des cales.

Formidable, grondant, un haut-parleur vociféra :

— Vous allez entrer dans les eaux territoriales de Palestine... Vous devez vous arrêter et mettre le cap sur Haïfa où nous vous escorterons...

Ils devaient avoir aperçu les silhouettes allongées sur le pont du corsaire.

Pas de réponse. Un calme étrange durait sur la mer. Leurs rangées de lumières dansaient au loin. Les bielles gémissaient. Nous faisions route sur Tel-Aviv.

La voix en appela encore aux chefs de la Haganah : « Vos leaders qui vous entraînent dans une aventure sans issue. »

— Laisse-moi, dit John au timonier ; va retrouver les autres.

Il prit la barre. Il voulait rester seul sur la passerelle.

La voix qui venait de la mer répétait encore inlassablement, de ce ton morne et désabusé qu'auront toujours tous les haut-parleurs du monde pour annoncer l'arrivée des trains ou le prochain congrès socialiste...

— Dans quelques minutes, vous allez entrer dans les eaux territoriales de Palestine...

John tira sèchement sur la drisse. Alors, là-haut, à la pointe du mât, dans cette orgie de lumière, le pavillon bleu et blanc à l'étoile de Sion se déroula. Au même instant, d'un bord et de l'autre, les deux grands panneaux de bois se rabattirent en claquant et ils purent lire ce nom : *Theodor-Herzl*.

Le *Solteiro* était mort. Le forceur de blocus venait de se démasquer. Personne n'avait brisé de bouteille de champagne à sa proue, il n'y avait pas de ministre, aucun discours... Seulement les équipages et les commandos de trois destroyers de Sa Majesté, attendant l'heure et la distance réglementaires reconnues par toutes les nations qui naviguent, et qui s'étaient réunies, pour cette raison, en un congrès spécial.

Le temps passa un peu. Les lumières de la côte étaient plus brillantes et plus inaccessibles que jamais. Là-bas, dans quelque crique ou sur une plage, des groupes prévenus par un message mystérieux attendaient le débarquement des clandestins. Bob devait toujours être en contact avec eux ; il venait de transmettre un relèvement au captain. Peut-être de la côte avaient-ils aperçu les grands coups de faux des projecteurs travaillant au large, puis se fixant ; et ils avaient compris.

D'autres ignoraient. On jouait *Œdipe-Roi* à l'Habimah-théâtre de Tel-Aviv, et *Where do we go from here* au Régent de Jérusalem (en couleurs).

Nous n'étions que trois mille d'un côté, sept cents de l'autre à être intéressés par cette affaire. D'autant que certains allaient y laisser leur peau et la majorité, ce qui était leur liberté... C'est ainsi. Dans les journaux, on connaît la musique :

— *Cinq cents morts à Java ?*

— *Ça fait dix lignes...*

— *Deux suicides au pont d'Austerlitz ?*

— *Une brève.*

— *Un bateau juif abordé devant Tel-Aviv. Pas de détails.*

— *Rien.*

Et les secrétaires de rédaction n'ont jamais tort. Ils savent bien que les lecteurs de Paris veulent être sûrs que le T donne bien droit au sucre, que ceux de Londres attendent tout ce qui se dit sur les fiançailles de la princesse Elisabeth, qu'à New York on doit marcher, trois colonnes, avec le scandale des pots-de-vin de Judith Mac Cuffy... mais cette histoire, 3 000 types en mer, trois destroyers, pas de détails, ferait bâiller le monde, le lendemain à son réveil.

Ils prenaient leurs mesures pour l'attaque. Leurs projecteurs balayaient l'eau. Les casques blancs s'étaient avancés le long des bastingages. Le premier destroyer revint vers nous à petite allure, sûr de son fait ; il roulait mollement et son étrave vint à quelques mètres de notre bord. Ces engins-là se manœuvrent comme des bicyclettes... La voix recommença :

— *I warn you that you are about to enter the territorial waters of Palestine. I warn you if you enter, it will be my duty to board you, arrest you and take to Haïfa. What is your answer ?*

Cette solennité signifiait le dernier avertissement... Quelque chose comme la troisième sommation du commissaire de police, son écharpe autour du ventre, s'avançant devant le front des troupes, l'arme au pied, qui regardent la barricade des insurgés...

Ici, cela ne sentait pas du tout l'image d'Épinal. John tenait la barre bien en main. Personne ne fit un mot à transmettre avec détails aux générations qui suivront.

Non, il n'y eut pas de réponse. Le chant s'éleva seulement, puissant, étonnamment lent, la *Hatikvah*... ; cela fut spontané ; il montait du pont, on le sentait gronder au fond des cales.

Tant qu'au fond d'un cœur
Une âme juive pourra vibrer
Et que vers l'Orient
Nos yeux chercheront Sion
Alors notre espoir n'est pas mort,
Le vieil espoir
De revenir au pays des ancêtres
Où David habita...
Tant que les larmes de nos yeux
Rouleront comme une pluie
Tant que le fleuve du Jourdain
Sortira de Tibériade.
Tant que la muraille bien-aimée
Apparaîtra à nos yeux.
Tant qu'un œil se mouillera
Devant la ruine du Temple,
Écoute, frère en exil,
La voix d'un de nos prophètes...
Seulement du dernier Juif
Mourra le dernier espoir !...

Je ne l'ai entendu qu'à de rares occasions et je n'oublierai jamais son rythme avant la bataille au large de Tel-Aviv.

Sur le pont, nous tournions tous les yeux vers lui, vers Captain John qui était encore à son poste. C'est la dernière fois que je le vis. Il y eut un coup de sifflet léger, à peine perceptible.

Et tout se tut.

Rapidement, le premier destroyer prit du champ. Ses deux équipiers attendaient les événements, en panne, un peu plus au large. Son projecteur tourna, fixé sur notre plage avant. À toute allure, son étrave brusquement mouchetée d'écume, il revint sur bâbord, du côté où nous penchions, le pont à toucher l'eau. Il fallait se battre. Ombres noires, les hommes des embarcations se dressèrent.

Bord à bord. Était-ce une feinte ? Cherchait-il le point le plus mal défendu ? Toujours est-il qu'il stoppa un instant cependant que le *Theodor-Herzl* poussait toujours vers la côte.

On commença à lancer des boîtes de conserve qui tapaient dans un tas de marins à l'avant de l'Anglais. La mer était devenue houleuse...

Alors, brusquement, des détonations sourdes et pressées éclatèrent. Des lueurs rouges sautaient sur le pont. Un brouillard blanchâtre s'étirait en longs filaments, tournoyait et gagnait doucement. Nous pataugions dedans jusqu'aux cuisses. Dans cette lumière livide pour gros plans de cinéma, je voyais courir des hommes masqués, fantomatiques. Des bouteilles tournoyaient, on arrachait des planches, n'importe quoi, ce qui tombait sous la main. Des femmes, un linge mouillé sur la bouche, se passaient les projectiles de main en main jusqu'au tireur, les pieds accrochés au bastingage.

Ce brouillard fantastique collait au bateau, poissait jusqu'aux superstructures. Le gaz montait. Sur le pont, cela nous prit d'un coup, arrachant les bronches, brûlant les yeux. Des femmes hurlaient. Des hommes cassés en deux déchiraient leurs chemises en balançant toujours leurs projectiles.

Une bombe avait dû tomber aux abords de la pouponnière installée à l'arrière. J'eus encore le temps d'apercevoir des infirmières qui couraient, les bébés roulés dans les couvertures, pour s'engouffrer à toute allure par l'échelle de la salle des machines.

En face, ils attendaient que le gaz ait fait son effet, tout en nous escortant à la même allure.

Maintenant, des lances à eau, braquées à pleine puissance, balayaient le *Theodor-Herzl* et culbutaient les hommes qui ne se couchaient pas assez vite. Cela n'eut aucun effet.

À la chauffe, les soutiers continuaient à pousser les feux. La chaleur y était intenable : les hommes s'étaient coiffés de sacs à escarbilles qu'ils trempaient dans des seaux d'eau de mer. Sur la passerelle, la barre avait été bloquée, cap sur la terre. Personne ne répondait plus au tuyau acoustique.

L'Anglais recula encore un peu. Son avant était maintenant à hauteur de l'étambot du *Theodor-Herzl*. Sur sa proue, nous avons vu apparaître une file d'hommes masqués par le grouin, casqués de blanc, engoncés dans un gilet bleu de sauvetage. L'abordage était imminent. Un moment, le nuage noir de la cheminée, que les projecteurs ne parvenaient pas à percer, nous les cacha.

Les détonations se précipitaient à une allure invraisemblable ; les petites flammes des éclatements se multipliaient. Le brouillard suffocant s'était encore épaissi. Les explosions se produisaient maintenant à mi-hauteur des mâts... Ils visaient les manches d'aération des machines.

Plus tard, on m'a dit que le chef mécanicien avait promis de tenir. Après le combat, on l'a retrouvé évanoui, la tête enveloppée de couvertures, près de ses manomètres.

Leurs superstructures surgirent brusquement. Les grappins sifflèrent d'un pont à l'autre. Un jeune Juif cramponné à un filin, une bouteille à la main, se laissa balancer jusqu'au-dessus de leur pont, jeta son projectile au milieu des hommes qui attendaient l'assaut et se laissa revenir. D'autres étaient accrochés aux vergues, dans les échelles des mâts, aveuglés par les projecteurs, secoués par les jets d'eau et se battaient toujours.

L'étrave du K. 600 vint sur nous.

En avant toute !

Il y eut un déchirement brusque. Le *Theodor-Herzl* hurla de toute sa membrure, frissonna longuement. De la passerelle, un homme bascula et tomba à la mer ; nous n'avons jamais su comment s'appelait cet émigrant inconnu.

Ils nous avaient abordés par l'arrière, à hauteur de l'infirmerie. Leur étrave s'était fichée dans le flanc gauche. Le bordage sauta en éclats meurtriers. Des embarcations cassaient, les filins du mât arrière avaient été tranchés. Il vacilla, prêt à s'abattre, se maintint. Le corsaire, comme le vieux *Solitaire* qu'il avait été, se défendait seul, forcé dans sa tanière par des bêtes de race. Harcelé, il faisait tête, roulait et se cabrait, ballottant les combattants. Les grappins cassèrent. Le destroyer recula. La houle était trop forte.

Aussi bien on se battait déjà à bord. Au moment de l'abordage, les *marines* du commando de débarquement avaient sauté, matraque au poing, mitraillette et poignard en sautoir. Ces gens-là avaient l'habitude de leur boulot... Combien cela dura-t-il ? On nous a dit deux heures, après ; et c'est possible.

Du destroyer, ils continuaient pourtant à couvrir le pont du crépitement des bombes lacrymogènes. Un jeune homme eut le crâne fracassé par l'explosion de l'une d'elles et s'effondra sous une embarcation, derrière la cheminée.

Un piétinement sourd et acharné ébranlait le pont. Les gens des cales avaient ouvert leurs panneaux. Dans une accalmie nous avons entendu des femmes qui chantaient. Nous quatre, qui étions neutres, regardions couchés près d'une futaille avec l'impression désagréable d'être particulièrement en vue sur cette dunette. Une lance à eau s'attardait d'ailleurs, ronflant sur la paroi au-dessus de nos têtes... Aussi bien un second choc venait encore de défoncer la coque à bâbord. Le second contingent prenait pied.

Le gaz rongeait littéralement les yeux. De la seconde passerelle, à demi suffoqué, je fus projeté sans mal, cinq mètres plus bas devant la cabine. Joffroy suivit. Partout des bouteilles s'écrasaient, déchiraient les planches et sautaient en morceaux bruissants. Deux, puis trois défenseurs, forcés par les casques blancs, s'effondrèrent, la tête en sang. Les *marines* progressaient. L'arrière semblait à peu près nettoyé. Des prisonniers, les mains en l'air, étaient alignés vers l'infirmerie, en plein champ des projecteurs.

De la cale avant, les femmes faisaient la chaîne pour passer les bouteilles. Les câbles cassaient. Les bombes claquaient toujours sur la passerelle de la timonerie qu'ils voulaient réduire.

On se provoquait en combat singulier. Des projectiles ronflaient. Les Anglais semblaient démesurément excités, bondissaient, s'esquivaient derrière les treuils, travaillaient de la matraque en criant des mots incompréhensibles.

Ils s'encourageaient mutuellement à escalader le château qui leur coupait la route vers le gaillard d'avant. Les échelles avaient été coupées et les deux vantaux de fer des coursives bloqués. Un casque apparut. Une bouteille explosa à quelques centimètres.

Maintenant, nous avions reculé dans la cabine. Pearlman, dépoitraillé, referma la porte au dernier moment.

C'était cuit.

Les Anglais arrivaient à notre hauteur ; j'en vis passer un, livide, le nez à demi tranché par des éclats de verre. On les entendait souffler de l'autre côté de la cloison, dissimulés par une échelle. Des coups sourds retentissaient plus loin. Ils devaient défoncer quelque chose.

Il y a toujours d'étranges répits dans toutes les batailles. On n'entendait plus les machines. Les vagues battaient le flanc du navire à grands coups sourds et prolongés.

Nous étions au moins soixante entassés dans cette cabine, à demi étouffés et pleurant. Des femmes allongées gémissaient.

Cela reprit. Les bouteilles craquaient. Les bombes semblaient maintenant concentrées, loin à l'avant. Une matraque fendit la porte. Au-dessus, on piétinait férocement dans les explosions de verre. Les volets sautèrent. Puis les vitres des hublots. Le gaz pénétrait à nouveau. À la timonerie ils tenaient toujours. Et cette lumière froide qui glaçait le pont...

Une femme échevelée voulait sortir. Nous l'avons maîtrisée. Dehors, un gosse s'abattit. Joffroy le hala. Un deuxième coup éventra la porte. Les Anglais hurlaient, faisaient tournoyer leurs bâtons. On s'empoignait corps à corps.

Et c'est alors que l'inutile, l'irréparable tuerie, sous la lueur blême des projecteurs, commença. Le gaillard d'avant devait être à peu près dégagé mais il y avait un noyau d'hommes au pied des échelles de la dunette, décidés à interdire l'accès de la barre jusqu'au bout. Cernés, ils se battaient toujours, lançant leurs derniers projectiles.

J'avais l'œil à l'une des fissures de la porte. Je vis le grand *marine*, un athlète barbu à gueule de séminariste, lâcher sa matraque pour empoigner la Thompson qu'il portait au sautoir. Il criait, mais je ne pus comprendre. Il eut un balancement de faucheur. Trois, quatre hommes tombèrent. Les barriques de vin où ils s'étaient adossés, transpercées, se mirent à glouglouter. Il y avait là Pirotchka, un jeune Tchèque des *Hachomer Hatzaïr*, et un autre dont je n'ai pas su le nom.

Sur la dernière passerelle, on entendit encore piétiner. Au fond de la première cale, l'atmosphère devenait irrespirable. Le sang leur battait aux tempes. Par chance, le diesel ne s'était pas arrêté et les lampes charbonnaient encore faiblement. Ils étaient bien quinze cents entassés sur les couchettes. Jusqu'au second abordage ils savaient à peu près ce qui se passait dehors, par les blessés qui descendaient se faire panser, mais dès que l'attaque s'était déplacée vers l'avant, les chefs de groupe, selon les ordres reçus, avaient exigé la fermeture des capots.

Ils attendaient depuis. Par les aérateurs, par des rainures mal calfatées, le gaz blanchâtre finissait par s'infiltrer. On le voyait suinter entre les poutres de soutien.

Plus d'eau, impossible de mouiller un linge pour protéger les enfants. Ils étaient là comme des emmurés dans une cave, qui prêtent l'oreille à la rumeur des dernières vagues de bombardiers ou bien comme de pauvres gens, les *civils* comme on les nomme, pris au hasard en pleine bataille, enfouis comme des rats dans une sape et qui regardent les parois se fissurer, le boisage céder sous l'anéantissement du tir de barrage... Chacun avait son expérience personnelle de ce genre d'aventures. Aussi bien n'a-t-on signé qu'un armistice... Et pourtant, malgré leur habitude, un début de panique avait ameuté les femmes, projeté les Hongroises, ongles en avant, pour forcer les panneaux. Le roulis les basculait dans les travées. Les vieux, mornes et résignés, attendaient accroupis sur les planches. Au-dessus de leurs têtes, des coups sourds, des galopades, des explosions secouaient les ponts.

Ils avaient entendu tirer. Quelques hommes décidés purent enfin rétablir le calme. Il y avait des enfants harassés qui avaient fini par s'endormir. Un mince matelas de gaz cotonneux, impalpable, recouvrait déjà le sol, brassé par les allées et venues.

Des bouteilles claquaient encore, de loin en loin. Il y eut une dernière série de sèches rafales. Le Grand Charles, le crâne en sang, s'abattit sur le panneau avant.

Et puis plus rien.

Ils avaient tué pour en finir et 3 000 hommes n'oublieraient jamais les *marines* du destroyer K. 600. Les projecteurs dansaient sur la mer. Ils fracassaient notre porte à coups de crosse :

— *Get out ! Get out !*

La poitrine déchirée par les gaz, nous sortions un par un, les mains en l'air. À terre, les hommes de la crique devaient rentrer. Ils savaient maintenant que le *Theodor-Herzl* n'arriverait pas.

Dans le grand silence qui suivit et s'empara du bateau, les gémissements commencèrent. L'un des hommes du commando avait pris la barre. Un officier vêtu de bleu agita le chadburn : *En avant toute*. Le bateau était pris, mais les machines ne répondaient plus. En dérive, le *Theodor-Herzl* tanguait lourdement au gré de la vague.

C'était fini.

Une autre bataille, celle des blessés, de la souffrance, de la faim et de la soif allait s'engager. Et elle devait durer trente-cinq heures.

Ainsi le *Theodor-Herzl* ne s'était pas rendu. Les émigrants avaient tenu jusqu'au bout, jusqu'à épuisement de leurs pauvres munitions, jusqu'à cette tuerie inutile à la mitraillette. Un des officiers m'a dit par la suite que ses hommes avaient perdu leur sang-froid... À minuit, deux heures après l'abordage, le pavillon bleu et blanc à l'étoile de Sion flottait toujours, harcelé par les coups de vent. Le chef du commando avait pourtant décidé de le faire amener et puis se résigna. Un émigrant avait prévenu que si l'un des hommes montait au mât, il n'en redescendrait certainement pas vivant.

En fait, on sentait bien que les *marines* étaient inquiets. Leurs destroyers d'escorte croisaient au loin. Ils étaient cinquante ici, isolés sur ce ghetto flottant, sans communication radio et, le temps que les secours arrivent, avec cette forte mer... Ils me le diront plus tard dans la salle des machines :

— Il y avait quatre bateaux suspects... Deux d'attendus mais pas le vôtre. Nous ne pensions pas partir à l'assaut d'un si gros transport.

Allons, El Capitano et John connaissaient leur affaire... Selon les premiers messages clandestins, nous aurions dû accoster devant une côte désertique et puis, au dernier moment, Bob avait capté l'ordre chiffré de faire route en plein sur le port de Tel-Aviv...

La nuit était toujours aussi épaisse. Nos feux éteints, la mer de plus en plus forte. Par la grille du caillebotis, j'avais vu que deux commandos, torse nu, essayaient de charger les foyers et de faire remonter la pression. La cheminée exhala quelques méchantes bouffées et ils abandonnèrent la partie. Un coup de départ retentit à l'arrière d'un des escorteurs qui tentait de nous passer une remorque. Un groupe de soldats s'affairait sur le gaillard d'avant.

Là-bas, leurs projecteurs n'arrivaient pas à se fixer et sautaient au zénith en longs éclats livides. Le pont ruisselait encore, on butait dans des débris, le verre crissait sous les pas. Une femme, à coups de seau d'eau, effaçait les flaques de sang. Dans la pharmacie de l'arrière aux flacons bouleversés, on avait étendu le corps d'Aron Malberg, 23 ans. C'est le garçon qui avait été tué par l'explosion d'une bombe lacrymogène. Sur son bras raidi, je pus encore lire son matricule : 23 340. Il avait été tatoué à Mauthausen.

Comme des millions d'autres, il n'y avait même pas trois ans ce soir, il apprenait, un bruit qui traversait le camp et se fortifiait à mesure que les jours passaient, que les Alliés avaient débarqué.

Et c'était un peu pour sa libération personnelle.

Le matricule 23 340 avait alors tout juste 20 ans. Pour Aron Malberg, pour les gens d'Auschwitz, pour ceux de Dora, pour les prisonniers de Montluc, pour l'Europe, 31 000 hommes, beaucoup d'Anglais étaient en l'air, bombardant, mitraillant et piquant. De ces triangles rigides, des torches se détachaient parfois et tombaient en tanguant doucement.

Des centaines de milliers de soldats attendaient en mer. Les destroyers pilonnaient les plages. Le *Warspite,* le *Nelson,* le *Ramillies,* le *Largs,* l'*Orion,* croiseurs de Sa Majesté, expédiaient des bordées de 400 millimètres aux fortifications qui défendaient les approches des crématoires.

Devant Omaha Beach la première vague était presque entièrement décimée. Le 1er Hampshire de la 3e division britannique était fortement accroché sur la plage Sword et subissait des pertes par mines. La 6e Airborne — elle nous attend maintenant à Haïfa — sautait en parachute pendant la nuit. Les ponts au sud de Caen étaient presque tous entre leurs mains y compris le Pegasus Bridge. Ranville, le premier village français libéré, tombait à une heure du matin. Ceux de la 10e Airborne se battaient au couteau. La 3e division canadienne éprouvait de fortes difficultés devant la plage *Junot* de Bernières. Pas de nouvelles de la zone *Gold* où la 50e Northumbrian division avait abordé.

En vue d'Arromanches, pour le fameux port Winston, soixante bateaux, cent quarante-six caissons et sept kilomètres de brise-lames commençaient à s'assembler malgré la houle et les tirs d'artillerie.

Ils avançaient vers les crêtes, ils tombaient sous les feux croisés des *bunkers* allemands. On leur disait qu'ils se battaient pour que le monde retrouve la paix et les peuples d'Europe, la liberté. Ils le croyaient. Nous l'avons cru et nous savons que c'était vrai.

N'empêche que trois ans après le matricule 23 340 de Mauthausen était là, rigide et libéré ; que trois autres de ses camarades allaient mourir, que le cinquième avait disparu en mer.

C'étaient des gens d'un peuple qui voulait vivre libre ou mourir. Ils étaient morts... Mais personne n'aurait su en dire la raison puisque le monde n'était plus en guerre, que les conférenciers s'agitaient et que l'Europe profitait, paraît-il, de sa liberté retrouvée.

Les *marines* n'osaient pas encore descendre dans les cales. Sous leurs pieds ils devaient percevoir le sourd grondement de cette foule en sueur, qui apprenait le combat bribe par bribe et s'irritait à mesure. Ils n'en savaient pas le nombre, n'en pouvaient prévoir les réactions. Toutes les lampes du pont avaient été brisées. Un homme est vite jeté à la mer par ce foutu temps... Chaque coin d'ombre pouvait cacher un piège, un enragé encore en embuscade.

Aussi, seul un de leurs groupes campait dans la salle des machines. L'avant et l'arrière demeuraient territoires juifs. Les autres soldats se tenaient sur le pont supérieur ou dans la chambre de barre. De là, au moins, ils dominaient la situation, avaient vue sur l'avant et pouvaient se défendre contre un coup de main désespéré. Leurs casques blancs allaient et venaient aux abords des échelles. Des éclats brefs de morse s'échangeaient avec les escorteurs.

Un médecin de la Royal Navy avait sauté avec le corps de débarquement. Lui seul portait encore le casque plat de la vieille armée britannique. À son départ, après l'arrivée à Haïfa, il m'a dit :

— Ce sont les trente-cinq heures les plus terribles que j'aie passées en seize années de mer...

À minuit, ils décidèrent d'évacuer les blessés les plus gravement touchés. Le R. 29, prévenu, manœuvra pour accoster le *Theodor-Herzl.* Nous étions en travers de la houle et le pont commençait d'ailleurs à embarquer. L'étrave aiguë de leur bateau s'amena, recula, recommença encore. Une lame plus haute s'en saisit, brusqua les choses et le porta comme un fétu, violemment bord à bord. Il y eut un autre terrible craquement. Les portemanteaux des embarcations cassèrent, leurs coques craquaient comme des boîtes d'allumettes. Les filins sautaient en ronflant.

Hélène Auslender, une Belge, reçut un bossoir sur la tête et s'effondra, assommée. La lisse céda. Des morceaux de charpente tombaient à la mer. L'officier de quart criait dans son porte-voix. Ils lançaient des câbles.

Après trois autres manœuvres infructueuses, profitant d'un répit de la mer où les deux navires se frottèrent un instant l'un à l'autre, deux civières et quelques hommes sautaient sur l'autre pont et le R. 29 s'éloigna dans la pluie qui cinglait.

On commençait à rassembler les blessés. L'infirmerie était pleine. C'est la cabine d'El Capitano qui se transforma en hôpital. La pendule de John Bliss n'y sonnait plus, son cadran fracassé. Les hublots avaient été défoncés, les rideaux déchirés pour y rouler des femmes malades. Le baromètre avait disparu. Aussi bien, ce n'était plus le temps du *beau fixe*... Il avait dû couler par le fond, à quelques milles derrière nous maintenant, avec pas mal de débris et un cadavre inconnu que les crabes devaient se disputer déjà.

Dans la *Captain's Room* il y avait de tout maintenant. Un homme, les cuisses brisées, des gosses évanouis, des crânes ensanglantés, des pansements maculés, une ou deux femmes inconscientes, à bout de nerfs. Un Tchèque de 19 ans, aveuglé par les gaz, tâtonnait sur le plancher. Les infirmiers en ramenaient toujours depuis les cales... La cabine pleine, corps contre corps douloureux, enchevêtrés et gémissants sur les tapis usés, sous le lavabo qui pleurait au roulis son eau sale, on les aligna en plein vent sur le pont, devant la porte. Et je repris mon sac.

On avait cru que Pirotchka était mort. Nous l'avions bien connu ; c'était un type qui chantait très bien... On l'avait déposé maintenant à l'abri du château, près du hublot des cuisines, une couverture sur la tête et personne ne s'en occupait plus. Une heure plus tard, quelqu'un qui passait s'aperçut qu'il respirait encore. La pluie dégoulinait sur son visage tuméfié. La balle était entrée sous l'orbite, avait fait sauter l'œil. On appela le médecin anglais. Il secoua la tête : il n'y avait rien à faire, sinon le laisser mourir.

Captain John avait disparu. El Capitano avait passé la main, la police de la Haganah aux brassards bleu et blanc ne montait plus la garde... Nous nous étions aperçus que des enfants de plus en plus nombreux, et surtout des gosses, les petits *Besprisorni*, commençaient à aller et venir de l'avant à l'arrière et revenaient chargés de caisses et de sacs. Ils avaient réussi à forcer les panneaux de la soute à provisions et, dans la nuit, le pillage du *Theodor-Herzl* commença. Cela se comprend. Le mot d'ordre, c'était de ne rien laisser aux Anglais, plutôt tout jeter à la mer. Mais nous ne nous sommes pas expliqué pour quelles raisons le *Rouquin* n'avait pas procédé à cette distribution la veille de l'abordage... Ainsi les débrouillards seuls profitèrent et des femmes et des vieux attendirent quarante heures sans eau et sans vivres.

Ils l'avaient éventrée, cette cale arrière. Deux files de gosses processionnaient par le panneau, silencieux et affairés, chargés de boîtes de *meat and beans*, de macaronis, de biscuits et de marmelade. Ils avaient pris d'assaut la cuisine de l'équipage dans la coursive bâbord. Les casseroles sonnaient. Ils s'injuriaient en yiddish. Un peu de fumée monta et l'odeur du graillon enveloppa Pirotchka qui agonisait lentement en bafouillant des bulles de sang. En bas, les Hongrois faisaient des frites...

Cette nuit-là, je ne sais comment elle a fini par couler. Nous avons dormi à vingt dans un canot à demi plein d'eau, encore pendu à ses portemanteaux, entassés sur les bancs et le long du bordage. L'aube pointa. L'un des *Sabras* reconnut la côte. Il désigna la silhouette d'un cap. Nous étions déjà à l'entrée de la baie de Haïfa. À 10 heures, nous pensions être à quai. Nous avons encore navigué vingt-deux heures. Pour quelle raison ? Je n'en sais encore rien. Certains ont dit que les Anglais n'étaient pas prêts pour un débarquement aussi massif et préféraient nous voir au large, d'autres qu'ils craignaient une manifestation violente... Il paraît que la population de Tel-Aviv s'était déjà portée en masse au rivage pendant le combat.

Quoi qu'il en soit, remorqué à petite allure, le *Theodor-Herzl* faisait toujours tête à la lame. La journée fut interminable. Les gens ne sortaient plus des cales. Le temps se couvrait rapidement par l'ouest, il faisait frais. Une muraille grisâtre bouchait la mer.

— Nous serons secoués ce soir, dit un matelot.

Toujours rien à manger ni à boire. Joffroy croquait des macaronis crus... Enfin, l'un des *Sabras* se décida à éventrer les caisses de vivres et le réservoir du canot soudé sous les bancs. L'eau était rougeâtre et puait le mazout. On but.

Cela traînait de plus en plus. Sur la dunette, les Anglais agitaient les drapeaux multicolores de leurs signaux. À tribord, cette Terre promise, plus proche que jamais, défilait doucement, et dérivait, inaccessible avec ses plantations vertes et ses champs d'orangers.

Pirotchka mourut à midi. Il avait agonisé quatorze heures. À la fin, son râle s'était accentué. Tout le bateau semblait suspendu aux dernières mesures de ce souffle rauque. Une flaque de sang gagnait très lentement et poissait le caillebotis. Les *marines* l'évitaient par un long détour. Des paquets de mer sautaient parfois au-dessus de la lisse brisée... Pourtant, au pied de la cheminée, deux femmes chantaient et le raffut des cuisines, des casseroles secouées ne cessait pas. On recouvrit le corps du drapeau sioniste ; on alluma deux bougies à l'abri de sa tête. Le prochain coup de vent les éteignit.

Là-haut, ils communiquaient aux destroyers d'accompagnement qu'un émigrant venait de mourir. L'un des hommes du commando, les traits tirés, sifflotait machinalement un air de danse :

— C'est *This is lovely way to spend an evening,* me dit Joffroy.

Nous nous étions décidés à tenter aussi une opération sur les cuisines. Cela faisait déjà trente-six heures de jeûne total et pas mal de jours maigres depuis le dernier repas avec l'homme à la cicatrice. De vive force, il fallut se creuser un passage jusqu'au fourneau. Des femmes affairées tournoyaient, à leur aise, ayant retrouvé leurs gestes de toujours ; les gosses épluchaient les patates. L'huile bouillait. On dépensait sans compter. Nous avions réussi à découvrir deux kilos de haricots en sauce. J'avais saisi une poêle ; Joffroy décapitait un boisseau de margarine. Ce mélange aurait au moins l'avantage d'être gras et chaud.

Chaud..., encore fallait-il, au prix d'escarmouches sournoises, de jurons en trois langues, gagner la guérilla des récipients de toutes formes et parvenir au foyer central. Nous tenions tout de même la corde, bien placés, la graisse brasillait...

L'un des Belges apparut :

— Amenez-vous en vitesse... Les Anglais font évacuer le faux-pont et les abords des cabines. Il faut partir des canots...

J'avais pu récupérer mon sac dissimulé dans la *captain's room*. La poêle resta sur le feu. Là-haut, en effet, les commandos repoussaient les émigrants vers l'avant et les échelles d'arrière qui avaient été replacées.

Aller s'entasser dans les cales ? Il n'y fallait pas songer à moins d'être décidés à se tenir debout une nuit encore... Nous ne savions pas si cette croisière inutile se poursuivrait encore longtemps. Personne ne proposa le pont arrière. La mer arrivait au ras ; les vagues de plus en plus fortes s'y brisaient et déferlaient comme sur un vieux ponton mangé des vers.

Le gros Jackie découvrit que nous pourrions encore tenir dans la salle des machines, au-dessus des cylindres. Peu d'émigrants s'y étaient aventurés. Je vis quelques matelots retranchés dans un petit atelier. En dégringolant, les pieds devant, l'échelle de fer, nous découvrîmes qu'un groupe de *marines* y dormaient déjà. On s'allongea dans la graisse, sous un compresseur. Un vieux prélart nous protégeait un peu des tuyauteries bavant d'huile.

La tempête qu'El Capitano prévoyait deux jours plus tôt et que le sacré baromètre se refusait à admettre — et à quoi bon ? cela n'aurait rien changé — commença dès la nuit tombée. Il n'y aurait pas moyen de dormir. L'embouchure d'une manche à air nous soufflait un torrent glacial et poussiéreux agrémenté d'embruns. Dans ce désordre les cales devaient être intenables.

Cramponnés à l'échelle, nous regardions le pont à peu près impraticable, balayé de paquets d'eau charriant des bouts de charpente, des billes de bois qui jouaient dans l'écume et puis animées brusquement par un autre coup de roulis chargeaient et cognaient lourdement les cloisons. Autour du mât arrière, des filins ronflants, tournoyant comme des frondes, cinglaient l'air et interdisaient tout accès à la dernière cale. Le bordage qui restait après l'assaut de la veille avait fini par sauter sous les coups de la lame...

La pluie tombait à torrents. En l'air, les deux mâts oscillaient et dansaient furieusement, quelques étoiles qui tenaient encore se mirent brusquement à cavaler et furent soufflées d'un coup.

Amarrés à un bout de cordage, nous avions essayé à tour de rôle d'atteindre le dernier panneau ; dans l'état actuel de la mer, cela paraissait impossible et à deux reprises nous fûmes chavirés par une dérobade plus violente.

La poêlée de *meat and beans* avait finalement été récupérée et abritée sous le compresseur. Nous y puisions avec les doigts. L'huile dégringolait en filets le long des parois rivetées.

Jackie racontait l'histoire de son jeune frangin à qui l'on faisait répéter sa leçon tous les soirs d'occupation. Ne pas la savoir lui aurait coûté la vie.

— Le gosse avait 7 ans. Je lui disais : tu t'appelles ?

— Durand.

— Tes parents ?

— Ils sont morts.

— Tu es né ?

— À Alger.

Ils l'avaient interrogé une fois. Il avait bien récité.

— Où est-il maintenant ?

— En France, à Nantes. Il me rejoindra quand je serai arrivé.

Nous écoutions à peine. La mer détonait sur l'avant, la rafale des paquets d'eau s'abattait un court instant après comme une pluie d'éclats. La manche à air pleurait. Les *marines* ne dormaient plus, écoutaient aussi. Et chacun sans le dire pensait : va-t-il tenir bon ?

Il y avait d'étonnants silences dans le fond du vieux *Solteiro* défunt... Nous qui étions là, isolés au milieu de ses tripes, sentions mieux encore le balancement fou qui le travaillait. Et puis cela se déclenchait... Les bielles désarticulées battaient avec fracas, à longs coups sourds, comme un cheval fourbu tapant du sabot. Des tôles se décrochaient comme des mâchoires mortes. Il n'y avait plus que nous à demeurer immobiles, la gorge un peu serrée. Mystérieusement affairées, obéissant à un mot d'ordre, les portes allaient et venaient avec symétrie. Des choses crissaient. Des caisses basculaient. Un souffle de vapeur, comme un dernier soupir, s'exhala d'un conduit. L'huile giclait. Une trombe d'eau s'engouffra et dégringola l'échelle en cascade écumeuse.

En bas, les pompes étaient arrêtées et l'on entendait l'eau qui montait à la chaufferie et clapotait lourdement dans les fonds. Un bruit lugubre de chose inanimée, entraînée seulement par un phénomène mystérieux. À plusieurs reprises, l'un des hommes de quart était descendu, braquant son faisceau dans la soute. Ils avaient peur.

À trois heures, le diesel qui fournissait l'électricité, et qui continuait vaillamment depuis la veille, s'arrêta brusquement. Tout le bateau fut plongé dans l'obscurité la plus complète.

Joffroy avait repéré une rangée de lampes à pétrole dans un atelier voisin. Ballottés, projetés contre les parois — et toujours ces assauts de béliers tonnant contre la coque —, glissant jusqu'aux chevilles dans un épais flot d'huile, nous avions réussi à agripper l'un des fanaux. La lueur jaunâtre nous guida un peu.

Il y eut alors deux coups de mer si violents que le navire bascula sur le flanc. La gîte augmenta d'instant en instant, le caillebotis montait. Tout dégringolait. Une cataracte grondait. Nous avons cru qu'il allait se retourner, son ventre couvert de rouille apparaissant un instant en mer avant le grand plongeon... Réellement nous avons pensé que c'était la fin.

— Il est en travers !

Les deux *marines* avaient sauté sur leurs ceintures de sauvetage, mitraillette au poing, et disparaissaient déjà au sommet de l'échelle.

C'était mieux de les suivre. À crever, autant le faire avec le vent dans le nez.

Le *Theodor-Herzl* n'était plus qu'une vieille baille désemparée, un caisson qui cédait aux courants, aux fantaisies des vagues. La remorque avait cassé. Si l'homme de barre ne parvenait pas, coûte que coûte, à lui faire faire tête, la mer saurait avoir raison de lui. Il était bien en travers ; des tonnes d'eau le parcouraient... Plus de lisse, plus de bordage ; ses superstructures trop lourdes qui le couchaient déjà depuis treize jours... Au prochain assaut les flots allaient s'attaquer aux panneaux de cales avant, pulvériser les surbaux, déferler sur les couchettes. Ce serait la panique, l'écrasement aux issues, les plus forts qui piétineraient les autres et qui sortiraient pour être balayés par la mer.

Et puis une autre lame redressa le *Theodor-Herzl*. Ce devait être un fin marin qui tenait la barre. Il se remit tête au vent. Déjà les destroyers s'étaient rapprochés. Leurs projecteurs clignotaient.

Nous avancions, suffoqués et trempés. Le verre crissant qui recouvrait le pont avait été emporté. Le lumignon jaunâtre nous précédait. Pas un *marine* ne nous arrêta... Devant la cabine, une embarcation craquait sur son berceau, menaçant d'écraser les blessés qui se tassaient les uns contre les autres, accrochés à un vieux coffre. Il pleuvait toujours, mais la mer ne parvenait pas à battre cette partie du faux-pont masquée par la dunette.

Tous les hommes du commando étaient agrippés à la passerelle. Des peupliers d'eau jaillissaient à l'avant, noyaient le mât et s'écrasaient en tonnerre.

— Alors, dans les cales ?

Charles en revenait on ne sait comment, la tête bandée, ses vêtements collés au corps :

— Ils tiennent, ils se cramponnent... Et les autres s'en foutent..., ils sont malades à crever.

Pirotchka était toujours là, dans son linceul ballonné par le vent. On l'avait arrimé par les pieds. Nous lui avons pris sa couverture, celle de l'Armée américaine. Pirotchka n'en avait plus besoin et nous avions froid. Près de lui, de fantastiques lueurs rouges issues des cuisines où quelques enragés boustifaillaient toujours, découvraient par éclairs une forme de femme effondrée sur un fût de mazout.

La mer s'était saisie du *Theodor-Herzl* et l'attaquait sans trêve de toutes parts, comme un boxeur furieux. Un coup n'attendait plus l'autre. Elle frappait à un rythme hallucinant, revenant à la charge dans les tourbillons de vent. Le pauvre vieux navire désemparé, le nez écrasé, tombait dans les creux à s'en casser les reins, rejetait pourtant son avant et tenait toujours.

On ne lance pas de S.O.S. à bord des ghettos flottants... Cette nuit-là il devait y avoir beaucoup de navires gravitant obscurément sur toutes les mers du globe, grignotant leur route, bâbord rouge, tribord vert, en vue de Hambourg, au large des côtes de Chine, faisant route sur Puerto Cortez ou San Francisco, mais je suis sûr qu'il n'avait pas de frère malheureux, le navire *Theodor-Herzl* couché dans le vent, en vue d'une terre interdite.

Plus loin, je revis Friedler, l'homme de Grenoble. Il pleurait :

— Ma femme aurait dû avoir des jumeaux dans la nuit. Si j'ai bien compris le médecin anglais, ils lui ont fait une piqûre. Le premier est mort... Le second vivra peut-être si elle peut accoucher demain à terre.

Il prononça les derniers mots à voix basse et il eut un haussement d'épaules... Terre promise.

En fonçant dans les accalmies, nous avions rejoint les machines. C'était encore le coin le plus acceptable, cantonné sous le prélart. Le *marine* de garde avait regagné son poste et nous avons parlé. Le temps lui durait à lui aussi.

— C'est un bien sale boulot que vous avez fait la nuit dernière...

Il n'était pas contrariant et puis il nous prenait pour des émigrants comme les autres et il comprenait peut-être, prisonnier avec eux dans cette géhenne, ce qu'ils enduraient et ce qu'ils avaient dû subir pour supporter ainsi de telles épreuves...

— D'accord, dit-il, mais que voulez-vous, on nous commande... Moi, je n'ai pas tiré, ajouta-t-il. Nous avons l'ordre de le faire seulement si les Juifs se servent d'armes à feu. À ma connaissance, cela ne s'est pas encore produit, mais la nuit dernière mes copains ont eu peur. Il y avait des hommes partout, des enragés... Beaucoup des camarades du commando n'ont jamais vu le feu... J'ai fait Tobrouk, la Sicile. C'était une autre histoire... D'ailleurs, je n'en veux pas à ces gens-là et la Palestine n'est pas mon pays. Ils peuvent bien y arriver par millions si ça leur chante...

Le malheur est que *ça ne chante pas* à tous les Anglais... Je transcris sans commentaires et j'en garantis l'authenticité. Après cette nuit terrible, tous deux enfouis dans cette ferraille bousculée, il n'avait rien à me cacher. Il n'était pas attaché aux services de propagande. Ce n'était qu'un soldat... Il y a beaucoup de pauvres bougres que l'on affronte ainsi de par le monde, depuis toujours, et qui ne comprendront jamais et qui continueront à tuer parce qu'ils en avaient reçu l'ordre. On fusille ceux qui n'obéissent pas...

Une frange blanchâtre mordait le levant. La tempête mollissait. Une petite pluie drue dessalait les lèvres... La houle secouait encore le *Theodor-Herzl*, qui répondait mieux maintenant. Nous étions fatigués à n'en plus pouvoir.

À 5 heures du matin, un réveil oublié, d'une marque connue, grelotta inlassablement dans le canot bâbord, affairé et important. Personne ne put faire taire cet engin maudit, précis comme un fonctionnaire. Et je songeais à je ne sais quelle rue calme de faubourg endormi où d'autres sonneries, à la même heure, les tiraient du lit pour leur premier métro.

Une rafale d'embruns vint disperser à la seconde qui suivit ces réminiscences sans objet.

VII

L'*EMPIRE-LIFE-GUARD* ÉTAIT UN BATEAU-CAGE

J'avais craint un instant que cette terrible croisière ne durât encore, le temps de nous épuiser tous. Un destroyer venait par câble d'établir un va-et-vient avec la dunette du *Theodor-Herzl* et les soldats embarquaient des vivres et des barils de bière.

Assommés par un sommeil de brutes, nous étions affalés dans la salle des machines lorsque Joffroy revint.

— Nous sommes à Haïfa, dit-il.

On louvoya encore longtemps devant la jetée. Un brouillard laiteux couvrait la ville, étagée sur les pentes du Carmel. À bâbord nous dépassions doucement le cimetière des forceurs de blocus, ceux qui avaient précédé le *Theodor-Herzl,* s'étaient pareillement battus ou échoués à la côte, leur mission terminée. On les avait rassemblés bord contre bord dans ce mauvais coin du port. Les goélands perchaient sur leurs vergues ; les ponts étaient blancs de guano. La rouille et le vert-de-gris faisaient le reste. La carène des plus anciens était déjà rongée d'une végétation gluante d'algues ; des compagnies de coquillages s'y collaient... Cette ligne de flottaison à flanc de coque faite pour la course de l'eau, les gifles et les sursauts de la mer, et qui laissait derrière elle, à la traîne, aux beaux jours, l'autre ligne de sillage écumeux où dansait l'échine des dauphins... Rassemblés, gardés comme les parias qu'ils avaient transportés, ils n'avaient plus rien à attendre, ne rejoindraient jamais d'autres ports, ancrés sous ce soleil brûlant, ne tanguant même plus dans cette eau alourdie de mazout et de déchets des égouts, où les remous d'autres hélices faisaient seulement danser les ventres blancs des poissons crevés...

Enfin, à 10 heures, le *Theodor-Herzl*, battant toujours pavillon sioniste, pénétra dans le port de Haïfa, pris en charge par les remorqueurs. Les cales dégorgeaient leur cargaison. Tous, comme au soir du départ, se tenaient sur le pont.

Le câble cassa encore. Les remorqueurs se démenaient, brassant l'eau. On nous attendait. Cela puait la guerre. Des vedettes radio, bourrées de parachutistes en armes, patrouillaient dans les passes. Et, de cinq en cinq minutes, jusqu'à notre embarquement dans le bateau-cage, les détonations des grenades sous-marines vinrent ébranler la coque du bateau. C'est qu'ils craignaient un attentat des hommes-grenouilles...

Nous étions tous rangés à bâbord, dépenaillés, barbus, les femmes aux traits boursouflés par ce long voyage dans les cales sans air, les gosses aux vêtements sales et déchirés. Certains montaient aux échelles du mât avant. Ils regardaient la terre où le soleil se levait.

Pas un civil sur les quais. Des barbelés, des soldats partout. Quelques débardeurs arabes faméliques, en quête d'on ne sait quelles rapines, traînaient la savate à bonne distance.

On avança une passerelle. Les *marines* descendirent en file indienne, silencieusement, avec les chiffons multicolores des pavillons à signaux noués autour du cou en guise de trophées. Une dizaine d'entre eux semblaient avoir été sérieusement touchés et avaient la figure bandée.

Les parachutistes au béret rouge prenaient la relève. Ceux de la 6e Division, les rats du désert, la cohorte de Montgomery, Tobrouk, Sicile, Caen et Arnhem ; Berlin pour finir.

Ils barraient toutes les issues du bateau, coupaient les coursives, interdisaient les latrines et tripotaient leurs matraques avec affectation. Policiers d'abord : la majeure partie de ces hommes-là n'avaient jamais connu la riflette ; les autres, à quelques exceptions près, étaient d'anciens volontaires polonais de l'armée Anders. Tous méprisants et hautains... On m'a dit qu'ils étaient haïs en Palestine, du côté juif comme du bord arabe.

Les officiers, gominés et frais rasés, le stick à la main, commençaient ce matin de printemps dans d'excellentes dispositions d'esprit ; ils jouaient de l'anastigmat, plaisantant agréablement. Belle journée, 3 000 prisonniers. Je dis cela et je l'ai ressenti ainsi du pont de ce bateau.

Sans cesse leurs camions au nez tronqué amenaient de nouveaux renforts. Pearlman, sous une grue, aperçut les confrères de Palestine et reconnut des amis ; il s'enfonça un peu plus profondément dans notre groupe.

Les hommes en casquette noire de la police palestinienne venaient d'arriver. On descendit les morts.

— Tu vois, pour être sûr d'entrer chez nous, il faut arriver les pieds devant, murmura Maurice.

Il y a aussi lord George Byron, poète anglais, qui avait écrit :

Le pigeon a son colombier,
Le lapin a son terrier,
Chaque homme son foyer,
Israël n'a qu'un tombeau...

C'est alors que le vieux diamantaire d'Anvers se leva. C'était un gros homme jovial qui avait tout laissé en Belgique et même sa femme, emporté lui aussi à l'appel de leur croisade, entraîné par les jeunes pionniers... Les soldats avaient empoigné le brancard de Pirotchka.

— Camarades, hurla le vieux en yiddish, permettrez-vous maintenant qu'ils enlèvent leurs victimes ?

Un grondement lui répondit. Des poings se levaient. Les soldats hésitèrent puis reposèrent leur fardeau. Alors, à nouveau, *Tant qu'au fond d'un cœur, une âme pourra vibrer...*, *la Hatikvah*, le grand chant, retentit et jusqu'à terre, jusqu'au sol d'Eretz, les Juifs eurent le droit de porter les cadavres de leurs frères tués pour le pays.

On débarqua les blessés. Friedler suivait la civière de sa femme. Elle ne semblait pas avoir repris connaissance.

Le photographe se dénonça et fut immédiatement embarqué par deux policiers. Il avait promis, évidemment, de ne pas signaler notre présence à bord. Les Juifs de Haïfa avaient envoyé des cageots d'oranges. Toute la matinée nous attendîmes, entassés sur le pont et suant.

Je ne sais plus qui en eut l'idée. Peut-être Jackie, qui avait poussé une reconnaissance en évitant les sentinelles... Quoi qu'il en soit, à midi, nous nous installions, faute de mieux, dans la cabine où les émetteurs de radio étaient installés. Elle se trouvait dans la coursive tribord.

Cela frisait l'inconscience, mais nous étions trop fatigués pour réagir... Impossible de bouger un pied sur le gaillard d'avant, dos à dos, comme des harengs en caque. Ici, au moins, nous étions relativement au frais et j'ouvris une autre boîte de *meat and beans*.

Au moment de l'abordage, les appareils avaient été brisés à coups de marteau par l'opérateur. Une inscription, la dernière de Bob, se balançait encore : « *Ici, la salle de radio, en présent à la marine britannique, de la part de la Haganah.* »

Et les parachutistes passaient et repassaient, nous regardaient avec étonnement. Nous devions avoir l'air suffisamment abrutis pour écarter tout soupçon. Néanmoins, un sous-off' alerté nous considéra longuement avec l'air d'un monsieur à-qui-on-ne-la-fait-pas et s'assura que les condensateurs étaient bien froids. Il disparut sur un mot fort grossier que je m'abstins de relever. Pearlman, qui rôdait à l'affût dans la coursive, guettant l'heure propice pour débarquer et subir la foule, eut un gémissement angoissé :

— Vous êtes devenus complètement fous... Ils vont vous arrêter si vous restez une minute de plus devant ces appareils !

Alors, nous repartîmes nous perdre dans le peuple de l'avant...

Les bateaux-cages étaient venus à l'arrière. L'un d'eux, les cales pleines, venait d'appareiller pour Chypre. On continuait à débarquer lentement. À 5 heures, le moment nous sembla venu de tenter le coup. C'étaient les mêmes soldats qui fouillaient depuis le début de l'opération ; ils devaient en être arrivés au stade machinal.

L'élégant attaché de presse à l'ambassade d'Athènes, pas rasé depuis six jours, aussi peu britannique que possible, s'était encore enfoncé jusqu'à la moustache une affreuse casquette kolkhozienne ; l'envoyé spécial de la rue Réaumur, ex-pilier du *Bar vert*, rue Jacob, se débraillait et se dépeignait avec acharnement ; le passeport 05 732 trouvait qu'il avait les cheveux trop courts :

— Tu as l'air d'un Américain !

En fait, nous l'avons vu par la suite, nous étions tellement couleur locale que nulle part ces trois individus, déguisés et l'air trop naturel, pouvaient passer inaperçus. Mais les hommes de la 6e Airborne n'avaient jamais suivi de cours de psychologie appliquée et puis ils ne faisaient pas le détail.

À 6 heures, notre file s'ébranla, dansa sur la planche. Un sous-officier à moustaches cirées comptait le bétail et lorgnait les filles. Ainsi, après quatorze jours, nous touchions terre. Terre de Palestine. Certains se baissaient pour toucher le pavé gras du port. Les *Airborne* pressaient le mouvement. Pendant cent mètres, les 3 000 émigrants du *Theodor-Herzl* ont foulé le sol tant désiré. Et puis le bateau-cage *Empire-Life-Guard* digéra notre file. Le deuxième chapitre commençait. La page tourne... J'allais oublier la fouille.

Les journalistes étaient partis. Ils devaient être en train de câbler qu'ils avaient vu arriver le *Theodor-Herzl*. « *Les émigrants semblaient dans une bonne condition physique...* » Vous pouvez toujours essayer, camarades, on vous donnera la filière. Et nous irons, à notre tour, vous attendre, pouilleux, au débarcadère.

Nous passions d'un homme à l'autre. De droite et de gauche, les buissons rouillés des barbelés auraient empêché toute tentative de fuite vers les hangars des docks. Les soldats avaient l'arme au poing et très probablement ils auraient tiré...

C'est l'habitude de ces pays-là, il est vrai, et la facilité à se servir d'un fusil croît mathématiquement à mesure que l'on avance vers l'Orient (l'observation ne date pas du XVIIe siècle ; elle vaut encore pour l'âge atomique)... Ainsi :

— Monsieur, me disait un Libanais pendant le voyage de retour ; aux dernières élections, il y avait un militaire sur le chapiteau de la mairie de Beyrouth et il balançait des cartouches de dynamite qui explosaient à mi-hauteur de leur course, au-dessus de la foule... Il a été follement applaudi...

Je n'aime pas les soldats de métier. On leur dit de tuer et ils tuent... Nous laissions quatre morts et vingt-cinq blessés à bord du vieux cargo fatigué, son flanc penché sur le quai de Haïfa... On leur dit de fouiller et ils pillent. Les vrais Anglais qui m'ont interrogé par la suite ne l'ont pas nié. Ils l'avaient entendu bien souvent et ils le déploraient.

Pas de sac. Au bout de la passerelle, un parachutiste saisissait les bagages, les ouvrait. La fouille commençait. De pauvres choses emmenées avec tant de mal et de soins depuis les camps d'Allemagne roulaient dans la poussière du quai. Les autres les repoussaient de la semelle, secouaient les chemises, enlevaient les livres — je reconnus sur le tas la couverture d'un almanach du *Canard enchaîné* ! — et les boîtes de conserve.

— Vous aurez à manger bientôt sur l'autre bateau.

C'était un drôle de menu qui se préparait... Le sac, balancé lourdement à bout de bras, retombait sur le tas. La fouille des hommes maintenant... La sueur nous perlait au front. Le long d'une baraque en toile, sorte de couloir étroit durement éclairé, les soldats de Sa Majesté se renvoyaient les malheureux types harassés, abrutis de cris et de commandements contradictoires.

Bon Dieu ! ils prenaient les gourdes.

Joffroy qui marchait courageusement en élément précurseur s'est fait piquer la sienne. Vingt livres sterling de moins pour la collectivité. Le griveton avait essayé de lui enlever son bracelet-montre. Joffroy dit « non ! » et passa.

À mon tour.

Je la sentais battre mon dos, accrochée sur les fesses. Ça va. L'homme fouillait les poches, prenait le couteau, palpait le battle-dress, hésitait sur un ciseau à ongles, oubliait la ceinture craquante de papiers, méprisait le foulard. Une bourrade. Les feux sont clairs devant ! *Right.* J'avais gardé mon stylo et ma montre. Et j'étais un type verni... Les hommes de la 6e Airborne ont maintenant de quoi écrire à leurs familles. Pour l'heure, au méridien de Greenwich, ils sont parés aussi, faites-moi confiance...

Nous n'avons jamais pu savoir si c'était raffinement ou défaut de personnel... Toujours est-il que les émigrantes juives étaient fouillées par des femmes arabes en uniforme. Celles-là aussi aimaient beaucoup les montres.

Pearlman était passé. Joffroy me précédait. Parfait. Dans la deuxième baraque, ils nous aspergeaient de D.D.T... Le Johny préposé à cette fonction y mettait un acharnement particulier et attardait son jet aux chevelures. La gourde passa encore...

Un dernier réseau de barbelés, des matraques qui montrent péremptoirement la route à suivre... Nous étions une trentaine, une couverture sous le bras, au pied de l'*Empire-Life-Guard*, bateau-cage de l'Angleterre travailliste. Et les envoyés très spéciaux, crasseux, débraillés, fardés de graisse de machines et de désinfectant, n'étaient plus que trois prisonniers, comme tant d'autres pauvres bougres de Juifs qui avaient voulu revoir leur vieux pays.

L'*Empire-Life-Guard* était sévèrement gardé. Quelques jours auparavant, l'*Ocean-Vigour*, autre bateau-cage, sautait en rade de Famagouste. Ces rafiots-là ont la vie dure et leur métier chevillé au ventre... J'ai revu l'*Ocean-Vigour*, ses cales pleines trois mois plus tard en rade de Port-de-Bouc. Il se portait bien. L'*Empire-Life-Guard*, lui, n'était plus au rendez-vous. Il venait à son tour de sauter près du quai de Haïfa.

C'était un bateau de moyen tonnage, aux superstructures peintes en blanc. Seul fait caractéristique : à l'avant et à l'arrière, de grandes cages en treillage serré avaient été montées. Sur le gaillard d'avant même, une autre plus petite était emboîtée dans la première et surplombait l'ouverture d'un panneau. On songeait à un parc zoologique et flottant dont nous étions les bêtes sauvages. Maintenant le ciel était grillagé, Haïfa grillagé et leurs espoirs à zéro.

Un silence morne pesait sur les hommes. Beaucoup, instinctivement, retrouvaient les façons de faire, oubliées et rejetées dans les plus mauvaises poches à souvenirs. Les pieds battaient sourdement les planches et il ne manquait plus que le roulement cadencé des sabots de bois enlevé par les aboiements des prévôts des maisons centrales.

Historiquement : *l'existence des cages de fer pour hommes est indiscutable, bien qu'elles aient donné lieu à des légendes et des exagérations. On les signale dès l'Antiquité, en Grèce et en Orient.*

En France, c'est sous le règne de Louis XI que l'on en fit plus fréquemment usage. Guillaume de Haraucourt y fut retenu pendant quatorze ans. Le cardinal de La Balue y fut enfermé onze ans.

Le supplice de la cage est encore en usage en Chine et dans diverses régions peu civilisées d'Asie centrale...

Les dictionnaires ne sont plus à jour.

On m'enfourna du côté de l'avant. Et sans discussions. Pearlman avait disparu et nous aurions voulu pourtant rester groupés... Des portes aux barreaux épais s'érigeaient au sommet de chaque échelle. Tout avait été prévu : je remarquais que leurs rampes plongeant vers les cales étaient de bois plein et pouvaient se rabattre sur des charnières, recouvrant ainsi les barreaux. Si les émigrants se refusaient à embarquer, de main en main ils arrivaient au sommet et d'une poussée glissaient sans mal au bout du plan incliné.

Partout des soldats. Et femmes, enfants, vieillards dégringolaient là-dedans, docilement, dix par dix.

Que l'on me comprenne. Tout cela était propre et net, ripoliné, établi. L'*Empire* était un modèle de bateau-cage, belle marchandise d'exportation. C'est regrettable qu'il ait sauté... Une véritable institution anglaise, vérifiée par l'usage, celle d'un peuple démocratique. Je ne plaisante pas. Si nous étions là, dans cette prison flottante si bien construite, il devait y avoir quelque raison aussi solide, ce fut mon impression ; une mathématique rigoureuse, une logique inébranlable nous amenait ici. L'enchaînement de cause à effet semblait inéluctable ; de toute évidence, ces Juifs devaient être dans les bateaux-cages... En jargon philosophique, cela s'appelle un syllogisme *(supposons que je veuille savoir si l'élève X était présent au lycée ce matin...)*, « la conclusion est nécessaire une fois admises les deux premières propositions. Et je ne puis me refuser à admettre la troisième, sans tomber dans la contradiction... La conclusion, d'ailleurs, ne m'apprend rien de nouveau car elle est déjà contenue dans les prémisses »...

C'est bien cela : les clandestins de tous les pays vont en prison. Les émigrants pour la Terre promise sont restés des clandestins... *Donc*, les Juifs doivent toujours aller en prison..., voilà un syllogisme parfait.

Aristote lui-même ne s'en tirerait pas. Et les Anglais ne tombent jamais dans la contradiction, ce qui explique notre présence à bord de l'*Empire-Life-Guard*.

Seulement l'univers concentrationnaire a pris une autre forme, démocratique si vous voulez... Les mots ne changeront jamais les prisons en villégiatures recherchées. Alcatraz, barreaux solides et blancs, soldats corrects. De quoi vous plaignez-vous, misérables ? Maintenant que nous avons libéré l'Europe et que les crématoires ne fument plus...

La salle où nous devions voyager était encore plus curieuse. Des réflecteurs projetaient leur gros éclat blanc, clinique, sur des rangées de bancs de bois, face à face. Analogues à ceux du métro, aussi durs, genoux contre genoux... Mais à fond de cale et pour une route plus longue que celle qui va de Vincennes à Neuilly. On nous entassa et le voyage dura dix-sept heures. Je laisse à penser ce qu'il fut.

En fait, cela ressemblait à une autre forme de l'enfer sartrien — mais bon Dieu ! que « Pascal », le « Café de Flore » étaient loin de tout cela... Hublots vissés, murs ripolinés, bourdonnement lancinant des aérateurs et ces hommes et ces femmes, nez contre nez, les coudes aux genoux, éreintés par douze jours pénibles et cinquante heures effroyables. Ici, ce n'était plus l'esprit qui les torturait, mais le besoin, le lamentable et premier besoin physique de dormir d'abord, de boire et de vomir. Impossible de s'allonger, de bouger même les pieds... Enfin, avec un mugissement plaintif, l'*Empire-Life-Guard* (ce qu'il portait bien son nom le bateau-cage) déhala du quai de Haïfa avec sa cargaison de Juifs.

Juif errant... Le mot se colle mieux à eux que la rouelle jaune. M. Sue (Eugène), dans un drame qui fit date, à l'Ambigu, en l'an 1849, avait imaginé, lui, que les tourments du Juif errant prendraient fin le jour où s'éteindrait le dernier de ses descendants. Il s'agissait des Rennepont. Les jésuites se mêlaient à l'affaire... Il y avait Dagobert, *l'honnête* grognard de la Grande Armée, qui ramène du fond de la Sibérie les deux filles de son colonel. Il y avait le *fourbe* Rodin ; le prince Djalma ; Adrienne de Cardoville ; *Couche-tout-nu*, l'amant de Bacchanal, la reine des Faubourgs ; le *loyal* Agricol ; Mayeux, *vertueuse* fille bossue. Et il triomphait, le Juif errant, malgré une épidémie de choléra et les Jésuites. La malédiction qui pesait sur lui cessait enfin...

M. Sue est mort. L'Ambigu fait relâche. Ce n'est plus du roman-feuilleton : les Juifs errants marchent toujours.

Car c'est un bien grand crime, Klinger, Docteur Korn, mon vieux Ben, René, Georgette, Sida, Auslender, Friedler, les tatoués d'Auschwitz, les rescapés de la mort lente, que de vouloir revenir au pays traversé par un tuyau gros comme ma cuisse et qui draine un liquide gras jusqu'aux pétroliers de l'Angleterre.

L'*Empire* avait pris de la vitesse. Nous laissions derrière nous la carcasse abandonnée du vaillant *Theodor-Herzl*. Les grenades sous-marines, une dizaine de fois, accompagnèrent le départ de leurs détonations sourdes qui se répercutaient dans la coque. Au-delà des passes, la mer était toujours forte. Au balancement qui s'accentuait de plus en plus, suivi de l'écrasement des vagues sur l'avant qui plongeait, nous avions compris que nous étions déjà au large. Les machines bourdonnaient. Nous étions bloqués au fond de la cale. De part et d'autre, l'eau chantait sur les flancs. Un moment, l'idée nous effleura : « S'il saute nous sommes foutus... » L'échelle d'acier était étroite, on apercevait les cuisses écartées et le fusil du factionnaire. Interdiction de monter sur le pont. Le roulis était puissant.

Il y en avait déjà une trentaine, à demi inconscients, secoués de spasmes dans le couloir étroit. Personne ne s'en occupait et ils demeuraient, effondrés au milieu des déjections... Derrière les grilles, un officier de marine astiqué vint nous considérer. Il dissimulait mal son mépris. Un émigrant cracha.

Plus bas, vers l'échelle, le soldat de garde bâillait, cachant une cigarette allumée dans sa paume. Il était d'un régiment du *Royal Artillery*. Et le boulot ne lui plaisait pas...

— J'ai fait trois ans de Birmanie...

Il en parla très longuement. À son idée, le sort du monde s'était joué quelque part entre l'Irraouadi et le fleuve Salouen... Les Allemands lui semblaient être une vieille peuplade des Antipodes dont il avait vaguement entendu parler. Buchenwald ? Ce nom-là ne lui disait rien. Il faut ajouter qu'il n'avait pas remis les pieds en Angleterre depuis 1939.

— Dans six mois c'est la classe et je retourne à Liverpool.

Il ajouta :

— Ici ça paie trop mal.

Peut-être considérait-il les Juifs comme d'autres coolies. Ce n'était pas un garçon très intelligent ; en tout cas, s'il fait un détour par Londres, il apprendra que cette peuplade allemande, sans l'héroïsme de quelques-uns, était à quelques doigts d'allumer ses feux sur les rives de la Mersey.

Dissimulé sous une couverture, Joffroy poursuivait en bas un travail minutieux. Il s'agissait d'extraire les rouleaux de livres sterling et les notes de la gourde. Les cavaliers de Saint-Georges ne sont pas des scaphandriers... Nous devinions le désastre. Armé d'une pince à épiler qu'une femme avait réussi à conserver, patiemment, après trois heures d'efforts, il ramenait les billets détrempés, les feuillets délavés, quasi illisibles. Le sparadrap attaqué depuis trois jours par le rhum avait fini par se décoller...

Nous avions rejoint dans cette cale arrière l'équipe de Klinger, Marcus et deux ou trois jeunes Slovaques qui ne se quittaient jamais. Avec sa boucle de ceinture, Klinger était en train de graver une inscription en anglais sur le ripolin de la paroi ; quelque chose comme : « *Les marins du destroyer K. 600 sont des assassins.* » Marcus faisait le guet. Malgré la sévère interdiction, quelques-uns fumaient.

— Tiens, me dit Klinger qui nous servait souvent de rabatteur, il y a une bonne histoire pour toi... ce garçon... oh ! Dombrovsky ! Tu peux y aller. Il parle le français...

C'était un garçon mince, bruyant, et qui racontait sans émotion apparente tout ce qu'il avait vu. Peut-être était-ce là le signe de ce *galgenhumor* (humour de gibet) car les Allemands ont toujours un mot pour ces choses-là... Il était né en France, y avait vécu quelques années avant de devenir orphelin. Et c'est alors qu'il était retourné en Pologne retrouver quelque parent éloigné. Il doit avoir maintenant dans les 25 ans.

Cet homme a fait un métier hallucinant et il fallut l'atmosphère de la soute, la vision des barreaux, ses camarades qui l'écoutaient pour que je puisse le croire. Dombrovsky (mais était-ce son nom ? Les uns et les autres changeaient d'identité plus souvent que de mouchoir, et nous-mêmes...), Dombrovsky était le ramoneur du crématoire...

Comment avait-il sauvé sa peau ? Lui-même ne le sait ou ne l'explique. Il fut arrêté un des derniers mois de l'année 1943, dans une ferme isolée. De son métier, *dans le civil,* il était ramoneur. À l'arrivée à Maïdanek, les kapos bureaucrates, comme dans toute administration, faisaient remplir une fiche bourrée de détails et expédiaient ensuite les malheureux vers la chambre à gaz. L'homme déclara qu'il était ramoneur.

Il fut immédiatement affecté au *Sonderkommando* (commando spécial). S'il avait refusé, il aurait été abattu sur place... Les hommes du *Sonderkommando* étaient chargés de l'entretien des fours, de l'évacuation des cendres et poussaient les wagonnets de cadavres. Métier atroce qui dépasse l'imagination : soutiers de crématoires, main-d'œuvre pour la tuerie en masse, promis eux aussi à la même fin dans un délai plus ou moins bref.

— Nous vivions absolument isolés par des réseaux de barbelés dans le block des fours, proches des chambres à gaz. Tous les quatre mois d'ailleurs, le *Sonderkommando* était exterminé en entier et d'autres prenaient leur place... J'ai ainsi échappé à deux *sélections*. Peut-être parce que j'étais le ramoneur... Nous étions bien nourris et recevions une livre de pain par jour avec de la margarine en quantité suffisante.

Il parle intarissablement. Il connaît bien son sujet. Les hommes étaient d'abord gazés, puis les femmes... Certaines avaient encore leur bébé sur le bras.

— J'ai vu à plusieurs reprises un des SS en faire tournoyer et leur briser la tête contre le mur de brique.

Cependant, la plupart du temps, les bourreaux expliquaient aux gens qu'ils allaient pouvoir prendre une douche et iraient se reposer ensuite. Tous semblaient le croire. Il y avait aussi de vraies douches et l'on s'accroche toujours de toutes ses forces à l'espoir le plus ténu. Les forçats du *Sonderkommando* ne disaient rien. À quoi bon ?

Alors les SS entassaient cette misérable troupe dans la pièce carrelée. On leur avait même remis des serviettes et du savon. Les portes blindées se refermaient. Le gaz *Zyklone B* pénétrait par des pommes d'arrosoir pendues au plafond...

(J'ai vu de ces boîtes dans un camp en Pologne. Elles étaient étiquetées « désinfection pour vêtements ».*)*

Les ventilateurs tournaient, brassaient l'asphyxie dans la pièce. Les gardiens surveillaient par les hublots.

— Cela durait, selon les cas, de dix à vingt minutes. Nous vivions avec la hantise d'y passer un jour ou l'autre. Les corps étaient parfois si enchevêtrés que nous ne parvenions plus à les séparer. La mort devait être atroce. Tous se griffaient, se débattaient, certains avaient les yeux crevés.

Le *Sonderkommando* récupérait les serviettes et les bouts de savon. Des *kapos* se penchaient sur les corps des suppliciés et leur arrachaient les couronnes en or et les bridges.

— Les jours de gros *transports* les hommes devaient démembrer les cadavres pour que l'on puisse bourrer les fours...

Et il explique calmement :

— Ils étaient transportés sur wagonnets. Chaque foyer pouvait contenir quatre ou cinq corps. Des souffleurs électriques attisaient la combustion. La température s'élevait à 1 200 degrés... Combien en ai-je vu brûler ainsi (chaque fournée durait trente minutes) : des milliers, des centaines de milliers ? Je ne sais plus. Le *travail* continuait de jour et de nuit. Depuis les faubourgs de Lublin, les jours où le ciel était bas, les habitants pouvaient voir les nuages illuminés par la réverbération. Ce que je puis dire encore, c'est que certains ont été enfournés encore vivants. Des enfants en particulier...

(Et cela aussi m'avait été confirmé par Le Du, premier déporté français libéré par l'avance russe et qui m'avait dit à son retour : « J'ai vu qu'ils brûlaient vifs des officiers russes et polonais. »)

— Les débris d'ossements étaient vendus à des usines d'engrais... Généralement les fours étaient éteints à tour de rôle. Je devais aller nettoyer les cheminées par le sommet du bâtiment. Les conduits étaient souvent encrassés. C'était une suie grasse... L'odeur était atroce.

Il s'est assombri :

— Mon frère, à Auschwitz, est passé par un de ces fours... *Chez nous*, en 1944, au moment des grands *transports* hongrois ; ce fut hallucinant. Nos équipes étaient doublées, mais les fours ne suffisaient plus. Alors ils avaient fait creuser des tranchées de plusieurs centaines de mètres. Une couche de bois, une couche de cadavres arrosés de pétrole et cela brûlait pendant des jours. Je n'ai jamais vu ces gens être fatigués de tuer.

(Selon le rapport de la commission d'enquête polonaise, 300 000 corps furent ainsi brûlés en forêt de Krempetz et 400 000 dans les brasiers près du camp. On a retrouvé 1 350 mètres cubes d'ossements humains concassés qui servaient à remblayer les routes...)

— Et vous comprenez, continua-t-il, maintenant, quoi qu'il arrive, jamais je ne retournerai en Europe.

Il m'a demandé une cigarette. Ses camarades n'écoutaient même plus.

Je n'y tins plus. L'histoire de celui que je n'ose appeler « ramoneur de crématoires » nous avait bouleversés avec

Joffroy. La chaleur devenait atroce. La couverture de Pirotchka sur l'épaule, enjambant des corps étendus le long des travées (ceux des bancs couchaient encastrés dans les cuisses les uns des autres), je pus parvenir à ce que l'on avait pompeusement baptisé *Hospital.* Il y avait quatre couchettes, une trentaine de corps prostrés et enchevêtrés, de vieux quasi agonisants et de femmes livides. Il restait pourtant un coin libre sur le ciment souillé de déjections et je m'y accroupis pour attendre l'aube.

À neuf heures du matin, sous un grand soleil dur, la terre ocre de Chypre, l'île des concentrationnaires, commença à dériver sur bâbord. Je me trouvais en haut. Sur le sommet de la falaise, nous aperçûmes des tentes et la sentinelle eut un geste aimable pour me désigner notre nouvelle résidence.

C'est un par un seulement que l'on pouvait monter aux lavabos du pont. Lorsque j'y parvins, après avoir parlementé, Pearlman, sa casquette sur les yeux, était accroché aux barreaux de la petite cage à regarder les trois destroyers qui nous faisaient escorte, caracolant sur la houle. Nous étions là, de part et d'autre, à nous raconter la nuit, la figure collée au grillage, lorsqu'un factionnaire s'approcha pour me repousser de la crosse. Pearlman gronda ; je l'entends encore :

— *We are not criminals !*

Il n'avait pas perdu tout sang-froid puisqu'il criait avec un accent effroyable, mais il souffrait visiblement de voir ses compatriotes, ses camarades de guerre, faire un tel travail... L'autre rougit, c'était un très jeune soldat, et il tourna les talons.

Ils nous distribuèrent une tasse de thé et deux biscuits secs. Officiellement, certains n'avaient pas mangé depuis trois jours et trois nuits. Et pourtant, comme on me l'a raconté plus tard à Chypre, sur certains bateaux les émigrants refusèrent toute nourriture et se barricadèrent pour ne pas débarquer. Il fallut encore employer les gaz lacrymogènes.

Ils n'avaient pas dit : *Alle unter* comme sur le *Solteiro*... Pourtant, par ordre, *tout le monde en bas*. L'accostage était proche. Pendant deux heures, nous avons encore mijoté dans cette odeur moite, vivante, celle des chambrées et des étables.

L'*Empire* manœuvrait pour arriver à quai. C'est là, au milieu des barcasses grecques, que Wiesel, évadé du « camp d'été », avait fait sauter l'*Ocean-Vigour* quelques jours avant notre arrivée. Pendant trois milles il avait nagé à contre-courant, poussant son fardeau d'explosifs : des mines à succion.

Aujourd'hui, je peux vous donner de bonnes nouvelles de Wiesel. Il s'est évadé de sa prison cypriote. La population a été invitée à l'arrêter à tout prix.

Il reçut un livre, y trouva une scie à métaux, coupa deux barreaux de sa cellule et gagna la nature. On croit qu'il est au camp de Caraolos. Quinze jours plus tard il devait passer devant le tribunal et n'y coupait pas de la condamnation à mort.

Une autre passerelle. Un autre quai. Les murailles tannées d'un vieux fort turc et les insulaires qui nous regardent débarquer, cachés dans l'ombre des porches. Famagouste... Il paraît que c'était une ville célèbre au moyen âge, prise par les Génois, puis par les Vénitiens, assiégée par le célèbre Turc Bragadino. Pearlman du moins le prétend... Mais nous n'avons pas des gueules de touristes.

Territoire militaire. Les barbelés sont là et le type aussi, en kaki, expatrié à des centaines de milliers d'exemplaires, qui nous compte, indifférent. Une heure plus tôt, il dénombrait des balles de sucre et les tonneaux de mazout.

Un et un font toujours deux.

On nous embarquait par groupes de vingt dans des camions à nez plat. Une voiture radio en tête, une autre en queue de convoi. Cela puait la rafle avec ces hommes hâves, entassés, debout, ballottant avec indifférence et s'effondrant dans les tournants. Excusez-moi, camarades anglais, je n'ai pas d'autres points de comparaison.

Il y avait vingt milles jusqu'au camp de Xylotymbou. C'était une de ces routes militaires violemment tracées au

« bulldozer » avec de mille en mille les guérites de M.P., quelque chose comme la *Red Ball* de Patton sous le temps gris de novembre et les feux de pétrole où se chauffaient les nègres des convois...

À échelle réduite ici, bien entendu, et puis c'était aussi une route qui coupait dans les champs d'orangers, les petits villages en pisé, un trajet de vingt milles parmi les paysans grecs amis qui nous jetaient des fruits et saluaient de la main...

Il y avait vingt milles jusqu'aux barbelés.

VIII

XYLOTYMBOU, LE CIRQUE JUIF

Chypre. Il paraît que l'île fait 220 kilomètres de longueur, 80 kilomètres de large et qu'elle compte 200 000 habitants.

Je n'en connais que quelques kilomètres carrés, soigneusement délimités, à quelque distance de la falaise du cap Greco, point de repère pour les chalutiers pendant les patrouilles de la bataille des Dardanelles...

On dit que les productions sont nombreuses : dattes, bananes, figues et agrumes.

Mais on ne pense pas au camp de concentration importé depuis peu dans l'île.

Il ne faudrait jamais oublier son Baedeker... Je suis de retour et j'apprends que cette île était consacrée à Aphrodite avec les sanctuaires de Paphos et d'Amamonthe... Qu'en dis-tu, Joffroy ? Nous ne l'aurions jamais pensé ; en vérité, chacun voyage avec des impressions toutes faites.

Nicosia c'est la capitale. Larnaca et Limassol, deux ports de la côte sud. Il y a mille habitants à Famagouste. Personne ne fait mention des sept mille hommes qui campent au nord-ouest du cap Greco...

Cela s'appelait, paraît-il, Xylotymbou. Pour les émigrants du *Theodor-Herzl*, ce n'était qu'un autre camp de concentration. Celui-là portait le numéro 68.

Les formalités étaient les mêmes qu'à Haïfa. D.D.T. et fouille... Pourtant la désinfection fut encore un peu plus sérieuse et les investigations un peu plus poussées. On y passait nu après le coup d'œil d'un major flegmatique. Il n'y avait pas de cas de réforme...

Les hommes de la police habitués aux *ficelles* faisaient même déchausser les hommes, sondaient les semelles et raflaient l'argent et les cartes d'identité, examinaient les photos. Cela, d'ailleurs, se passait en ordre et l'on remettait un reçu. Notre univers prochain s'organisait.

Je n'y croyais plus. Il me semblait impossible de franchir les barrages, cuirassés de papiers comme nous l'étions. Un, à la rigueur, mais nous étions trois... Dans cette salle d'attente en tôle ondulée, nous en étions à nous demander si cela valait la peine de tenter le coup.

— Après tout, nous sommes parvenus à monter à bord d'un bateau-cage...

Pile ou face... Et le miracle se produisit. Un véritable coup de dés. Il a réussi. Alors, de quelle façon nous avons pénétré dans le camp ? C'est notre affaire...

Il y eut un dernier accrochage. Le scribe me demanda mon nom. Farkhas évidemment... Et mon prénom ? François. Il insista : prénom juif ? Je balbutiais. L'ombre de Pearlman souffla :

— Moshe.

C'était idiot ; j'avais failli être fait aux pattes pour une question aussi stupide et je m'expliquais mieux les raisons de la foire aux femmes à bord du *Solteiro*... Plus loin, ils distribuaient deux couvertures, deux assiettes en métal, la gamelle et une cuillère.

Il y eut encore un autre camion chargé de vingt Juifs gardés. Alors, la porte embarbelée du camp 68 s'ouvrit et se referma. Nous étions au bout de la route. Dans quelques jours il faudrait aviser et penser cette fois à en sortir...

Il faisait presque nuit. En bas, des types hurlaient, agrippaient les hommes :

— Dror !

— Hachomer Hatzaïr !

— Bétar !

Ils criaient les noms de leurs partis, comme les chasseurs d'hôtels à l'arrivée de l'express de Paris dans une ville d'eaux. Les noyaux s'organisaient. Les pieds traînant dans cette poussière ocre qui allait maintenant embuer nos journées, chacun partait à la recherche des tentes de son parti, celles du modèle standard, armée des Indes. Des passes de Khaïber aux barbelés de Xylotymbou...

Il fallut encore, en pleine nuit, partir en quête de toiles de tente et de piquets. Le camp n'était pas terminé. Et s'exercer au maillet... Il y a des gens que ce sport passionne et qui n'en ratent pas l'occasion, chaque dimanche... On les verse généralement dans l'auxiliaire, à chaque déclaration de guerre.

Les cuisines n'avaient pas encore été allumées. Ce soir-là, personne ne mangea. Excepté le thé de l'*Empire*, c'était le quatrième jour. Sous la double toile mal tendue, nous avons confectionné un lumignon primitif avec un bout de ficelle et une noix de margarine. La mèche charbonnait et le sommeil nous écrasa.

Le *Cyprus Mail*, organe d'intérêt très local, annonçait l'arrivée de la femme du gouverneur, Lady Winster, et des trois mille clandestins du *Theodor-Herzl*. À Larnaca, on signalait que la lutte anti-anophèles avait commencé... *Selon des renseignements de source juive, les Anglais auraient dû* (ah ! ce conditionnel !) *employer les gaz lacrymogènes.* Pas contre les moustiques, évidemment...

Ce premier matin j'ai vu aussi des *prisonniers* allemands... Cela ne veut plus rien dire. Évidemment les barbelés, une zone interdite et les chevaux de frise nous en séparent ; mais eux sont sur la route, libres, circulent en camions et lancent des oranges. Du haut de leurs véhicules, joyeux et bien nourris, ils passaient comme les soldats de notre si vieille libération.

Les Juifs n'ont que des pierres à jeter. Les Allemands ont du pain blanc. Les internés mangent un pain noir et gluant.

Les vétérans de l'Afrikakorps venaient rarement se frotter aux barbelés... Une semaine après notre arrivée, l'un d'eux, pourtant, un homme d'âge mûr, s'était approché des réseaux du camp 65 et commença à parler avec un jeune interné.

Il compatissait à notre sort, raconta sa vie. On l'écoutait ; cela tuait le temps. L'autre s'enhardit ; passant aux généralités, il avoua que, tout bien pesé, les émigrants clandestins avaient ce qu'ils méritaient et même, en parlant objectivement, Hitler...

Je suivais la scène depuis la passerelle. Il n'acheva pas. Une grêle de pierres s'abattit autour de lui, faisant fumer le sable. Les émigrants accouraient. Le grenadier d'assaut du maréchal Rommel, protégé d'un corps à corps par les barbelés, n'eut que la ressource de s'enfourner dans un tonneau de vidange des latrines qui se trouvait sur la route, et vide. On fit le siège de cette position en hérisson. Les projectiles n'arrêtaient pas de taper. Les sentinelles des miradors alertaient le poste.

Ont-ils cru à une émeute ? Ils accouraient quelques minutes plus tard, installant fébrilement deux fusils-mitrailleurs le long du fossé. L'affaire dura une heure. L'Allemand ne bronchait pas de son tonneau. Les Juifs le surveillaient. Les Anglais surveillaient les Juifs... Un interprète finit par intervenir et les soldats s'aperçurent de leur méprise. Mais il fallut le rempart d'un camion pour couvrir la retraite du prosélyte assiégé.

Et c'est ainsi que j'ai bâti cette hypothèse absurde : il y avait un déporté de Bergen-Belsen. Son camp fut libéré par les Anglais. Il vient maintenant de retrouver le soldat de la 6ᵉ Airborne qui l'a délivré. Ce soldat avait toujours un fusil mais c'était sur le pont d'un bateau-cage...

Notre Juif est donc arrivé à Xylotymbou et, de derrière ses barbelés, aperçut, coïncidence, l'un de ses bourreaux de Belsen, content de lui et de l'Europe nouvelle, habitant une baraque R.A.F.

Fable ridicule et sans raison... Les Alliés campent toujours à Berlin, mon bon.

À Xylotymbou il y avait cinq camps : les 64, 65, 66, 67 et 68. Près de Famagouste se trouvait ce que l'on appelait le camp de Caraolos ou « camp d'été ».

Pendant quatorze jours une quarantaine sévère devait nous isoler des autres émigrants. En principe. Dès la première nuit quelques groupes de choc défonçaient les réseaux, profitant d'une relève des sentinelles, arrachaient les poteaux qui nous coupaient du 64 et, conséquence logique, 8 000 internés furent tous astreints à notre quarantaine.

Les Anglais avaient fini, à la suite d'incidents sanglants, par construire un pont qui permettait la *correspondance*. Et nous, les Français, l'appelions *Barbès-Rochechouart*... Aux heures de pointe, une foule à demi nue, en files compactes, se croisait aux escaliers d'accès.

Le premier et grave incident avait eu lieu fin mars.

À propos d'un match de football.

Les Anglais voulaient battre les Juifs et n'y réussissaient pas. Cependant, profitant de cette diversion, quelques hommes s'évadent. Ils sont rejoints entre les deux haies de barbelés. On les arrête. Entre-temps, le match de football prit fin et les Anglais furent battus.

Barbès-Rochechouart n'existait pas encore. Deux fois le jour, les portes étaient ouvertes et les internés pouvaient passer d'un camp à l'autre. Le match avait eu lieu sur le terrain du 64. Pour protester contre l'arrestation de leurs camarades que les gardiens avaient passés à tabac, les hommes du 65 demeurent groupés sur la route et refusent de laisser refermer leurs portes. Le major commandant du camp est fait prisonnier. On est sportif toutefois : l'équipe anglaise battue peut sortir librement.

Des fusils-mitrailleurs sont amenés par la troupe. Les sommations sont faites. Les Juifs ne bronchent pas. Quatre chenillettes sont appelées en renfort. Les Juifs applaudissent. Mais sur un ordre, les engins blindés pénètrent dans la foule, tournent et chargent. Les fusils sont braqués. C'est alors que, du côté juif, une grêle de cailloux s'abat sur les soldats. Un fût de mazout est basculé et flambe contre une porte dans une épaisse fumée noire. Les Anglais ripostent à coups de bombes lacrymogènes. Le vent est contraire. L'effet nul.

Alors, ils ouvrent le feu au commandement. Les rafales crépitent contre cette foule désarmée. Un homme fut touché dans les latrines dont les tôles sont encore criblées de balles. Il y eut cinq blessés graves. Un enfant de 16 ans demeura estropié. De ce jour, la situation demeura tendue et une semaine à peine après l'arrivée du convoi *Theodor-Herzl* de nouveaux et graves incidents éclataient au camp de Caraolos à propos d'un départ d'internés pour la Palestine.

Quelqu'un pénétra sous la tente. Le soleil n'était pas encore levé.

— Ils ont tiré au camp d'été. Il y a des morts... Nous commençons aujourd'hui la grève de la faim !

Cela tombait mal. Débarqués depuis quelques jours à peine, nous tâchions de nous remettre d'aplomb avec ces mauvaises soupes chaudes et le pain pourri de charançons.

C'était le jour du Sabbat. Les nouvelles vont vite dans les camps. Effectivement, le comité exceptionnel des internés avait décidé la grève de la faim. Les Anglais ne pouvaient même plus pénétrer dans les enceintes de barbelés. Seul, pour permettre son ravitaillement en eau, le camp 55 laissa passer les citernes pilotées par des Grecs. Et les 15 000 internés de Chypre n'eurent plus aucun contact avec leurs geôliers.

Au-dessus des baraques en tôle, les fumées noires des cuisines au mazout avaient disparu. Les soldats patrouillaient au-dehors. Dedans, un morne silence pesait. On venait juste d'apprendre la pendaison de Dov Gruner et de ses camarades. Les drapeaux sionistes, en berne, pendaient à mi-mât.

Peu à peu, nous apprîmes ce qui s'était passé à Caraolos.

Certains internés avaient fait leur temps... Chaque mois, en effet, 750 des concentrationnaires ont droit au certificat qui leur ouvre la Terre promise. À cette allure-là, les nouveaux arrivés du *Theodor-Herzl* attendront pendant vingt-cinq mois !

Ceux qui devaient partir étaient venus à bord de l'ex-*Suzanna'h,* Haganah-ship *Schaptaï-Lezinski.* Le bateau, il y a quelques mois, avait réussi à forcer le blocus et à s'échouer sur la côte palestinienne. Tous les clandestins avaient débarqué. La région fut cernée par les troupes anglaises. On perquisitionna, on battit les bois et les plantations, mais ceux qui furent *retrouvés* et internés à Chypre étaient de vrais Palestiniens, volontaires pour les barbelés. La solidarité de ce peuple est magnifique. Après quelques jours de camp, ils réussirent à prouver leur véritable identité et qu'ils étaient de ce fait embarbelés sans raison. Ils furent libérés. Les Anglais avaient été joués et surent le reconnaître.

Seulement, à titre de revanche, pour le mois d'avril, le gouvernement résolut de diminuer de moitié le nombre des certificats de sortie.

Les personnes en instance de départ pour la Palestine sont internées pour un délai plus ou moins long dans les camps de Caraolos (55, 60, 61,62, 63). Dès leur réunion au P.C., les membres de la *Maskirout* (comité juif du camp) refusaient de quitter leur place et décidaient la grève de la faim à Caraolos.

Là-bas les manifestations avaient commencé. Les internés portaient des placards demandant leur libération et se réunirent aux portes des camps. Au 63, un officier avait tiré à plusieurs reprises et blessé une jeune fille à la hanche. On doit le constater : chaque fois les troupes anglaises se montrent d'une nervosité étonnante... Cela tient-il à ce que les hommes sont de jeunes recrues à peine entraînées et qui n'ont pas participé à la guerre ? Possible.

Aux issues du camp 55 un cordon d'émigrants barrait les portes et interdisait toute entrée. Encore sans sommations les soldats avaient tiré. Un Juif fut tué, six blessés grièvement. Les sommations furent faites huit minutes après les coups de feu. Le soir même le major anglais du camp démissionnait, déclarant « qu'il ne voulait plus couvrir de telles boucheries ».

Et la grève de la faim s'étendit à Xylotymbou.

Le temps passa. Nous ne sortions pas des tentes et restions allongés la plupart du temps. Trois longs jours... Les Grecs nous jetaient des oranges. Il y avait encore des pommes de terre, mais tous les feux étaient éteints. Au matin du quatrième jour la grève prit fin. Au 55, la dysenterie faisait des ravages. Les Anglais avaient promis, paraît-il, de faire passer les officiers coupables en Cour martiale... Ce ne fut jamais fait. J'ai reçu des nouvelles, voici quelques semaines ; il paraît que les mêmes soldats ont repris leur service aux même camps.

Au-dessus des baraques, au-dessus des tentes du cirque juif de Xylotymbou, le ciel n'avait jamais été d'un bleu aussi dur.

Le dernier soir de la grève, nous avions réussi, avec Joffroy, à trouver une filière. Il s'agissait d'envoyer le reportage à Paris... Et je nous revois avec une singulière intensité : il devait être deux heures de la nuit. Près ou loin, les trompettes anglaises se répondaient d'un camp à l'autre et sur la route les prisonniers allemands se promenaient avant de rentrer.

L'homme qui allait emporter les messages s'était accroupi sous la tente de l'armée des Indes. Comme de coutume, après une journée torride, la nuit était glaciale. Et nous n'avions rien dans le ventre... Les copains grelottaient sous leur couverture. Joffroy, à la lueur fumeuse d'une boîte de conserve à mazout, écrivait aussi. Le passeur allait franchir les deux réseaux et nous apercevions les jets froids des projecteurs issus des miradors où veillaient les sentinelles du *Cornwall Regiment*.

C'est le surlendemain qu'ils nous interrogèrent. À plusieurs reprises ils m'ont demandé :

— N'avez-vous rien envoyé à votre journal ?

Je craignais que le courrier n'ait été intercepté. Au retour, nous avons appris que les lettres étaient bien arrivées... Mais dès notre découverte, l'île fut, pour ainsi dire, en état de siège.

C'était nous faire beaucoup d'honneur. Les ouvriers grecs fouillés matin et soir, les hommes de corvée déshabillés et le courrier retardé au départ comme à l'arrivée de deux semaines... Je ne pense pas pourtant qu'ils aient une telle hantise de la vérité...

Nous avions fini d'ailleurs, Joffroy et moi, par porter nos sacs au 65... Le camp était construit en *dur* et nous nous retrouvions au milieu des Français. Il y avait aussi une autre raison : c'est qu'une nuit, vers trois heures du matin, un visiteur avait essayé de nous voler nos papiers. Il buta sur l'un des tendeurs de la tente et nous n'avions vu qu'une ombre qui s'enfuyait. L'homme de la Haganah nous avait alors conseillé de changer d'air, nous promettant aussi que ses rondes auraient l'œil sur notre baraque... Car les émigrants dans leurs camps font la loi et les soldats anglais eux-mêmes ne doivent pas y pénétrer armés. Ils respectaient cette consigne.

La forme la plus achevée de l'âge concentrationnaire, je vous le dis. Les Allemands, eux, n'avaient que des bagnes. Ici on *vivait* mêlés, hommes et femmes : *mâles* et *femelles* comme c'était écrit sur les latrines. Avec faculté de se reproduire.

Des hommes veulent revenir chez eux. Cela gêne une puissante nation pour quelques raisons précises... Alors on déporte ces gens, on les cerne de barbelés.

On ne les extermine plus, c'est tout. Voilà leur seule libération. Et ils s'organisent.

Avec ceux des camps des Caraolos près de Famagouste, 14 000 Juifs, 1 900 enfants menaient une vie propre, quasi monotone. Imagine-t-on qu'il y avait une police juive, une armée qui s'entraînait sous le nez des gardiens, le samedi après-midi, pour les lendemains de Palestine ; des chefs et les comités de camps *(Maskirouts)* ?...

Aux abords du fleuve, avec le frémissement des peupliers d'Ile-de-France, tout cela surgit maintenant brusquement en désordre, comme le plongeur qui revient, d'un coup de pied, à la surface, dans un bouillonnement de bulles d'air...

J'ai vu siéger leur tribunal. L'homme qui présidait avait été avocat à Berlin. Le tribunal se composait de cinq juges élus, trois permanents, trois jurés élus aussi, d'un procureur et d'un greffier. Pas de défenseur. Débats publics. L'accusation était transmise par le Maskirout.

Ils avaient leurs lois réglant, selon la formule, d'une manière obligatoire et permanente, les devoirs et les droits des citoyens de Xylotymbou...

Le jour où j'y pénétrai, une histoire assez embrouillée de cocus et de crêpage de chignons était en train. Les peines variaient depuis la publication des actes blâmables jusqu'à la suppression des cigarettes — trente jours au maximum. Pour les cas plus graves, le retrait des suppléments du *Joint American Committee* pouvait être prononcé.

Il faut parler de la nourriture. Nous mangions mal et surtout au début. Les Anglais m'ont dit qu'ils étaient plus mal nourris, mais je ne fréquentais pas leur mess ! Le ravitaillement était anglais, en principe, mais le paiement de ces dépenses aux frais du gouvernement palestinien. L'Armée fournissait, paraît-il, 2 150 calories quotidiennement aux adultes et 2 500 de 12 à 21 ans. Le *Joint* accomplissait un travail considérable en apportant 700 calories de supplément chaque jour et 600 de pommes de terre. Les internés, de huit en huit jours, se relayaient de corvée aux cuisines.

Ils mangeaient par groupes politiques : Bétar, Hachomer, Dror et les autres.

Des services sociaux fonctionnaient avec 35 assistants palestiniens, quatre docteurs et deux dentistes. Il y avait aussi une mission de l'Agence juive.

Le village des enfants, le *Kfar Noar*, accueillait les gosses jusqu'à 18 ans. Dans la mesure du possible, on les déshabituait de la captivité. La matinée était consacrée à l'école ; l'après-midi aux travaux pratiques. Je cite pour mémoire les spectacles, les chorales, les équipes de football et le théâtre aux fenêtres pourtant toujours grillagées. Mais ce n'était pas cela l'atmosphère propre au cirque juif...

Il fallait traîner par les après-midi déjà torrides dans les rues monotones de Xylotymbou. Et ceux qui emménageaient voici quelques mois à peine, une seule chemise sur le dos et les mains vides, parvenaient à des prodiges.

La planche de bois, la lunette des latrines, pour les tables, avaient une valeur-or. En quelques heures, j'ai vu décortiquer, pièce par pièce, la silhouette échassière d'un mirador abandonné par son factionnaire. Ils bâtissaient des tonnelles en toile en sac, découpaient les doublures des tentes, y taillaient des shorts et des chemises ; les cordes des tendeurs devenant semelles d'espadrilles.

On découvrait des Aubervilliers de tôle sur cette lande à scorpions et à vipères. Jamais je n'ai entendu chanter un oiseau dans ce pays désolé... De vieux sages accroupis discutaient éternellement de rien. Les gosses jouaient à la balle dans ces ruelles sans joie. Les horlogers avaient monté leurs enseignes. Les nouveau-nés vagissaient dans la pouponnière... À mon départ, on comptait déjà soixante fiançailles chez les émigrants du *Theodor-Herzl*.

Plus loin on entendait sonner le fer. Une boîte de conserve limée et tressée servait à dix mille choses ; des artisans les façonnaient d'un montant de lit en guise de marteau et les *meat and beans* devenaient ainsi cuvettes ou lampes à pétrole.

La synagogue bourdonnait. Les tailleurs de pierre sculptaient à côté du *Friseur* et chaque matin, mon coiffeur grec, rescapé de Buchenwald, marié à une Berlinoise revenue d'Auschwitz, me rasait gratis pour parler un peu de la rue des Rosiers, métro Saint-Paul. De l'autre côté de l'eau.

Pour les autres, il en coûtait huit cigarettes de la coupe.

Mais il n'y avait pas de marché noir. Les gens, tout simplement, s'entraidaient comme aux moments les plus durs du forceur de blocus, dans la mesure de leur circuit fermé... J'ai vu aussi un photographe du style le plus classique, une couverture sur la tête, réglant l'objectif de sa boîte à margarine. Et les groupes enlacés sur un fond de tôle aussi tendrement que devant le Trocadéro ou la gare Saint-Charles posaient pour la postérité et les albums de famille.

Solennel et barbu, le *chohet* (le tueur de bêtes), couronné d'un chapeau bordé de fourrure, déambulait à heures fixes, salué par tous, et nos amis Moshe, Kossover et Meyertov éditaient en trois langues le journal du camp calligraphié sur un panneau de bois... Tirage limité à un exemplaire.

Il y avait aussi ce vieux couple. Nous étions presque voisins au 65. Ils parlaient peu ; c'étaient de braves gens, de Praha, je crois. L'Ancien, ex-professeur, avait bâti une tonnelle. Elle, tricotait dessous à longueur de journée, sur une nappe brodée, sauvée on ne sait comment. Chaque matin, il arrosait avec un soin méticuleux deux massifs vides bordés de cailloux blancs. Je ne pense pas qu'il ait pu semer cette terre aride. Il arrosait pourtant en un geste rituel. Et puis, une nuit, ils durent déménager en deux heures ; d'autres émigrants venaient de débarquer. Ils ont l'habitude de ces départs ; je ne sais pas ce qu'il est devenu, mais je suis sûr pourtant qu'au camp 67 ou ailleurs il a dû rebâtir une tonnelle, attendant patiemment d'arroser de vraies fleurs sur une terre qui sera la sienne.

Au 64, les Roumains dominaient. Au 66, c'étaient les gens du Bétar. Outre les manifestations contre les Anglais, les coups de feu et cette grève de la faim, des mouvements brusques, des révolutions de palais agitaient les camps. Quelquefois les *Hachomer* déplaçaient leurs tentes, creusant de grands vides dans le cirque de Xylotymbou. Deux mois auparavant un Père de Sion s'introduisit au camp 65, on ne sait comment, discuta métaphysique, ancien, nouveau Testament pendant des heures avec deux rabbins tout aussi excités que lui. À bout d'arguments il voulut, pour finir, bouter le feu à la synagogue et fut de ce fait réexpédié aux Anglais.

Un autre matin, le 65 entra en effervescence. Le jour n'était pas encore levé ; il fallait déménager. Les gosses prenaient la place. Les Marocains furent inébranlables et se barricadèrent. On tint des meetings. On argumenta.

Le temps passait. Les Anglais pressaient.

Les vieux *Hagoudistes*, les religieux à barbe et calotte noires, déclarèrent que leurs ancêtres étaient restés quarante ans au désert et qu'ils pouvaient bien faire de même au camp 65. Forts de cette dialectique, ils passèrent au vote et décidèrent, à une majorité écrasante, vingt voix contre une, que l'on resterait, même si les cuisines demeuraient éteintes.

Cela dit, ils s'en allèrent faire leurs paquets et disparurent, véhéments, abandonnant leurs baraques aux portes ballantes dans la fumée et la poussière des exodes millénaires.

On vit mal dans les camps de Chypre. Et je n'en veux d'ailleurs pour preuve que la lettre de protestation expédiée par les officiers et soldats britanniques le 28 avril au *Government House* de l'île. Ils se plaignaient de leurs conditions pénibles de vie, de leurs difficultés, « *d'autant que la plupart de nos camarades sont jeunes et n'ont qu'une petite expérience générale* » et cela pourtant était infiniment mieux que notre situation de l'autre côté de la barrière.

Parce qu'ils étaient libres.

Cela dure depuis si longtemps pour les embarbelés concentrationnaires...

— Qu'est-ce que vous faites ?

— Je suis prisonnier.

C'est une profession.

Prisonniers des Allemands, des Anglais, parce qu'ils sont juifs ou qu'ils veulent habiter le pays du Levant.

Parce qu'il y a du pétrole.

Et il y a toujours des fusils, des barbelés et des hommes qui tournent en rond... Aussi, on les retrouvera peut-être ces vestiges de latrines, de gamelles rouillées, de cercles de pierres dans dix mille ans ou plus, et l'archéologue découvrira sans le comprendre les traces d'un campement hivrite en terre de Chypre, chose étonnante, datant de la grande migration juive. Dans la lande aux scorpions de Xylotymbou...

Tout sera mort. Tout sera oublié. Je me souviens de ces soirs où, en rangs par quatre, les hommes du *Bétar* marchaient le long des réseaux, autour de leurs baraques. C'était parce que Dov Gruner avait été pendu à Saint-Jean-d'Acre, ou bien pour commémorer d'autres morts. Alors ils tournaient. La poussière montait... Ils tournaient inlassablement, comme Josué conduisant leurs ancêtres à Jéricho.

Jamais il ne se produisit quelque miracle. Ce n'est plus de notre temps et il faudra beaucoup plus que des sonneries de trompettes pour abattre les barbelés.

Souvent, Ungar l'Hagouda à la calotte bleue me le répétait :

— Tu vois, on tient le coup. On tâche de combattre cette mentalité de concentrationnaire qui nous gagne. De celui qui vit et s'en contente. J'en sais parmi nous qui n'ont pas connu quinze jours sans barbelés depuis 1939 !

Ils se réhabituaient. Ce leur était un horizon familier que celui des barbelés et des miradors. Nous, on finissait peu à peu par s'habituer.

Le problème le plus angoissant, à mesure que l'été s'avançait, c'était celui de l'eau. Dès l'aube, tous les robinets s'arrêtaient de couler et jusqu'au soir, souvent passé minuit, il fallait tenir. Depuis cinq semaines — et il continuait lorsque nous sommes partis — le médecin de la mission allait relancer les Anglais et affirmer que sous peu cela deviendrait vital pour quinze mille hommes, que des épidémies étaient à craindre... Aux dernières nouvelles, il parlait de donner sa démission après avoir adressé un mémorandum à ses confrères d'Amérique.

Les femmes lavaient la nuit. À 3 heures du matin, je les entendais passer, secouant leurs seaux. Dans la baraque aux lavoirs une ruée d'hommes déferlait. Entièrement nus, ils se nouaient en grappes autour des robinets, attendaient leur tour en se claquant les cuisses, s'injuriant en dix langues. Leurs corps fumaient. Les plus obstinés trouvaient encore le moyen de laver leurs gamelles, et sous la lueur rougeâtre d'une boîte à pétrole, ces dizaines de gaillards bronzés se dédoublaient en ombres fantastiques et phalliques dans le ruissellement de l'eau et le vacarme des battoirs.

Le major du camp avait tout de même fait un effort. À l'aube, à l'heure du laitier pour les hommes libres, un klaxon secouait la torpeur des ruelles de tôle. Le ciel était encore vert... C'était le camion-citerne de l'eau piloté par un Grec. Les types sortaient, douchés par cette fraîcheur des matins d'Orient. On faisait la queue.

Fini le sommeil ! Les Marocains commençaient leur train. Sacrés Marocains ! Flûte ou banjo, ils exaspéraient les internés du C.13. Et leurs longues mélopées monotones commençaient, dix notes qui traînaient en file jusqu'au soir. Ils vivaient en phalanstère. Je me souviens d'un de leurs exploits, justement le soir de la commémoration de l'abordage du *Theodor-Herzl.* Trois mille hommes s'étaient réunis à une extrémité du camp. Des torches rougeoyaient.

C'est une partisane bottée qui commandait le mouvement. On chanta le *Hatikvah.* Des leaders prirent la parole.

Aux miradors, on sentait que les sentinelles s'inquiétaient. Le téléphone sonnait. Alors les Marocains, par sections, partirent à tous les coins du camp, rampèrent jusqu'aux abords des réseaux, puis se mirent à hurler, à brandir des torches, à charger en fantasia. Une sentinelle tira. Ces escarmouches se poursuivirent deux heures durant. Les Marocains revinrent ravis et la flûte dura jusqu'au matin.

Mais cette nuit-là nous étions cinq ou six dans la baraque et nous ne dormions pas. L'un de ces hommes appartenait à l'*Irgoun* (troupes de choc du Bétar), l'autre était de la *Haganah.* Je ne pense pas qu'il y ait d'inconvénients graves à répéter ce qui fut dit :

— Ce qu'il faut, affirmait véhémentement le premier, c'est tout brûler ici, les tentes, les baraques, les cuisines...

L'antagonisme que l'on connut en France, au temps des clandestins, action à tout prix ou bien attendre le moment propice, c'est le même, exacerbé, que j'ai retrouvé chez les clandestins juifs. Seulement ici, c'est le *Bétar,* mouvement de droite, qui a adopté la position extrémiste.

Les gens de la *Haganah,* une fois encore, n'étaient pas du même avis :

— Tu sais que nous serons déportés à Tobrouk ou au Kenya. Les Anglais le préparent déjà et attendent l'occasion que vous allez provoquer un jour ou l'autre. Cela nous coûtera combien de morts ? Nous avons payé avec six millions des nôtres. Ceux qui restent ne sont pas de trop.

» En sept mois, l'*Irgoun* et le *Stern* ont exécuté 142 Anglais. Il y a eu 261 tentatives d'assassinat, 151 morts violentes et 3 900 incidents graves... Voici notre bilan et vous faites le jeu de l'Angleterre en justifiant ces troupes massées aux carrefours de la route du pétrole. »

Je reviendrai plus tard sur cette opposition majeure entre membres de l'Irgoun et les hommes de la Haganah.

Ce garçon, ancien combattant du front de Biélorussie, dernier survivant d'une famille de quarante personnes, était l'un des responsables du mouvement de la Haganah.

Et pour ceux-là, l'opération première, principale, c'est l'arrivée en masse des Juifs à leur pays retrouvé, c'est *l'Alyah* comme ils disent.

— Comment s'est formé notre mouvement clandestin, cette armée secrète juive qui organise les filières d'émigrants ? Il faut remonter loin... Dès 1870, au moment du premier retour, quand nos ancêtres organisèrent les groupes d'autodéfense et surtout à partir de 1907, à la création de l'Hachomer. Ceux qui vinrent les premiers au désert durent faire leurs preuves. S'ils réagissaient, s'ils combattaient, les attaques des bandes arabes cessaient... Nous avons des siècles de combats souterrains derrière nous, en somme un atavisme de la clandestinité. Dès 1907 arrivaient en Eretz les sionistes russes qui avaient déjà formé dans leurs villages d'Est des groupes de défense antipogroms.

» Les *Shomrins* fondaient donc, en 1907, le Hachomer. Ben Gourion en était ! Mais après 1917, sous l'impulsion de certains leaders, cette légion juive devint la Haganah. Hachomer c'était une garde d'élite, Haganah ce sera si vous voulez la garde nationale du peuple juif... Dès les massacres de Jaffa et de Jérusalem, en 1920 et 1921, nos camarades se réarment. Une fois de plus, ils avaient constaté que dès que les Anglais leur enlevaient ce droit, le muphti et ses bandes partaient à l'attaque. Et c'est Jérusalem, Hébron, Safed, Jaffa, Haïfa qui s'enflammaient. La Haganah fit ses preuves en 1936 en attaquant les hommes de Hadi Amin El Husseini. Les troubles devaient durer trois ans. Pas un kibboutz ne fut évacué. La Haganah espérait avoir conquis droit de cité. Pourtant, le gouvernement permet trente fusils et onze mitrailleuses pour l'ensemble des pionniers de Palestine ! Du côté arabe, les armes continuaient évidemment à affluer par les frontières des États amis. À la fin de 1936 la Haganah fut enfin reconnue sous le manteau. Une partie de ses membres, il y en avait 16 000 en 1940, formait une sorte de police supplétive autorisée... C'est alors qu'un Anglais comprit que, au lieu de faire le jeu des bandes arabes, on pouvait aussi nous utiliser. Je l'ai bien connu, il s'appelait Orde Wingate. Un de nos premiers transports clandestins portait son nom... Il est mort, tué dans un accident d'aviation, après deux campagnes glorieuses, celles d'Éthiopie et de Birmanie. Il était alors général... En 1937, lorsqu'il arriva en Palestine, il était capitaine. *"Les Juifs sont les seuls habitants du pays sur lesquels nous pouvons compter"* écrivait-il. Dès son arrivée, il rencontra d'ailleurs une sérieuse opposition dans certains milieux anglais... Il prit pourtant contact avec la *Haganah* et forma les *Special Night Squads* qui protégèrent, en 1937 et 1938, le pipeline d'Irak à Haïfa, ce fameux pipe-line au nom duquel nous sommes déportés à Xylotymbou maintenant. Mais Wingate avait compris que les bandes terroristes devaient être attaquées sur leur terrain, selon leurs propres méthodes...

» À chaque camarade qui tombait, les Juifs avaient promis de créer une nouvelle plantation. Et ils le firent. De nuit, un nouveau kibboutz se créait et déjà nous n'acceptions pas le principe de la vendetta, "une vie pour une des nôtres"... »

— C'est donc à ce moment que les mouvements de l'*Irgoun* et du *Stern* se créèrent ?

— Pas précisément. Le *Stern* se forma en 1941, lorsque l'Irgoun déclarait : « L'ennemi, c'est l'Allemagne. » Le Stern décida : « C'est l'Allemagne et l'Angleterre » ; mais, dès 1938, les Irgounistes affirmaient : « En sang et en feu la Judée est tombée, en sang et en feu la Judée renaîtra. »

— Venons-en tout de suite à la guerre et je vous parlerai tout à l'heure de la politique de la Haganah. Il y a eu des unités juives sur les fronts de France, de Syrie, d'Irak, d'Erythrée, d'Éthiopie, de Grèce et de Crète. 130 000 des nôtres étaient du *Service national.* À l'automne de 1944, et nous le réclamions depuis longtemps, Churchill autorisa la création de la Brigade juive. Elle a combattu en Italie et en Hollande. Beaucoup de ses soldats venaient de la Haganah.

» Il y a aussi une chose que l'Intelligence Service n'a jamais révélée à ma connaissance : ce sont certaines de nos missions secrètes au Moyen-Orient et en Europe... Ainsi, juste avant l'attaque alliée sur la Syrie, leurs

Services de Renseignements demandent à l'Agence juive un groupe de choc pour passer en Syrie. Ils devaient rapporter des renseignements sur les défenses de la frontière. Douze furent arrêtés par les Vichyssois et condamnés à quinze ans de travaux forcés. Le chef du groupe sauta d'un troisième étage, se cassa les jambes et s'évada de l'hôpital. »

Il y eut, à un moment, un plan de l'Intelligence Service pour faire sauter le fameux défilé des Portes de Fer sur le Danube et bloquer les péniches de carburant à destination de l'Allemagne. Des Palestiniens chargés de l'affaire partirent pour la Roumanie. Le jour vint. Un bateau de Juifs bloquait la passe. Les explosifs étaient en place. On attendait l'ordre radio. Il ne vint jamais... En mai 1941, c'est un commando de la Haganah commandé par un officier anglais, Sir Anthony Palmer, qui partit faire sauter le pipe-line de Tripoli. Ils furent interceptés par une patrouille côtière et tous furent tués...

Les missions secrètes continuèrent en Syrie avant l'attaque. Beaucoup d'agents furent fusillés. Leur chef, Moshe Dayan, blessé grièvement. Cet homme, chose étonnante, était l'un des 43 condamnés à dix ans de prison pour constitution de corps franc clandestin. Gracié, il s'était immédiatement engagé. En 1941, au moment de l'avance Rommel, la Palestine et tout le Moyen-Orient sont menacés. Il n'est plus question de s'adresser au muphti. Les Anglais équipent fébrilement les corps francs juifs. On met en place les guérillas et les radios clandestins. La mission spéciale G.S.I. est chargée de coordonner toutes les opérations de la *Jewish Task Force* commandée par le major T.B. Wilson. À Mishmar, les gens de la Haganah reçoivent un entraînement spécial des officiers de commandos anglais.

Le *Himmelfahrtskommando* composé de Juifs allemands volontaires, équipés avec des uniformes de l'Afrikakorps, est parachuté derrière les lignes allemandes et multiplie les destructions. Par ailleurs, d'autres groupes spéciaux sont entraînés et lancés en Allemagne, en Yougoslavie et en Roumanie. C'est ainsi que Hanah Senesz, l'héroïne dont parlent tous les émigrants, fut fusillée à Bucarest.

— Heureux le brandon qui s'est consumé en faisant jaillir sa flamme, disait-elle.

(En août 1946, le kibboutz de Hanah sera cerné par 3 000 soldats anglais qui détruisent les récoltes sous le prétexte de rechercher les clandestins.)

En Italie, un Juif délivra avec son corps franc le général anglais qui lui avait refusé sa grâce en 1939 comme « *élément très dangereux* ». Chez David Cohen de Haïfa se trouvait le poste clandestin de radio pour les Forces françaises du Moyen-Orient.

(Cohen est interné au camp d'Athlit depuis le 29 juin 1946.)

Mordechaï Anelevitch et Iszchak Zuckermann dirigent l'insurrection du ghetto de Varsovie. Des radios sont parachutés en Autriche pour diriger les bombardements tactiques...

La guerre est une chose, la politique en est une autre. Quatre mois après le V. Day, 43 membres de la Haganah étaient déjà arrêtés pour *action illégale.*

Et c'est pour cette raison que j'ai rappelé aussi longuement quelques missions des gens de la Haganah. Car les Anglais prétendaient — tout en s'en servant — ignorer cette armée secrète.

Pendant la guerre, la ligne de conduite des dirigeants sionistes était simple. Ben Gourion avait déclaré :

— Nous combattrons avec l'Angleterre comme si le Livre blanc n'existait pas et nous combattrons ce Livre blanc comme s'il n'y avait pas de guerre !

Le Livre blanc ? La déclaration Balfour ? Ce sont les deux pôles de la politique anglaise au Moyen-Orient... J'ai été stupéfait de voir que beaucoup d'émigrants, et, à plus forte raison, la majorité des gens qui m'interrogeaient au retour ignoraient tout de ces deux actes qui condamnent ou commandent les décisions du cabinet britannique.

Le 2 novembre 1917, le ministre des Affaires étrangères de Grande-Bretagne, Lord Arthur James Balfour, adressait à Lord Walter Rothschild, président de la Fédération sioniste d'Angleterre, la déclaration suivante :

Cher Lord Rothschild... J'ai le plaisir de vous faire ci-après, au nom du Gouvernement de Sa Majesté, la déclaration de sympathie pour les aspirations juives sionistes soumise au cabinet et approuvée par lui.

Le Gouvernement de Sa Majesté envisage avec faveur l'établissement en Palestine d'un Foyer national pour le peuple juif et emploiera tous ses efforts pour faciliter la réalisation de ce but — étant clairement entendu que rien ne sera fait qui puisse porter préjudice aux droits civils et religieux des communautés non juives existant en Palestine, non plus qu'aux droits et au statut politique dont jouissent les Juifs dans tout autre pays...

En avril 1920, à la conférence de San Remo, les pays alliés confiaient le mandat sur la Palestine à la Grande-Bretagne. Dans le texte du mandat du 24 juillet 1922, elles incorporaient la déclaration Balfour.

Lloyd George, qui était Premier ministre à l'époque, déclarait : « L'idée était, et c'était l'interprétation qui en était donnée, qu'un État juif ne devait pas être créé immédiatement... mais d'autre part si les Juifs avaient, entre-temps, tiré parti de l'occasion qui leur était offerte par l'idée d'un foyer national et, au cas où ils seraient devenus une majorité nette de la population, la Palestine deviendrait un pays juif. »

Les Juifs ont probablement trop tiré parti de « l'occasion ».

Le président Wilson s'exprimait en termes identiques, de même que le général Smuts...

L'article 2 du mandat donne à la puissance mandataire la responsabilité « d'instituer dans le pays un état de choses politique, administratif et économique de nature à assumer l'établissement du foyer national pour le peuple juif ».

L'article 6 demande de « *faciliter* » l'immigration juive et « d'encourager l'établissement intensif des Juifs sur les terres du pays ».

Par ailleurs, les paragraphes 68 à 72 de la loi constitutionnelle de Palestine accordent aux autorités anglaises le droit de déporter, sans jugement, tout citoyen palestinien

« dont la présence constituerait un danger pour l'ordre établi ».

Et nous étions à Chypre.

Le Livre blanc ? Mai 1939. En bref, c'est le retournement complet de la politique anglaise au Moyen-Orient. Neville Chamberlain est Premier ministre. Le secrétaire aux Colonies s'appelait MacDonald. Cette décision stoppait l'immigration pour cinq ans, la limitait à 75 000 et la subordonnait ensuite à l'accord des Arabes. L'attribution de la terre était réduite à 5 % pour les Juifs dans l'ensemble de la Palestine.

C'était l'annulation de la déclaration Balfour, la violation flagrante du mandat anglais sur la Palestine. Churchill dénonçait cela « *comme un nouveau Munich* » et déclarait à la Chambre des communes : « Cette promesse d'un foyer, d'un refuge, d'un asile, n'a pas été faite aux Juifs en Palestine, mais aux Juifs en dehors de la Palestine, à cette vaste, infortunée masse de Juifs persécutés, dispersés, errants. »

Churchill devint Premier ministre... Oublia-t-il ? L'Administration eut le dernier mot. En 1939, ailleurs qu'en Europe, pas mal de choses ont été reniées...

J'ai parlé de la Haganah. Elle participa donc cinq ans à la guerre contre l'Allemagne. Les Anglais armaient les Juifs.

Ils n'en continuaient pas moins à chasser le bateau transportant les émigrés d'Europe... à Auschwitz, les fours étaient allumés. Sciemment ou non, et je le dis comme je le pense, en faveur d'intérêts qui n'étaient pas d'abord ceux de leur pays, certains administrateurs anglais se sont faits les pourvoyeurs des crématoires...

Juste avant le début des hostilités, l'Agence juive demanda l'admission de 20 000 petits Polonais et de 10 000 enfants des pays balkaniques. L'admission est rejetée. Voyez Maïdanek...

Dès la guerre, toute immigration en provenance des pays ennemis est interdite. On craint les agents nazis. Des garanties sont offertes. On attend pendant deux ans la décision.

Le gouvernement conseille à l'Agence juive d'économiser ses certificats pour « les utiliser après la guerre en faveur des Juifs d'Allemagne plus qualifiés que ceux des Balkans ».

Et la tache brune envahit l'Europe.

En novembre 1940, le gouvernement fait savoir que les Juifs venant illégalement d'Europe seront internés ailleurs et qu'ils ne seraient jamais admis en Palestine.

Ainsi le *Patria* ayant à bord 1 770 réfugiés se saborde en rade de Haïfa ; vingt hommes sont noyés. 1 700 autres sont déportés à l'île Maurice et furent relâchés à la fin de la guerre. Beaucoup étaient déjà morts des fièvres.

En décembre 1940, 230 réfugiés, un grand nombre d'enfants périssent dans le naufrage du *Salvador* en mer de Marmara. Les visas avaient été refusés à Istanbul.

En mai 1941, 793 émigrants, fuyant les pogroms de Roumanie, arrivent avec le *Darien*. Ils sont emprisonnés pendant dix-sept mois.

Le 24 février 1942, en vérité, c'est une tache dans l'histoire de l'Angleterre : le *Strouma* avait attendu les visas palestiniens pendant deux mois en rade d'Istanbul. On se décidait enfin à en admettre les enfants, mais le navire avait déjà été renvoyé en mer Noire par les autorités turques. Il coula. 764 hommes et femmes se trouvaient à bord.

Il y eut un survivant.

Au mois de mai 1942, le gouvernement anglais déclarait : « *Rien ne sera fait pour faciliter l'arrivée des réfugiés juifs en Palestine.* » Et le ciel d'Auschwitz s'éclairait de lueurs rouges. Et l'on se battait pour la liberté du monde.

Ce n'est que vers juin 1943 que le gouvernement décida de faciliter l'accès en Palestine à ceux qui atteindraient Istanbul. Le gouvernement turc fut informé de cette décision neuf mois plus tard.

On me l'a dit :

— Des dizaines de milliers d'hommes auraient été sauvés si les portes de la Palestine avaient été ouvertes.

Et en août 1946, les chiens SS étaient amenés de la zone britannique d'Allemagne en Palestine. Ce sont des bêtes bien dressées pour la chasse aux Juifs.

Ce n'est un secret pour personne que la France souhaitait, à Versailles, obtenir le mandat sur la Palestine... Et ce sont les leaders sionistes eux-mêmes qui ont réclamé le mandat britannique, en signe de reconnaissance à Lord Balfour.

Ils avaient fait le jeu de l'Angleterre. Ils en furent les premières victimes... Aujourd'hui, cent mille hommes, l'élite des troupes de Sa Majesté, tiennent encore les artères du pétrole et regardent vers le Caucase. Théoriquement, l'Égypte n'est plus une position anglaise. Il faut pourtant couvrir la route des Indes, s'allier autant que faire se peut avec les États arabes. Chacun prend ses positions, s'installe et se retranche. Et, pour ces colosses, l'écrasement d'un petit peuple ne compte plus... De si grands intérêts sont en jeu. La belle affaire que ces quelques centaines de milliers de pauvres gens, rescapés par miracle et qui continuent à être ballottés, déportés, emprisonnés... Et les Juifs ne figurent pas dans les cartes du Colonial Office.

Car c'est cette solide administration qui a inventé la Ligue arabe. Elle en recueillera avant longtemps tous les fruits... Joseph Usiel l'a démontré parfaitement dans un récent mémoire, adressé « à tous les hommes de bonne foi ». Pauvre M. Usiel !...

Le Colonial Office fait sa politique, immuable, imperturbablement, sans se préoccuper des ministres au pouvoir, travaillistes ou conservateurs. Le Colonial Office c'est d'abord l'intérêt de l'Empire... Balfour, Lloyd George et le maréchal Smuts signalaient déjà, en 1929, « la responsabilité de l'*Administration* en ce qui concerne les événements » (les massacres de Palestine). À une réunion entre cheiks arabes et leaders sionistes, l'un des Arabes disait :

— Vous avez bien dit, en parlant d'un tunnel vers un accord judéo-arabe, que nous allons commencer à creuser chacun de notre côté, avec le désir bien sincère de nous rencontrer, mais je crains seulement qu'au moment de jeter bas la dernière cloison, notre pioche ne rencontre une plaque d'acier qui résistera à nos coups, et vous savez aussi bien que moi celui qui aura élevé cette muraille.

Plus que jamais la cloison d'acier a été boulonnée et je n'ose imaginer ce qui se passerait, pour les Anglais, si elle devait sauter un jour ou l'autre.

Le professeur Harrison, de l'Université de Pennsylvanie, délégué du président Truman, visita au début de l'année 1946 les camps de *Displaced Persons* en Allemagne. Il revint bouleversé et fit un rapport tel au président que celui-ci demanda immédiatement à la Grande-Bretagne l'entrée de 100 000 internés en Palestine.

On fit traîner l'affaire. Et le meilleur moyen de gagner du temps que de désigner une commission d'enquête ? Elle fut nommée : six Anglais, six Américains. Elle revint avec des conclusions formelles : il fallait admettre d'urgence ces 100 000 misérables sans foyer. Les experts du ministère de la Guerre américain préparaient les plans d'embarquement.

Ils doivent être aux Archives à Washington.

Alors le *Theodor-Herzl* et beaucoup d'autres forceurs de blocus ont pris la mer... Vous savez la suite.

Pourquoi creuser plus avant ? Tout est clair. Ce n'est pas un secret d'État :

— Nous devons maintenir nos positions dans cette région (la Palestine), a déclaré M. Bevin à la Chambre des communes, tenant compte de l'importance primordiale qu'a pour nous en ce moment la préservation de nos intérêts économiques et financiers.

Le muphti a fait la guerre à Berlin. Aujourd'hui, il est au Caire. On se battait pour le pétrole, camarades !

Le 19 mars 1946, Hadj Amin El Husseini, ex-grand muphti de Jérusalem, fait prisonnier à Berlin en 1945 et confié à la garde de la France, *s'évada* de sa villa de Louveciennes. Il avait été porté sur la liste des criminels de guerre et rayé à la demande de l'U.R.S.S.

Avec l'aide d'un ami, M. Doualibi, Hadj Amin avait pris tout simplement un billet de la T.W.A. pour Le Caire, direct, fit viser son passeport et s'envola sur un Skymaster D.C.4. En toute simplicité. Dix jours plus tard, le Quai d'Orsay s'aperçut de sa fuite...

Il a 56 ans. A toujours combattu l'Angleterre. L'officier turc de la guerre 1914-1918 monte toutes les révoltes qui ensanglantèrent la Palestine en 1920 et de 1936 à 1939.

Dès 1940 il joue la carte allemande et complote contre les Anglais avec Jamal El Housseini et Faouzi Kaoudji. Selon les renseignements de l'Intelligence Service, il reçoit alors 60 000 livres des Allemands et 40 000 des Italiens. C'est lui qui déclenche la révolte d'Irak avec Rachid El Kilani, au mois d'avril 1941. Les Anglais peuvent enrayer à temps l'insurrection. Le général Wawell met sa tête à prix pour 25 000 livres sterling.

Il y a donc douze millions cinq cent mille francs à gagner au Caire en ce moment.

Mais Hadj Amin s'enfuit à Téhéran, se cache à l'ambassade du Japon et réussit encore à échapper à la jonction anglo-soviétique... En octobre 1941, il est en Italie, voit Mussolini, Ciano, Dino Alfieri, concerte déjà une action en Afrique du Nord. En décembre, il est à Berlin, reprend contact avec von Groba, ancien ministre allemand à Bagdad. Il est reçu par Hitler et s'installe définitivement dans la capitale allemande sous la raison sociale *Buro der gross muphti.*

Cet homme est d'une activité prodigieuse. Il parle à la radio, essaie de soulever le monde arabe contre les Alliés. Sa liaison avec l'Égypte est assurée par un de ses amis de Genève, l'émir Chekib Arslan. Ses agents du Moyen-Orient travaillent tous maintenant en accord direct avec les chefs et les hommes de l'Abwehr..., que ce soit Hoffmann à Adana, Paula Koch à Alexandrette, Chapeau rouge à Istanbul. En Afrique du Nord, il fonde l'Agence Maktel El Magreb.

Hadj Amin réussit à lever quinze mille volontaires pour la Légion arabe qu'il passe en revue, saluant le bras tendu. Il met sur pied la *Légion noire* de Bosnie, en accord avec Ante Pavelitch. Déjà des parachutistes de la brigade du *muphti* sont faits prisonniers en Irak. Le pipe-line saute ; des ponts sont coupés à plusieurs reprises. Au moment de l'avance allemande en Russie, il lève des légions tartares dans le Turkestan... Juste avant le débarquement allié de 1942, il soumettait un plan à l'oberkommando de la

Werhmacht, proposant de recruter cinq cent mille volontaires en Afrique du Nord.

Après la révolte d'Irak, des hommes comme Amal Al Rouweiha, Daoud Al Housseini, Kamal Hadda, avaient été arrêtés et déportés en Rhodésie. Ils sont revenus en Palestine depuis juin 1946. Houssein Khalidi, Moussa Alami, Darouiche Makhadi sont les membres les plus en vue du Haut Comité arabe en Palestine, dont Jamal El Husseini, neveu du muphti, est le chef.

Enfin, le second de Hadj Amin, c'est Faouzi Kaoudji que les Anglais avaient surnommé le *Mouron rouge* et qu'ils n'ont jamais réussi à prendre. Sa tête valait deux mille livres en 1936. Sa milice participa à la révolte d'Irak et lui aussi put s'enfuir à Berlin. Quelques semaines après l'évasion de Louveciennes, le *Mouron rouge,* à son tour, rejoignait Le Caire, muni d'un passeport en règle, visé par les autorités alliées.

Les Juifs et beaucoup d'observateurs du Moyen-Orient ont la conviction que ces agitateurs ex-criminels de guerre préparent une nouvelle Guerre sainte, sans se soucier des intérêts réels du prolétariat arabe. « Le péril vert n'est pas un mythe et les Anglais finiront à leur tour par être joués », m'a-t-on souvent répété...

Et cependant que le Grand Muphti retrouvait en toute quiétude son quartier général, l'Angleterre découvrait la Haganah qui avait servi la cause alliée pendant toutes les hostilités. Le gouvernement anglais savait bien que c'était l'Agence juive qui avait fait la liaison entre le Q.G. britannique et l'Armée secrète durant toute la guerre.

Or, aux premières heures du 29 juin 1946, jour du sabbat, la police et les troupes envahissent les bureaux de l'Agence juive, perquisitionnent un peu partout en Palestine, arrêtent trois mille hommes et femmes. Les leaders sont internés. M. Attlee, à la Chambre des communes, déclare que des documents ont été découverts et seraient publiés, prouvant l'accord de ces hommes avec les partis terroristes de l'*Irgoun* et du *Stern.* On fit grand bruit de la découverte d'un dépôt d'armes à Mesheg Yagour. M. Attlee affirmait les rapports étroits entre la Haganah et l'Irgoun Zwai Leumi.

Un nouveau Livre blanc parut en juillet. Il s'agissait du texte des télégrammes interceptés entre Londres et Jérusalem, prouvant que les membres de l'Agence juive suggéraient une association plus étroite avec les groupes terroristes. L'authenticité n'en a jamais été établie et l'Agence juive a toujours affirmé qu'ils étaient apocryphes.

— Si nous avons des contacts avec l'Irgoun, c'est à seule fin de freiner leur action, m'a affirmé l'homme de la Haganah. Quant aux rapports Haganah-Agence juive, cela se fait au grand jour et les Anglais le savaient bien pendant la guerre. Les armes qu'ils découvrent ? Ce sont eux qui nous les ont fournies.

Un de ces clandestins me le disait :

— L'Irgoun ? J'admets ses méthodes, et les Anglais récoltent ce qu'ils ont semé. Ils comprennent la politique de violence. De 1936 à 1939, nous avons eu 430 tués, 850 blessés. Nous n'avons pas répondu... Et le Livre blanc a paru. Les Arabes avaient réussi, après trois ans d'efforts... Nous ferons de même !

L'Angleterre poursuit sa politique de rapprochement arabe. Elle est décidée à y sacrifier les Sionistes. Les Arabes s'arment fébrilement. Ils sont ravitaillés en matériel par le Liban, l'Égypte et la Transjordanie, États libres.

Les Anglais laissent faire. Les Juifs, eux, ne se laisseront pas égorger. Ils ont la Haganah, l'Irgoun, le Stern. Je n'ai pas à faire de distinctions.

Ainsi, au Moyen-Orient, flambe ce brûlot palestinien. Aujourd'hui que deux États sont créés, au moins sur le papier, celui des Arabes et celui des Juifs, on se bat dans les rues du pays de Palestine.

Et le troisième larron, les doigts à peine roussis, regarde crépiter ce feu pour en tirer les marrons...

La baraque des déportés sentait, elle aussi, le pétrole, et nous nous aperçûmes que le jour se levait sur Xylotymbou.

IX

CETTE DAMNÉE VIE DE CHYPRE

Nous étions privés de courrier pour huit jours. Les relations avec le camp de Caraolos étaient interdites. C'est qu'un mouchard grec avait été découvert dans le camp et assez sérieusement malmené. Ses camarades, ouvriers comme lui, parlaient de le pendre. Il réussit pourtant à atteindre le poste anglais. Tous les camps avaient été punis.

On s'embêtait ferme. D'autant que le *Palestine Post* venait de nous apprendre, à Joffroy et à moi, « qu'ayant prouvé leur bonne foi *(bona fides)*, ces deux correspondants avaient été relâchés et voguaient maintenant vers la Palestine »... En guise de Palestine, nous en étions réduits, dans la baraque de tôle, 48 degrés à l'ombre de ce four, à composer une complainte en trente-trois couplets, sur le mode de celle qui racontait l'assassinat de M. A. Fualdès, à Rodez :

La complainte des deux pisse-copie, sur l'air : *Les enfants s'ennuient le dimanche.*

Dans la baie, y avait un crocodile
dans la baie, dans la baie d'Haïfa.
Mais pas un bateau, pas d'bateau des Iles
des pétroliers, des vaisseaux du Roi.

Les Français et les Belges la chantent encore. On finissait par tirer son temps jusqu'au moment attendu où le soleil dégringolait derrière la cime de l'Oros Stavros au-dessus de Larnaca. Les feux s'allumaient. Nous attendions la soupe. Les ruelles commençaient à s'animer. Ungar apparaissait avec ses pots de peinture. Évitant les réseaux de projecteurs, il allait appeler la population de Chypre à la révolte, traçant de grandes lettres sur les murs des latrines en bordure de la route. Sa dernière trouvaille c'était :

Arbeit macht frei (le travail rend libre).

Les Anglais ne comprenaient pas. Évidemment. C'est l'inscription qui accueillait, il y a cinq ans, les misérables aux poternes d'Auschwitz et à tous les frontons des camps d'Allemagne... Mais cet humour féroce ne faisait ni chaud ni froid aux recrues du Cornwall Regiment...

Des hommes chantaient autour d'un feu :

Hay Baba Riba
Kill all the English and we'll all be free
Hay Baba Riba
Send the british Army to the bottom of the sea
Hay Baba Riba
This damn'life in Cyprus is not the life for me.

(Tuez tous les Anglais et nous serons libres...
Envoyez l'armée britannique au fond de la mer...
Cette damnée vie de Chypre n'est pas pour moi.)

Sur un air célèbre de rythme américain, ils chantaient ce refrain de leur composition et ils le criaient pour que les sentinelles des miradors comprennent bien.

— Les gens du Bétar... Dès qu'ils seront en Palestine ils entreront dans les rangs de l'Irgoun, nous dit le garçon qui venait d'entrer au C.13.

Cet antagonisme entre l'Irgoun et les autres mouvements sionistes finissait par m'étonner. Chacun avait ses propres manifestations ; les gens du Bétar ne fêtaient pas le 1er mai ; les autres partis n'avaient pas participé à la manifestation lors de l'exécution de Dov Gruner... Et le fait le plus étonnant c'est que les Anglais ne semblaient pas se rendre compte de cet état de choses.

— Détrompez-vous — c'est un garçon de l'Hachomer (mouvement d'extrême gauche) qui parlait — ils en tirent parti... Évidemment, l'opinion du monde est secouée par l'explosion du *King David*, ou l'exécution de Dov Gruner, ou l'attaque de Saint-Jean-d'Acre... Et c'est grâce à nous seuls, disent les terroristes de l'Irgoun.

» Ce sont des fanatiques ; nous voulons éviter une guerre civile à tout prix, mais nous venons de lancer un ultimatum à l'Irgoun et au Stern pour qu'ils cessent ces attentats généralisés qui compromettent nos intérêts, sinon la Haganah entreprendra personnellement une action contre ces deux mouvements... Nous pensons que c'est surtout grâce à eux que l'Angleterre a pu amener cent mille soldats en Palestine, grâce à eux que l'opinion politique britannique s'est dressée contre nous, grâce à eux que les soldats tirent maintenant dans les rues et sur le pont des bateaux abordés... Ces groupes sont issus du parti révisionniste et c'est l'incarnation juive du fascisme mondial... »

— Un fascisme juif ?

— Exactement. Jabotinsky, leur chef, combattit violemment la *Histadruth* qui est notre Confédération générale du Travail, organe de défense de l'ouvrier, groupant 154 000 adhérents. En 1934, leurs briseurs de grève descendaient dans la rue en chemises brunes. Dans leurs discours, ils étaient à la recherche d'un « Mussolini juif »... Le premier attentat de l'Irgoun eut lieu contre le marché arabe de Haïfa et je dis carrément qu'ils font le jeu de l'occupant. Ce sont eux qui dressent contre nous le prolétariat arabe...

(Si je rapporte ces déclarations, c'est que j'ai souvent entendu semblables propos dans la majorité des milieux sionistes. De leur côté, évidemment, le Comité hébreu de libération nationale et l'Irgoun considèrent que la seule position qui ne soit trahison est la guérilla partout contre l'occupant anglais...)

— Mais le gouvernement britannique a toujours dit que si le mandat cessait, une guerre ensanglanterait la Palestine, opposant Juifs et Arabes...

— C'est évidemment leur intérêt. Mais j'ai vécu deux ans en Palestine. Je suis persuadé que nous pouvons arriver à une entente solide avec l'ouvrier et le paysan arabes. Je ne parle pas de leurs dirigeants...

» De 1936 à 1939, les attaques contre les colonies juives étaient faites par des bandes armées envoyées à cet effet. Les paysans arabes du secteur n'y participaient pas et avertissaient même leurs voisins juifs.

» En 1936, un de nos dirigeants déclarait déjà que "ces mois de terreur n'ont pas détruit les biens d'une origine commune, de nombreux siècles de civilisation commune... Notre désir est de vivre en paix et en coopération avec les Arabes, fidèles au principe que ni les Juifs, ni les Arabes ne seront ni dominateurs, ni dominés". La plupart des syndicats arabes ont été créés avec l'aide de la Histadruth et les dockers ont obtenu ainsi la journée de huit heures... Comparez cette situation avec celle des autres peuples arabes, des 16 millions de fellahs égyptiens pour 17 millions d'habitants, ou avec les nomades de Transjordanie et du Yémen. Les salaires sont deux fois plus élevés qu'en Syrie, trois fois plus qu'en Irak et la population arabe a presque doublé depuis 1920. Ils sont maintenant 1 million 200 000. Colons juifs comme paysans arabes tiennent avant toute chose à la paix... Cela, il est vrai, ne fait pas l'affaire du Grand Muphti, ni celle du Colonial Office... »

Dehors, les Marocains continuaient la foire et c'est alors que Bébert entra :

— Viens, me dit-il, le petit va mettre les voiles...

Le camp dormait. Les feux étaient éteints. Nous n'étions plus que deux à longer ces ruelles pâles, éclaboussées de lune.

On l'avait pourtant dit à ce petit couillon :

— Tu vas te faire prendre ! Passe encore de franchir les barbelés pour aller se baigner — et ils ne vont pas tarder à découvrir le trou ! — mais reviens ensuite... ça c'est du sport ! Seulement, ne tente pas le grand départ, c'est impossible.

L'avant-veille encore, deux Tunisiens, sur le coup de midi, rampaient sous les réseaux, se mêlaient aux ouvriers grecs sur la route et disparaissaient. Les quelque cinq cents personnes qui commentaient l'événement le long du camp se retinrent d'applaudir. Le lendemain, les évadés réapparaissaient sur l'arrière d'une chenillette, en route pour la prison de Nicosia. Mais, de temps à autre, un interné cédait à ce grand désir : partir, fût-ce au prix de quelques mois de prison, pour se promener une heure ou deux dans Larnaca, à quinze milles, dont on apercevait la girandole de lumière au ras de l'eau ; avoir l'impression d'être un peu libre...

Le gosse, comme on l'appelait, s'était donc obstiné. Après tout, disaient les anciens, qu'il tente l'expérience... Cela lui coûterait tout au plus quelques mois de cellule. Il avait à peine 17 ans et le mal du pays, la nostalgie de Toulouse. Les autres ont dit : « Laissez courir. »

Alors, le soir, il nous avait donné son chien.

— Je prendrai ce bateau (et cette nuit on voyait briller ses feux en rade à une douzaine de milles), il doit faire escale à Marseille. Je grimperai par les chaînes des ancres et je me cacherai dans une embarcation...

Il ne savait pas qu'il devrait nager d'abord pendant des heures. Il voyait son affaire comme dans les romans *(Aventure ! Action !)* de chez Nelson.

C'était à la limite sud du camp.

— *Ruhe !* (Silence !) grogna un Polonais qui faisait le guet.

Le vent portait. J'entendais une sentinelle qui faisait jouer la culasse de son fusil. Le mirador était à trente mètres à peine et le faisceau du projecteur passait au-dessus de nous. Il y avait aussi des buissons qui masquaient bien. C'était une des premières nuits chaudes, qui se plaquait aux membres comme une lourde couverture de laine. Nous restions planqués sous un oranger. Le premier réseau était à portée de la main. Le gosse s'affala, se mit à ramper en poussant son ballot. On entendit chanter un peu les fils de clôture. Il avait disparu. La garde venait d'être relevée.

— Aucune chance... dit Bébert.

Il l'enviait tout de même un peu d'être libre pour quelques heures. Les types rentraient se coucher en sifflotant.

Deux jours plus tard nous avons su qu'il avait été piqué. Il faisait son apprentissage, mais pas comme chez Nelson, où tous les romans finissent bien...

Il a 17 ans. Lui aussi c'est le survivant d'une famille de je ne sais plus combien d'enfants. D'ici, j'ai un peu de chagrin à l'imaginer, ce petit criminel, tournant en rond derrière les barreaux d'une prison cypriote.

J'ai dit auparavant qu'ils vivaient retirés dans cet univers cerné de ronces. Certains, on vient de le voir, cherchent à le fuir. Et ils savent bien qu'un monde à peu près libre ne les a pas tout à fait rejetés encore...

Je me souviens aussi de ce 1er mai de Xylotymbou, d'un matin comme les autres au même soleil blanc. Un grand frissonnement de drapeaux rouges flamboyait sur le terrain. Ils savaient bien qu'à deux mille milles d'autres hommes marchaient aussi de la République à la Nation. Ici, un seul tambour monotone haletait inlassablement. Ils défilaient en rangs de douze à travers les camps ; comme un peuple libre puisqu'il n'a pas renoncé.

Le 8 mai, cet anniversaire que l'on ne fête plus, illustra mieux, s'il se peut, l'absurdité de leur sort. Deux cent vingt mutilés qui s'étaient battus et avaient saigné à Tobrouk, à Stalingrad, à Royan, à Berlin, à Colmar, à Cassino et à Prague s'en allèrent en silence aux poternes des camps. Gueules cassées, bras perdus, borgnes et manchots, ils avançaient lentement, précédés de huit drapeaux. Les pays pour lesquels ils avaient combattu.

Le russe, le français, l'américain, le sioniste, le tchèque, le yougoslave, le polonais.

Et les couleurs de l'Union Jack.

Les recrues anglaises les ont regardés passer, côte à côte avec les prisonniers de l'Afrikakorps. Cela fait mal d'en dire plus.

Le type chantonnait « *le petit vin qu'on boit sous les tonnelles* »... C'était à la porte du camp 68. La chaleur était encore torride. Évidemment, pas une goutte d'eau aux robinets. Les internés, trempés de sueur, attendaient pour sortir de leurs tentes que la chaîne de montagnes au-delà de Larnaca ait fini de manger ce globe livide, insupportable d'éclat. Il n'y avait pas même de frange entre l'ombre et la lumière... Ce jour-là on distribuait les sacs. Les gardiens avaient mis le temps. Les Grecs avaient un peu pillé. Depuis Haïfa, où nous les avions abandonnés à la fouille des gaillards de la 6e Airborne, ils nous avaient suivis sur d'autres bateaux-cages.

Et depuix dix jours, amoncelés entre deux haies de barbelés, ils attendaient, saupoudrés de D.D.T., poussiéreux, déformés, méconnaissables. Les valises avaient été éventrées ; les ficelles si minutieusement nouées, tranchées. Il y avait eu une deuxième fouille, là, sous nos yeux. Cela fut encore plus sérieux. Les M.P. les vidaient entièrement, en vrac, vérifiaient les paquets de cigarettes, sondaient les vestes, enlevaient l'argent, les photos, les boîtes de conserve, piétinaient ces pauvres hardes et renfournaient le tout, pêle-mêle.

En somme, rien à dire ; ils appliquaient le règlement et aussi bien nous étions des prisonniers sans patrie, sans ambassade et sans amis.

Maintenant la distribution avait commencé. Cela dura deux jours, dans des tourbillons de poussière, une horde d'hommes, à demi nus, de femmes énervées et piaillant ; pressés autour d'un tonneau de mazout où l'on hissait les sacs, l'un après l'autre, en criant le nom.

Par hasard j'ai retrouvé le mien, celui de Farkhas plutôt... Il n'y avait pas grand-chose et il n'en restait rien, sinon un pyjama et une mystérieuse culotte de femme. La plupart des émigrants avaient tout perdu ou bien récupéraient des vêtements inconnus, des souliers dépareillés, des couvertures déchirées. C'est encore une loi de leur univers : « Chaque fois tu perdras tout, sinon ta besace à mauvais souvenirs, misérable ! » À force, ils ont fini par l'accepter.

C'est donc là, peu de jours avant notre départ, que j'avais pu contacter les Français du territoire, par une chanson reconnue. Ils étaient une cinquantaine, arrivés à peu près tous par la *Negeb* et le *Maapil Armoni* ou le *Ben Hecht*. La plupart avaient encore dix mois à tirer dans la République des barbelés. Ils étaient là depuis plus de deux mois : ils n'avaient pas encore eu de lettres, pas de nouvelles, pas de journaux. La France est devenue une vieille chose très lointaine et toujours très chère.

Ils allaient bien. Vous avez le salut d'Albert Bemocha, de Pantin, qui aligna déjà quatre ans comme prisonnier de guerre ; de sa sœur Rosette, et de Bella qui a 16 ans. Celui de Max Hirsch, de Pontoise près Paris, et Schmitt, de Ménilmontant, après séjour à Auschwitz.

Fred Gross, Lezorovici qui usinait chez Renault, Chaloum de Saint-Fons, Cheskin de la rue du Caire, ainsi que Joël, ancien représentant en queues de billard (de la maison Klein et Cie) sont devenus mes copains. Il y avait aussi Guetta, Français d'Alexandrie, F.F.L. (1er bataillon de marche) Libye, Syrie, Erythrée avec le 3e B.F.I. A celui-là aussi on avait dit qu'il se battait pour qu'il n'y ait plus de camps de concentration... Et puis les Marocains Akrich, Ben Yager, Hazan, Nahmann et El Maleh, de Casa, qui combattit deux ans dans les pionniers anglais. David Sacsberg, lui, vient d'avoir un gosse il y a trois mois. Ce sera l'un des premiers sujets cypriotes de Xylotymbou.

Et les enfants de déportés qui naissent derrière les barbelés de Xylotymbou sont, de ce fait, citoyens anglais.

Ils attendent. Ils comptent les jours. Le moral est bon, comme on dit. Ils font équipe avec les internés anglais — car il y en a aussi et plus qu'on ne pense, à avoir voulu suivre la route de leurs frères malheureux.

Et nous avons parlé des soirs et des soirs pour tuer le temps, de leurs bateaux, le *Suzannah* qui se jeta à la côte, du *Maapil Armoni*, du *Ben Hecht* où l'on ne se battit pas, de notre pays natal, de la Nièvre et de Châlons, du Boul'Mich...

— J'ai été l'élève de Bayet, dit l'un.

— Et moi, j'habitais au coin de la rue Saint-Joseph... Des vendeuses à la sauvette, Vincennes-Neuilly, M. Marchal a pêché un goujon, et des matins frais du Paris de mai que nous imaginions.

Ils manquaient de livres. J'en ai trouvé deux dans les cinq camps de Xylotymbou : le tome X des *Mystères de Paris*, et les *Vers héroïques* du général Bruneau.

C'est le tambour qui bat, Ran Plan ! Ran Plan !
Hardi, petit tapin ! quelle charge endiablée !
Ta peau d'âne rugit de coups sourds, martelée,
Et nous jette à l'assaut dans un farouche élan...

Sans tambour qui bat, ce sont eux qui avaient lancé cette habitude des évasions pour un soir. J'ai déjà dit qu'on ne partait pas de Chypre... Les premiers, Lezorovici, Chaloum et Cheskin avaient voulu rejoindre le camp de Caraolos. Ils avaient rampé sous les barbelés, profitant de la relève de minuit, avaient été dénoncés par un hôtelier grec après avoir marché un jour. Cela leur avait valu un mois sec de prison.

Joffroy et moi n'avons tiré que trois semaines de concentrationnaire. Ceux du *Theodor-Herzl* vont compter dix-huit mois à Chypre si rien ne change... Et rien ne le laisse prévoir.

Alors ils s'organisent. Ils savent tout de même qu'ils y parviendront à leur Terre promise... Des motifs en rocaille s'ordonnent sur le devant des tentes. Les trois mille compagnons que j'ai quittés avaient fondé le L.L.T.H. (vivant joyeux, crevant de faim). Et les cuistots même avaient adhéré. Maintenant, jamais je n'oublierai les nuits de Xylotymbou. On entendait les sifflets des sections manœuvrant au pas. Le soir dégringolait. Là-haut, l'Anglais du mirador pensait peut-être, posté à la limite de ce cirque de tentes givrées de lune, veiller avant l'attaque sur le bouillonnement d'un campement hostile qui se préparait lui aussi.

Des feux rougeoyaient et, cernant les colonnes de fumées noires, ils évoluaient la main dans la main pour la *Horah*, pieds en cadence. Le chœur scandait les réponses :

— Djoun — Ga — Lia...

— Is-Raël... Is... Raël !

Une poussière de sable montait. Au camp 65, chaque soir de sabbat, un étrange concile s'assemblait dans un amphithéâtre de tranchées. Des brûlots s'allumaient en quinconce et le cercle entonnait ces rythmes balancés qui traînent des lambeaux de vieilles histoires et rameutent les souvenirs de pogroms à goût de sang séché...

DES JUIFS QUITTENT L'EUROPE

Notre ville brûle, à nous les Juifs
Et vous nous regardez les mains croisées !

Mais les ruines sont froides aujourd'hui... Une frénésie les saisissait. Des filles tournaient autour de la piste, les mains à la taille, les jupes envolées, levant leurs beaux genoux ronds avec la grâce harmonieuse d'une cavalerie bien dressée...

Is-Raël !... Is-Raël !

Partout des feux grelottant d'une symétrie de balalaïkas. Dans les embrasements de broussailles les anciens partisans s'assemblaient en groupes et chantaient comme autrefois. La nuit s'avançait.

Trempés de sueur, saoulés d'harmonies, ils se remettaient en route vers les tentes, soulevant une poussière rousse, brandissant des torches dans un grand halètement d'ombres balayées de flammes rouges ; en marche pour leurs campements. Et le jet froid des projecteurs continuait à courir sur les barbelés de Xylotymbou. Des sentinelles s'appelaient...

Le pipe-line arrive à Haïfa.

X

LES BATEAUX-CAGES FONT ESCALE À PORT-DE-BOUC

Nous avions le pain à vingt-quatre francs et la soudure à faire, l'augmentation des loyers, M. Philip à l'Économie nationale, l'affaire d'Algérie, la guerre d'Indochine, le « cher petit homme » de M. Bevin, la vague de chaleur, le gouvernement Ramadier et Evita Perón qui venait d'arriver...

Maintenant trois bateaux-cages chargés de leur cargaison humaine faisaient route vers la France.

On l'apprit le 21 juillet. Le capitaine Bernard Marks, de Cincinnati (U.S.A.), commandant l'*Exodus-47*, et deux de ses lieutenants venaient d'être écroués à la prison de Haïfa, convaincus d'actes de piraterie. Marks se bornait à affirmer que son navire avait été abordé bien au-delà de la limite des eaux territoriales de Palestine. Il risquait vingt ans de travaux forcés.

Ainsi, au large de la Terre promise, la guerre de course continuait. En vue de Raffah, le 18 juillet, encerclé par cinq navires de la Royal Navy, l'*Exodus-47* abattit le pavillon du Honduras, hissa le drapeau sioniste et la bataille commença. Selon le commandant, ils avaient compté s'échouer à l'aube... Mais à 3 heures, les destroyers étaient apparus et lui intimaient l'ordre de marcher sur Haïfa. L'*Exodus* fit demi-tour et repartit vers la haute mer. Il parcourut à peu près deux milles et c'est alors que l'abordage s'était produit. Dès le premier assaut, le commando anglais avait pris pied sur le pont, mais, encerclé, n'avait pu atteindre la salle des machines. Éperonné, le bateau faisait eau par deux trous énormes dans la cale.

Selon le communiqué britannique, l'*Exodus-47* avait adopté une attitude *évasive* à l'ordre de faire route sur Haïfa. Il empêchait les destroyers de le suivre à petite distance... Les navires de Sa Majesté avaient subi de graves avaries. Les Britanniques avaient rencontré une forte résistance de la part des émigrants qui ont employé des gaz lacrymogènes et des jets de vapeur...

« *Des chaloupes de sauvetage larguées tombèrent sur le pont des destroyers. L'équipage et les passagers continuèrent à se battre partout après la prise du pont par les marins britanniques.* »

Avant de cesser le combat, l'*Exodus-47* avait envoyé un S.O.S. capté par plusieurs postes de la côte : « Venez vite, venez immédiatement assister au crime le plus révoltant contre l'humanité et la loi internationale. Ce crime est sans précédent dans l'histoire navale. »

Il y avait 1 600 hommes, 1 784 femmes, 170 jeunes gens et 685 enfants à bord de l'*Exodus*. L'abordage avait coûté deux morts — dont le second du navire —, cinq blessés graves et cent blessés légers.

Il était parti de Sète (France) le 10 juillet. Ainsi, c'était le *Président-Warfield* ! Le Tour de France passait à Sète ce jour-là. Je me trouvais dans cette horde, historiographe à la journée, sans cesse poursuivant un maillot échappé dans des chevauchées épiques sur un enfer mesuré en centimètres cubes. L'état du pied de Vietto nous préoccupait fort et c'est seulement le soir à l'étape que quelqu'un m'avait dit :

— Il y a un cargo d'émigrants qui partait de Sète ce matin. Ce sont des Juifs. Ils doivent partir en Palestine...

Et puis nous n'y avions plus pensé.

Le *Président-Warfield* était une vieille baille à plusieurs ponts, au fond plat, qui trafiquait sur le Missouri, quelque part vers le confluent du fleuve Rouge. Pour sa grande aventure il avait quitté Baltimore, aux États-Unis, le

25 février, faisant semblant de mettre le cap sur la Chine. Il était arrivé à Marseille le 12 juin, était reparti pour Sète, battant pavillon du Honduras. On sait la suite.

Les quatre mille cinq cents clandestins avaient été embarqués à bord de trois bateaux-cages le 18 juillet à Haïfa. L'*Empire-Rival*, l'*Ocean-Vigour*, le *Runnymede-Park* avaient pris la mer.

Ils avaient disparu.

À Famagouste où les troupes anglaises avaient été alertées, on avait vainement attendu leur arrivée. Et, selon les correspondants, « *les autorités de l'île n'étaient pas en mesure d'expliquer pourquoi les trois bateaux tardaient à arriver* ».

Enfin l'on apprit, trois jours plus tard, nouvelle confirmée officiellement par le Quai d'Orsay, « *qu'à la suite de contacts entre autorités britanniques et françaises et d'accords signés en mai dernier, les émigrants seraient renvoyés vers les eaux où ils s'étaient embarqués* ».

Ils devaient faire escale à Villefranche-sur-Mer. Puis, après enquête, seraient convoyés par un navire de guerre français à la limite des eaux territoriales pour y être repris en charge par une escorte anglaise. De là, ils feraient route vers la Colombie (car c'était pour la plupart d'entre eux le lieu de destination porté sur leur passeport).

Mais ce n'était pas encore une certitude ; dans la soirée, le leader politique de l'Agence juive, Brodetsky, posait trois questions au *Colonial Office* de Londres : « Où se trouvent les émigrants juifs ? Quelle est leur destination : Chypre ? Malte ? Ile Maurice ? Benghazi ? » On parlait aussi de Madagascar !

Enfin : sont-ils transportés en France ?

La dernière question était la bonne... ; quelque part en mer, il y avait quatre mille et quelques pauvres gens sans espoir, partout refoulés et ne sachant même pas où les conduisaient, derrière des barreaux, trois bateaux-cages qui travaillaient la mer...

À Jérusalem, depuis seize heures, la grève générale des Juifs de Palestine avait commencé. Les sirènes donnaient l'alerte. On tirait des toits sur les policiers. Plusieurs attentats étaient signalés sur les lignes de chemin de fer.

Des hommes de la Haganah avaient tenté de prendre d'assaut la station de radar du mont Carmel, chargée de détecter les forceurs de blocus. Quelques « terroristes » avaient pu pénétrer à l'intérieur du poste et lancer une bombe. Il y avait un mort et quatre blessés. Les assaillants étaient parvenus aux abords de la station en escaladant une falaise tellement abrupte que les autorités britanniques n'avaient pas jugé nécessaire d'établir de défenses de ce côté-là...

Le gouvernement anglais avait donc purement et simplement décidé de renvoyer ces émigrants illégaux au pays où ils s'étaient embarqués.

— Ces Juifs vont revenir en France et y seront laissés, répondait M. Creech Jones à une question posée par un député travailliste aux Communes.

Un porte-parole du Foreign Office déclarait que les internements à Chypre se révélant « inefficaces » pour empêcher l'immigration en Palestine, les Juifs seraient désormais rejetés à la mer. Il ne précisa pas toutefois si ce nouveau système serait désormais appliqué, mais il défendait, comme principe établi du Droit international, le droit de renvoyer des immigrants illégaux dans le pays d'où ils viennent. « *Ce principe, suspendu en temps de guerre, retrouve toute sa force en temps de paix.* »

Et le reste, paraît-il, regardait la France.

Le 23 juillet, à l'issue du Conseil des ministres tenu à Rambouillet, M. Mitterrand, porte-parole du gouvernement, affirmait :

— Dans ce cas douloureux, la France a l'intention d'observer une attitude humaine. Notre pays a pris l'engagement de ne diriger personne vers la Palestine, mais tout en reconnaissant que les émigrants sont passés sur son territoire, il n'a aucune responsabilité dans leur départ. Si les bateaux touchent un de nos ports, les passagers ne seront pas contraints de descendre à terre et des secours immédiats seront fournis à ceux qui voudront demeurer sur notre sol.

M. Bidault avait même fait venir M. Duff Cooper à Rambouillet pour lui expliquer — le Quai d'Orsay ayant donné d'autres assurances — que « *ses collègues ne partageaient pas sa façon de voir* ».

Et l'ambassadeur prit très froidement congé du cher petit homme.

Alors que les bateaux relâchaient déjà à Port-de-Bouc et que cette attente interminable, par cinquante degrés de chaleur dans les cales, se prolongeait, Léon Blum définit parfaitement la position française dans un éditorial du *Populaire* :

Je ne recherche pas si le gouvernement français a eu tort ou raison de prendre certains engagements vis-à-vis du gouvernement anglais en ce qui touche l'immigration clandestine, disait-il. *S'il les a pris, il devait les tenir. Les a-t-il pris ? Les renseignements que j'ai recueillis — et qui, je le déclare, ne sont à aucun degré de source officielle — m'amènent à répondre ceci : il est exact qu'en avril dernier M. Teitgen, ministre des Affaires étrangères par intérim — Georges Bidault étant à Moscou —, a signé une lettre adressée à l'ambassadeur d'Angleterre, dans laquelle le gouvernement français promettait, d'une part, de faire vérifier par les préfets l'authenticité des visas qui leur étaient présentés par les organisations sionistes, d'autre part d'appliquer rigoureusement les conventions internationales sur la Sécurité maritime aux bâtiments d'immigrés chargés dans les ports français. Il paraît exact qu'en juillet, un chef de service du ministère des Affaires étrangères a déclaré à l'ambassade britannique que le débarquement des passagers de l'*Exodus *en France ne souffrirait aucune difficulté et que le renvoi du bateau dans un port français a été décidé par les autorités anglaises sur cette assurance...*

*Mais il résulte également de mon enquête que les engagements pris en avril par le ministre ONT ÉTÉ TENUS. Les instructions promises ont été expédiées aux préfets. Elles l'ont été un peu tard, mais ce retard n'a pu exercer aucune action sur le départ clandestin de l'*Exodus*, car le gouvernement avait seulement promis et prescrit le contrôle des visas collectifs alors que tous les passagers de l'*Exodus *étaient pourvus de* VISAS INDIVIDUELS. *D'autre part, le certificat de navigabilité a été refusé à l'*Exodus *: le bateau a dû* *s'évader du port de Sète, la nuit, sans remorqueur, sans pilote, et n'a d'ailleurs échappé que par miracle à la perdition. Voilà pour les engagements de juillet. Quant à ceux d'avril, je me crois en état d'affirmer qu'ils n'existent pas ou, du moins, qu'ils ne consistent que dans l'assurance que le chef de service, dont j'ai parlé, a cru pouvoir donner de son propre chef, sans référence au ministre ou au cabinet des ministres. À plus forte raison, le Conseil des ministres n'en a-t-il pas été saisi et ne les a-t-il pas connus.*

Il y a beaucoup de raisons et de raisons graves pour que cette affaire irrite la nervosité britannique. Cela ne donne pas le droit de parler de mauvaise foi et de duplicité alors que, je le répète, tous les engagements positifs contractés valablement par le gouvernement français ont été remplis. Que le gouvernement français s'en soit tenu à la lettre de ces engagements, cela se peut ; qu'il n'en ait pas excédé la lettre pour offrir au gouvernement britannique un concours, une coopération totale, cela se peut et même cela est certain. Mais je prie mes amis anglais d'y bien réfléchir : cet excès de zèle empressé et amical lui était interdit. Il se serait heurté à la résistance d'une opinion publique unanimement blessée dans ses sentiments de justice et de pitié...

J'ai pu obtenir copie de la fameuse lettre adressée par M. Teitgen à M. Duff Cooper. Elle confirmait entièrement les termes de l'article du *Populaire*.

« Dans la mesure où la déclaration réglementaire de partance des navires quittant les ports français a été fournie, les vérifications prévues par les textes ci-dessus (*convention internationale*, 31 mai 1929) ont été effectuées.

» Les enquêtes faites ont révélé que certains des bâtiments mentionnés dans les notes de l'ambassade de Grande-Bretagne, tels que le *San-Demetrio* à La Ciotat, ont embarqué des passagers sans procéder aux formalités réglementaires. Un autre bâtiment, l'*Ulua*, a été, lors de son escale au Havre, visité et trouvé en règle, compte tenu du nombre de passagers à bord au moment où la visite a eu lieu. L'*Ulua* qui avait chargé ses passagers en Suède au moment de la visite a ultérieurement embarqué frauduleusement, sur un point isolé des côtes nord-africaines (Lapérouse), où le contrôle est pratiquement impossible, des passagers supplémentaires. En outre, il résulte de renseignements dignes de foi que plusieurs des navires mentionnés dans les notes de l'ambassade auraient embarqué, après les visites réglementaires françaises, des passagers sur des points déserts du littoral corse, ainsi qu'à Naples... »

Elle disait par ailleurs :

« Le gouvernement français prescrit à tous les préfets de subordonner l'octroi du visa de sortie français sur *passeport collectif* à la vérification préalable, par le ministère des Affaires étrangères et les ambassades et légations intéressées, de l'authenticité des visas d'entrée dans le pays d'accueil, des étrangers qui désirent quitter le territoire français à destination de ce pays d'accueil...

» Avant d'examiner l'application de dispositions relatives au refoulement des étrangers entrés illégalement en France, le gouvernement français doit s'assurer que les pays sur le territoire desquels ces étrangers résidaient sont disposés à les accueillir à nouveau. Cette disposition vise tout spécialement les zones occidentales d'Allemagne et de l'Autriche dans lesquelles les immigrants clandestins en Palestine résidaient pour la plupart avant leur entrée en France.

» À cet égard, le gouvernement français serait désireux de recevoir du gouvernement britannique la garantie que le commandement de la zone anglaise d'Allemagne sera disposé à accueillir les immigrants dont il s'agit. »

C'était là l'essentiel de ce prétendu *accord secret* invoqué depuis l'arraisonnement de l'*Exodus-47*.

La fièvre monte. Deux mille Juifs manifestent à Bari, au siège du consulat britannique. On apprend que le bateau-cage *Empire-Life-Guard* vient de sauter et coule dans le port de Haïfa ; onze soldats britanniques ont été blessés. Neuf mille internés commencent la grève de la faim près de Turin. Par ailleurs, le Foreign Office alerte son escadre de Méditerranée : deux forceurs de blocus attendraient à Bayonne le moment de prendre le large. Le *Northland* entré dans l'Adour le 12 juin, venant de Port-de-Bouc, 1 300 tonnes, 34 hommes d'équipage, et la corvette *Pahducha* de la *Montrose Shipping Company*, venant de Miami, tous deux battant pavillon panaméen.

Le 23 juillet, le Q.G. clandestin de la Haganah radiodiffuse la déclaration que les réfugiés avaient pu faire parvenir pendant le transbordement de Haïfa.

« Nous, les quatre mille cinq cents réfugiés juifs, rescapés des camps d'extermination nazis, avons ramé de toutes nos forces pour arriver en Palestine. Notre bateau l'*Exodus-47* a été attaqué en haute mer, en dehors des eaux territoriales de la Palestine. Nous avons dû combattre les mains nues. Deux des nôtres ont succombé sous la mitraille anglaise, cent ont été blessés, parmi eux, des femmes, des enfants, des vieillards. Lançant des bombes lacrymogènes, les Anglais nous ont transbordés de force sur trois de leurs navires alors que nous touchions la Terre sainte.

» Le bruit court parmi nous qu'il est possible qu'on nous ramène en France. Sur le sol sacré de la Palestine, nous faisons le serment que jamais nous ne débarquerons en France. Dès à présent nous faisons appel au peuple de France et à la confiance des peuples libres... »

À l'hôtel Matignon, les conférences se succèdent entre les représentants des Affaires étrangères, de la Sûreté et des Travaux publics.

La position française s'affirme : les autorités ne se prêteront pas à un débarquement de force si les passagers refusent de quitter le bord.

Le 25 juillet, les dépêches annoncent que les transports arriveraient dans la journée à Sète. Trois torpilleurs sont sous pression à Toulon.

Nous apprenons que les internés de Chypre ont commencé une grève de la faim. Le forceur de blocus *Retour-à-Sion*, ayant 400 réfugiés à bord, est en vue des côtes de la Palestine et va être arraisonné. Le Foreign Office se déclare satisfait d'apprendre que les gens de l'*Exodus* seront « accueillis » en France. Le tout, évidemment, est de s'entendre sur le sens de ce mot...

À Villefranche, nous commençons aussi à nous concentrer. Les Anglo-Saxons, *Time*, le *New York Herald Tribune, Evening News, Reuter, Associated Press,* appuyés par une vingtaine d'envoyés spéciaux de Paris, naviguent le long de la côte et s'appliquent à réduire la tête de pont des navires américains au bar *Jimmy*. Un commando de presse, chauffé à blanc, a attaqué sur les deux heures du matin le sémaphore de Villefranche pour avoir, coûte que coûte, des renseignements. Il s'est replié en laissant un prisonnier...

Mais ceux de l'*Exodus* sont bien seuls ; les gens sont en vacances, cette histoire de Juifs ne les intéresse pas... Et la principauté de Monaco a demandé des renforts de gardes mobiles pour protéger ses tapis verts de l'intrusion possible de ces quatre mille malheureux bougres !

Saint-Louis-du-Rhône, Sète ou Port-de-Bouc, dit-on maintenant... On se refuse à donner quoi que ce soit comme renseignements officiels. La préfecture des Bouches-du-Rhône, dans un style de communiqué guerrier, admet pourtant, « *en un point de la côte, entre La Ciotat et Sète* ».

Nous n'avions plus qu'à abandonner nos quartiers de Villefranche.

Des rumeurs plus précises laissent prévoir maintenant que les bateaux-cages toucheront terre à l'aube du 29 juillet.

Je sais, de source sûre, que ce sera à Port-de-Bouc... Les conférences continuent. Les Anglais demeurent intransigeants. Les Affaires étrangères, en présence de leur délégué, lâchent du lest. L'arrivée des encagés de l'*Exodus-47* ne semble faire de doute pour personne maintenant.

Pourtant, à 15 heures, avec deux cinéastes, je quittais Marignane pour patrouiller en mer à la recherche de ces trois bateaux fantômes... Celui qui nous pilotait avait été du *Coastal Command* pendant la guerre. Il avait l'habitude de ces recherches et se souvient du temps des convois noyés de brume... Pendant trois longues heures, nous avons cherché leurs formes blanches et les fuseaux gris des autres bâtiments... Port-de-Bouc est calme. Trois pétroliers sont dans la passe du port. Rien à signaler dans le golfe de Fos.

Altitude 200 mètres. Vitesse : 200.

20, 30, 50 milles cap au sud. L'ombre de l'hydravion traîne en remorque, décrivant de larges S sur une mer morte.

Nous piquons.

Ce n'est qu'un liberty-ship battant pavillon français.

Dans les giclées d'huile, la tête hors du capot, le pilote cherche toujours. Au poste de mitrailleur arrière je balade mes jumelles. Rien. Toujours rien. Nous ne voyons plus la côte. Deux cargos font route sur Marseille. Il n'y a plus qu'à revenir.

Cependant, à 10 heures du matin, le destroyer britannique *Cardigan Bay* mouillait au Vieux-Port. Et le colonel Gregson, chef de convoi, était immédiatement conduit à Port-de-Bouc.

Débarqueront-ils ?

C'est peu probable et de toute façon l'opération s'échelonnera sur plusieurs jours, en raison des vérifications à faire... Il semble en effet qu'un échange d'émigrants se soit produit à Haïfa, et que le nombre des passagers de retour soit plus élevé que celui des partants.

Envisage-t-on un coup de force dans les eaux territoriales françaises ? Le texte des tracts officiels qui devaient être distribués, imprimés en trois langues, aux émigrants, a été changé.

Première version :

*Le gouvernement français tient à faire savoir aux immigrants qui se trouvaient à bord de l'*Exodus-47 *qu'il ne les contraindra pas à descendre à terre, mais qu'il n'a pas non plus l'intention de leur fermer ses portes.*

Ceux d'entre eux qui décideront de débarquer sur le sol français y jouiront de toutes les libertés que la France, terre traditionnelle d'accueil des réfugiés et dont les citoyens ont toujours combattu pour la liberté de la personne humaine, accorde à ceux qui cherchent asile sur son territoire.

En même temps, il sera pourvu, dans la plus large mesure possible, à leurs besoins matériels.

En conséquence, les volontaires désirant débarquer sont invités à se présenter aux fonctionnaires français chargés de surveiller le débarquement.

Texte modifié :

Le gouvernement tient à faire savoir aux émigrants qu'avec leur consentement il leur sera donné asile sur le territoire français...

Enfin, la dernière phrase commençant par « *les volontaires désirant débarquer* » a été supprimée.

C'était en rade de Port-de-Bouc, le 29 juillet, et j'ai vu cette chose atroce : ils étaient massés derrière les barbelés de leur cage, à l'avant du navire. Ils ne parlaient pas, ne chantaient pas. Les hommes étaient presque nus.

Il y avait soixante degrés au soleil.

Des soldats allaient et venaient devant ce troupeau de misérable chair qu'on ballotte d'un bout à l'autre de la Méditerranée. Alors une femme s'accrocha, collée comme une mouche sur le réseau grillagé, les membres écartelés, et elle nous a désespérément crié :

— *Trinken ! Trinken !* (À boire !)

Quelques-uns d'entre nous pleuraient. L'appel traînait encore sur la mer et, derrière cet amas de barbelés rouillés, touffu comme un buisson de ronces, celle qui avait soif avait déjà disparu dans la masse des autres.

Dans un rouleau d'écume, débouchant brusquement sous l'arrière du bateau qui mouillait ses ancres, une vedette de police apparut, s'amarra à nous avec sommation de regagner le port. Nous n'avions pas le droit de faire notre métier... Et c'est aussi pour cette raison que Port-de-Bouc, escale des pétroliers et des navires à ciment, Port-de-Bouc où l'on bloquerait facilement la passe, avait été choisi. Il ne fallait pas — et c'était l'ordre de Paris — qu'on voie les bateaux-cages.

La veille encore je parlais de l'*Empire-Life-Guard* avec des gens à-qui-on-ne-la-fait-pas.

— Des cages ? Vous plaisantez ! Ce sont des cargos comme les autres, monsieur. Et même des *liberty-ships* !

Liberty-ship... Les Anglais ont trop d'humour ou bien la liberté se promène maintenant sous globe.

J'aurais voulu que ceux-là, ceux des cargos *comme les autres*, soient avec moi au retour de la vedette officielle. Ces fonctionnaires ne parvenaient même plus à maîtriser leur émotion. Ils sont comme nous, ils n'ont pas assez suivi de cours de sciences politiques...

L'un d'eux m'a dit :

— C'est effroyable... Un véritable ponton... Une chaleur atroce. Et quand ils se sont mis à chanter, je crois bien que nous avons pleuré.

Un jour ou l'autre, des mois plus tard, les routes des clandestins finissent par se croiser à nouveau. Il était une heure du matin. Dans l'hôtel silencieux, le téléphone sonna et une voix, celle de l'homme à la cicatrice qui me pilotait jusqu'au *Solteiro* en mars dernier, me dit :

— La voiture vous attend en bas...

Il y avait Joffroy et Pearlman ; l'ancienne équipe s'était reformée. Nous avons roulé pas mal de temps, quitté la route nationale pour un chemin de sable dans les dunes. C'était assez loin de Port-de-Bouc, au fond d'une calanque déserte. Un petit bateau démâté, tous feux éteints, ballottait près du rivage et le moteur pétaradait déjà.

Plus tard, beaucoup plus tard, peut-être jamais puisque ce sera quand ils auront conquis leur liberté, je pourrai raconter quelle était leur mission, s'ils l'ont réussie et même s'ils l'ont tentée... Mais ce que je peux dire déjà — en souvenir de ces agents dits secrets et qui bourdonnaient partout, agaçants comme des insectes —, c'est qu'il n'était pas question de terrorisme, ni de faire sauter les trois prisons au large de Port-de-Bouc.

Car c'était la fable accréditée à Marseille et soigneusement colportée, on ne sait à quelles fins... Il y avait pourtant quatre mille cinq cents hommes, femmes et gosses à bord et cela même suffisait à exclure une hypothèse aussi absurde.

Le patron était marseillais. Nous avons fait route au sud. La pinasse au nez pointu dansait dans la houle ; le ciel était extrêmement clair. Vers la pointe de Bonnier un feu rouge palpitait ; les éclairs d'autres phares fauchaient les lointains du golfe de Fos.

— Les collègues devraient être là, dit le patron.

Le moteur était arrêté. L'homme siffla. Il y avait un peu de brume au ras de l'eau. Nous écoutions. Rien. Il siffla encore. Il dit :

— J'allume un fanal.

Trois autres petites lueurs brillèrent alors en réponse, un peu à bâbord de nous dans la crasse. Et trois autres barcots, ombres noires, feux éteints, nous avaient maintenant rejoints.

Les moteurs cognaient. Nous cherchions vers l'avant. Cela a duré une heure. Enfin, nous aperçûmes leurs feux :

— Ils sont quatre, compta quelqu'un.

C'était une ligne jaunâtre groupée par foyers plus vifs, comme les lumières d'un village sur la ligne d'horizon. Et le rafiot piqua dessus. Les autres *collègues* suivaient une autre route.

Personne ne disait mot. Ils étaient au moins à dix milles. Les jumelles allaient de l'un à l'autre. Au levant, derrière le cap Couronne, une barre rouge gagnait lentement. Le jour se levait.

Leurs feux de position avaient pâli. Lorsque nous avons pu distinguer leurs formes, quelqu'un les reconnut :

— Ce sont les escorteurs !

Gris, trapus sur l'eau, il y avait un croiseur, une corvette et deux destroyers. Le branle-bas n'était pas encore sonné. À bord, tout semblait calme.

Ils étaient seuls sur la mer. Pas une silhouette de bateau-cage. Nous eûmes une angoisse : avaient-ils décidé de leur faire faire route vers l'Italie ?... Le patron mit en panne et nous avons attendu, sommeillant sur les bancs. Il faisait frais ; le soleil se dégageait à peine des brumes du levant.

— Les voilà, dit quelqu'un.

Il réveilla les autres.

Derrière les escorteurs anglais, en file, marchant vers le nord, trois bateaux montaient à l'horizon ; c'étaient bien trois liberty-ships : le *Runnymede-Park* était en flèche, à petite allure, son hélice battant doucement. L'*Ocean-Vigour* et l'*Empire-Rival* le suivaient. Ils allaient à Port-de-Bouc.

Les escorteurs restèrent à l'ancre.

Maintenant, nous sommes côte à côte avec le *Runnymede-Park*. Il est 7 heures du matin. Je lis son nom sur un panneau, entre deux chaloupes du pont supérieur. À la jumelle, j'aperçois l'entassement des émigrants, debout derrière les barbelés de leur cage rouillée, à l'avant, et qui regardent du côté de la France.

C'est un vieux bateau déjà fatigué, mangé de rouille. En vérité, j'avais connu le navire modèle, barreaux blancs, sentinelles astiquées. Il s'appelait l'*Empire-Life-Guard*. Mais il n'est plus en course.

Plus près, patron ! À tribord, je vois les bérets rouges des hommes de la 6e Airborne, vieilles connaissances. Un nègre bat des jambes en sifflotant dans une embarcation à l'arrière. C'est une bonne reconstitution : on va donc tourner « Haïfa port aux Juifs » devant Port-de-Bouc...

Les autres, les prisonniers, regardent toujours. Je ne les entends pas chanter et c'est alors que la femme a crié : « À boire ! »

Nous nous regardons. La passe du port est là, devant. La vedette de police vient de débouler, nous coince et nous entraîne en remorque jusqu'au port avec sommation de nous y tenir. Les patrons ne marchent plus ; ils ne tiennent pas à ce que l'on confisque leur embarcation. Les cinéastes vont pousser jusqu'aux Martigues pour trouver des types plus gonflés.

Derrière nous, le *Runnymede-Park* et ses deux acolytes ont mis en panne. Il est 8 heures. Il fait déjà très chaud. Parqués derrière les barrières d'un mauvais quai, brutalisés par les flics, nous attendons maintenant... Nous n'avons pas le droit de voir les encagés de l'*Exodus-47*, et c'est un ordre, un ordre formel.

9 h 30. Au sommet du mât de l'*Ocean-Vigour* (celui que Wiesel faisait sauter à Famagouste il y a trois mois), le pavillon jaune a été amené. Il n'y a donc pas d'épidémie à bord.

Les officiels français, Me Blumel, délégué du gouvernement, et M. Collaveri, secrétaire général de la préfecture, montent à bord. Les officiers anglais les ont accueillis à la coupée de l'*Ocean-Vigour.*

— Puis-je m'adresser aux immigrants ?

M. Collaveri s'approche de la cage à l'avant. Hâves, les traits tirés, ils refluent vers les cales. À travers les grilles, il s'adresse à eux : un interprète traduit. Il leur dit que la France est le pays de l'hospitalité, qu'ils seront bien accueillis, mais que jamais le gouvernement qu'il représente ici ne les contraindra à débarquer. Les gens l'écoutent, entassés dans l'avant de la cale. Alors l'un d'eux, un garçon très jeune, s'est approché :

— Nous remercions la France, dit-il, et nous savons bien que vous ne nous auriez pas contraints. Aucun des nôtres n'a le désir de descendre. Notre route, celle des déportés de l'*Ocean-Vigour,* c'est celle de la Palestine.

Ils crient « Vive la France ! » et ils chantent la *Hatikvah.*

Les officiels sont revenus à terre. Le secrétaire général se rend immédiatement au commissariat de police et demande le président Ramadier au téléphone.

Sur le quai, des gens pleurent et s'embrassent, se précipitent follement. Il y a un vieil homme qui est venu de Strasbourg. Il savait que sa fille était partie à bord de l'*Exodus.*

— Vous voyez bien ! Ils ne descendent pas ! Nos frères ont compris qu'ils devaient tenir, mais c'est une grande bataille qu'ils entreprennent !

Port-de-Bouc est assommé de chaleur. Là-bas, dans la rade, sous les ponts surchauffés, dans les cales aux hublots vissés, il y a 629 hommes, 654 femmes, 516 enfants à bord de l'*Ocean-Vigour* ; 601 hommes, 550 femmes, 443 enfants à bord de l'*Empire-Rival* ; 291 hommes, 259 femmes, 405 enfants sur le *Runnymede-Park.*

M. Duff Cooper s'est rendu dans la matinée au Quai d'Orsay. Après avoir essayé, mais en vain, d'avoir une entrevue avec Georges Bidault, il s'est entretenu avec M. Chauvel, secrétaire général. Il voulait avoir l'assurance que des mesures seront prises afin que les mobiles britanniques ne soient pas « systématiquement déformés par la presse française »...

Nous n'avons pas besoin de consignes ; nous avons nos yeux pour voir. Et le *News Chronicle* s'attend à ce que des « scènes pénibles se déroulent aux environs de Marseille »...

15 heures. Une vedette sanitaire a pris la mer. Une femme vient d'accoucher à bord de l'*Ocean-Vigour.* Un médecin y est embarqué. Les cales sont intenables.

16 heures. Quatre personnes descendent à terre, dont une femme atteinte de congestion pulmonaire. Et la vieille Chuchia ne cesse de répéter, l'air égaré : « Mais que m'arrive-t-il ? » Son mari, Samuel Katz, attend, abruti de chaleur, sous le petit préau de l'école de garçons. Il avait été déporté à Auschwitz avec deux de ses garçons. Lui seul en est revenu. Ils voulaient rejoindre des parents à Tel-Aviv.

16 heures 30. Des journalistes ont réussi à s'approcher des navires dans une vedette de policiers. « À boire ! À boire ! » Le cri qui ne cesse pas nous poursuit toujours.

17 heures. Les vivres offerts par l'*Entraide française* seront, sur ordre du commandement anglais, distribués seulement aux malades de l'infirmerie. Il y en a vingt à bord de l'*Ocean-Vigour,* mais on a interdit aux infirmières de descendre dans les cales.

21 heures. Les deux vedettes des délégués officiels viennent seulement de revenir au port. En effet, tard dans l'après-midi, les trois transports avaient levé l'ancre et se sont éloignés de douze à quinze kilomètres du rivage. Le prétexte officiel : les courants. Le prétexte réel : crainte d'attentat.

À bord de l'*Empire-Rival* et du *Runnymede,* les immigrants ont été plus catégoriques, s'il se peut : « Nous ne débarquerons pas ! » Les officiels, une fois de plus, ont pris acte.

Chaque heure passée confirme les conditions déplorables à bord des bateaux-prisons. Pendant sept jours, interdiction fut faite de monter sur le pont. Deux fois par jour, soupe claire de betteraves. Très peu ou pas d'eau. Les médecins sont formels : les émigrants semblent à la limite de leurs forces. Les bébés demeurent au fond des cales dans cette atmosphère suffocante. Il a fallu toute l'insistance d'un délégué pour qu'on puisse les faire monter sur le pont, pendant l'après-midi. Et je viens d'apprendre que le commandant anglais a reproché aux délégués français « leur peu de fermeté et leur manque de savoir-faire »...

Et puis les jours passent. Au bord du quai de Port-de-Bouc qui sommeille sous un soleil blanc et écrasant, il n'y a de temps à autre qu'une vedette pour nous apporter, lancés par-dessus bord et à travers les grilles, les derniers appels des prisonniers de l'*Exodus-47*... C'est notre seul contact, bien ténu, avec ces pauvres gens qui souffrent, qui s'affaiblissent un peu plus, à mesure que les journées torrides passées au mouillage s'allongent.

Semblable chaleur n'a pas été enregistrée depuis 1872, disent les journaux de Paris... Le cinéma de la Bourse à Port-de-Bouc joue *Rythmes d'amour*. J'ai, sur cette table de bistro poissée de limonade tiède, le message d'un des émigrants de l'*Empire-Rival*. Tracé d'une main hâtive, en anglais, sur des feuillets de papier hygiénique, décoloré de sueur, froissé, il est presque illisible.

« Nous tiendrons, dit-il. Ici l'odeur est atroce. Le système sanitaire de l'*Empire-Rival* consiste en quatre lavatories et ils se trouvent sur le pont. Il n'y a pas d'eau. Les gardes sont nerveux. Nous touchons des rations de famine (en anglais, *hungerrations*).

» Nous demandons plus de nourriture et surtout de l'eau pour les femmes enceintes et les enfants. Il faut, ajoute-t-il, qu'un délégué de la Croix-Rouge fasse le voyage jusqu'au port où nous arriverons enfin. »

L'homme raconte ensuite comment ils furent abordés — à trente kilomètres de la côte, dit-il — par les destroyers. Des bombes à gaz furent lancées sur les ponts inférieurs, réservés aux enfants et aux femmes enceintes. Il y eut trois morts de 15, 16 et 19 ans. Les blessés, après pansement, furent aussi embarqués à bord des bateaux-cages.

D'autres messages nous parviennent de temps à autre au gré des retours. Il y a, dans l'une des cales du *Runnymede*, le petit Flutzky Sulamik, âgé d'un an et demi. Sa mère l'avait perdu à Haïfa. Elle fait partie du contingent de l'*Ocean-Vigour*. C'est une infirmière française qui a retrouvé l'enfant au fond d'une cale et en a averti les autorités de bord. Pourtant la mère et l'enfant sont toujours séparés.

Lorsque les autorités françaises, tard dans la soirée, se présentèrent à bord de l'*Empire-Rival*, les gens brandissaient un drapeau sioniste taché du sang des morts de Haïfa et ils chantèrent *la Marseillaise*.

À bord de l'*Ocean-Vigour* et de l'*Empire-Rival* il n'y a plus de médicaments. À 15 heures les deux navires demandaient de l'eau. Cent tonnes doivent être pompées à bord dans la soirée. Par ailleurs, le ravitaillement a été autorisé. Des canots de pain et de vivres quittent sans cesse le quai.

De son côté, un médecin anglais a réclamé du whisky. La demande a provoqué des réactions diverses sous les platanes de Port-de-Bouc. Au cours de l'après-midi du 31 juillet, neuf adultes et un bébé ont débarqué. Ils sont malades ou épuisés nerveusement. Le gamin, nu dans les bras de sa mère, était effroyablement maigre, son corps couvert de boutons purulents. Tous ont été dirigés vers les hôpitaux de Marseille.

Que va-t-il se passer ? D'une part, les commandants de navires veulent faire 500 tonnes de charbon. Par ailleurs, nous apprenons qu'ils ont réclamé six chalands de débarquement à la Marine française. Cette demande a été repoussée.

M. Ramadier déclare diplomatiquement à l'Assemblée « qu'en collaboration avec nos amis anglais, le gouvernement prendrait toutes dispositions conformes à l'humanité »... Le cabinet britannique a décidé qu'en aucun cas les émigrants juifs ne seront ramenés en Palestine, ni internés dans les camps de Chypre s'ils persistent à refuser de débarquer en France... Le consul général d'Angleterre à Marseille a dit, au cours d'un entretien particulier :

— Les Français n'ont pas joué le jeu... Il fallait demander à chaque capitaine la liste des émigrants et s'adresser à eux seuls. Les bateaux ne partiront pas avant quelques jours (!)

Le consul a ajouté :

— Notre gouvernement aurait dû réfléchir à deux fois ; cette malheureuse histoire va nous faire beaucoup de tort.

En effet, l'attitude du représentant du Quai d'Orsay nous donne à penser que les services de M. Bidault avaient une conception très particulière de cette affaire. Le ministère de l'Intérieur intervint heureusement à temps pour éviter une action de force dans les eaux territoriales françaises.

Le Kenya ? Peut-être. On parle aussi de Hambourg. La guerre d'usure — c'est ce mot atroce qu'on a employé — a commencé. On veut les obliger à céder, assommés de chaleur, crevant de soif.

L'amour est un enfant du Midi...
Sous notre ciel vermeil
L'amour et le soleil
Sont deux jumeaux sans pareil.

Le haut-parleur du Café de la Bourse mastique encore cette chanson.

Les pétanqueurs font le pastis en vingt et un points. Paris discute. Londres insiste. On parle. Les gens boivent des demis au bistro ; les diplomates sont au frais, les m'as-tu-vu à Eden Roc. Les pétroliers arrivent à Haïfa, mais ici, à dix milles de nous, 4 500 misérables meurent doucement de soif.

Ce matin, Bonneau et Hubinet, deux de mes camarades, ont pu s'approcher du *Runnymede-Park*. À l'intérieur de la cage, ils ont pu lire, dessiné avec des loques blanches : S.O.S... Les marins de Sa Majesté se baignaient le long du bord.

On venait juste de débarquer un émigrant que ses camarades avaient reconnu comme un ancien kapo d'Auschwitz. Il portait encore au poignet le bracelet d'or d'un médecin juif exécuté au camp. Les soldats de garde avaient pu le sauver du lynchage et il avait demandé à descendre avec sa femme et son fils.

Pour un coup de pot, c'est un coup de pot ! Tous les policiers sont partis pour l'interrogatoire de l'homme. Il n'y a presque plus personne sur l'embarcadère. La vedette de santé va partir pour la relève de 16 heures. J'enfile une blouse blanche. On avisera pour le laissez-passer.

— Tu devrais mettre des lunettes noires...

Je ne crois pas beaucoup à la réussite. La veille encore, une bagarre opposait journalistes, cinéastes et gardes mobiles. Morin se débattait dans une grappe d'uniformes jouant allégrement de la chaussette à clous. Armorin, pour propos séditieux, était embarqué séance tenante au commissariat. Cette bouffonnerie tint Port-de-Bouc en haleine toute la soirée. Les copains tâchaient d'enfoncer les portes du poste. Les cinéastes filmaient. Des parlementaires emmenés par Favrel arrivèrent à un accord ! Je fus relâché au bout d'une demi-heure, mais j'avais tout de même l'impression d'être repéré dans le secteur.

En novembre dernier, dans le port de Brixham sur la côte sud de l'Angleterre, nous étions sept à bord d'un chalutier. L'un des Bretons s'avisa de pêcher les goélands à l'aide d'un hameçon appâté. Nous avions mouillé en rade. L'oiseau était à peine sur le pont que la vedette de police nous accostait. Et l'on nous collait une sévère amende avec commentaires à l'appui. Nous n'étions que des rustres et l'Angleterre un pays civilisé...

Au large de Port-de-Bouc, mais sous un soleil de plomb, les mêmes grands oiseaux bêtes continuent à tourner en criaillant comme de vieilles poulies rouillées. Ils planent inlassablement au-dessus du *Runnymede*, de l'*Empire-Rival* et de l'*Ocean-Vigour*. Et je suis encore en territoire anglais... C'est bien leur pavillon flottant au-dessus de la cheminée. Il n'y a d'ailleurs pas à se tromper. Les officiers ont des shorts blancs impeccables et les soldats, le torse nu, jouent aux fléchettes à tribord, tétant leurs pipes et comptant flegmatiquement les points ; tout comme dans les chères auberges de Cornouailles avec leur grand feu de coke dans les cheminées de brique.

J'ai empoigné une caisse de vivres. Je suis à bord de la vedette. Nous décollons du quai.

Je ne suis pas juif. Je n'ai rien contre les Anglais. M. Duff Cooper aura beau protester : nous n'avons rien « déformé systématiquement », Lady Diana peut s'occuper de ses œuvres sociales, les vieilles filles d'Angleterre envoyer pétition sur pétition pour sauver les cochons et les chèvres de Bikini ; c'était il y a an... On a même jugé des criminels de guerre. On parle du rideau de fer, mais on ne parle pas des barreaux de fer. À coups de discours on s'affirme plus démocrate que l'autre. Une étiquette couvre toutes les marchandises. L'hypocrisie mène le jeu ; chacun dénonce ailleurs des atrocités sans nom. On construit des palais pour y maintenir la paix du monde ; nous payons des délégués. Les missionnaires prêchent. On vend des moteurs, on vend des mitraillettes. On gagne de l'argent. Il y en a qui se font toujours fusiller. Le pape se tait. Père Ubu mène le bal.

C'est, comme le dit le communiqué officiel, que l'incident se règle sur le plan diplomatique.

Je fais mon métier. Je n'ai rien à y gagner. Je n'ai pas reçu de roubles, pas de dollars. Je ne défends pas la thèse rigoureuse d'un parti. Je ne suis pas un porte-parole. Je ne suis qu'un témoin, c'est mon seul avantage : pouvoir encore dire ce que j'ai vu et ce que j'écris, seul dans une chambre d'hôtel, je pourrais le répéter devant la barre et sous la foi du serment.

Cent cinquante de mes camarades d'opinions différentes, venus de différents pays, étaient à Port-de-Bouc. Au loin ils ont vu les cages. Tous ont réagi de semblable façon ; tous sont indignés et beaucoup — dont je suis — sont infiniment peinés. Nous n'avons pas oublié *Ici, Londres !* et le reste de l'Europe plongé dans la nuit se taisant pour écouter la voix de la liberté. Non, nous n'oublions pas... Et nous gardons encore nos illusions.

Les goélands tournent autour de l'*Empire-Rival*, au large de Port-de-Bouc. À bâbord j'aperçois la masse grise de l'*Ocean-Vigour* ; à tribord, le *Runnymede* tire sur ses ancres.

Il est 17 heures. Le long de la coque, vers l'arrière, les hommes d'escorte de la 6e Airborne se baignent au milieu des détritus et jouent avec un radeau. Une échelle pend le long du bord. Des vedettes de police tournent et veillent car les Anglais, serait-ce en rade de Port-de-Bouc, craignent les hommes-grenouilles.

Il fait terriblement chaud. Quinze cents hommes, quinze cents criminels à la recherche d'un pays, sont parqués à l'avant dans les cages grillagées, couronnées de barbelés. Par un escalier gluant, je plonge dans la cale arrière : c'est l'infirmerie.

Le médecin anglais était à la coupée. Le *confrère* que j'allais relever attendait aussi :

— Vous êtes de l'Assistance publique ?

Au point où j'en suis...

— Oui.

Il se présente.

— Villain.

Je suis enchanté.

Le médecin juif de l'O.S.E. me suit. Et l'on se représente encore. Pas question de laissez-passer... Il m'entraîne vers l'infirmerie, la sueur commence à tremper ma blouse. Tu es fait, François...

Liberty-ship... C'est là, sur ces mêmes panneaux, que l'on entassait les vivres et les armes pour la libération de l'Europe, il y a trois ans.

Combient sont-ils ? Deux ou trois cents, femmes et enfants surtout. Il y a quelques couchettes de toile. Les autres, suffoquant, sont étendus sur le plancher, ventre à ventre, à demi nus. Ce sacré Anglais m'entraîne toujours. Une femme a accouché cette nuit. Visage crispé, le corps douloureux sous une robe en loques, elle s'évente fébrilement d'un morceau de carton.

Il explique toujours... Je me sens mal à l'aise :

— Elle n'arrête pas de saigner depuis, dit-il. Voulez-vous l'examiner ?

Bon Dieu ! Je suis spécialiste de l'enfance ; mon *confrère* de l'O.S.E. est plus qualifié... Il arrive juste à temps pour me tirer d'affaire.

Le médecin n'a pas dormi depuis deux nuits. Il réagit mal. Je réussis à me dégager. Quelqu'un passe et distribue des sulfamides par poignées. Le nouveau-né au visage fripé, écarlate, gros comme mon poing, est roulé dans une couverture américaine au fond d'un cageot. Personne ne sait s'il vivra... Comme ceux de Chypre, c'est un petit citoyen britannique.

Une douzaine d'autres gosses de 6 à 9 ans, la figure rongée d'impétigo, colorés au mercurochrome, sont groupés sous le panneau grillagé... Pas un souffle d'air. Il y a cinquante degrés dans cette cale ; le soleil tape sur la paroi tribord. Les ventilateurs ne marchent pas et les femmes, un peu partout, que l'on enjambe, gémissent doucement, les yeux vagues, ayant perdu jusqu'à la conscience de leur condition humaine.

Serre les poings, camarade ! continue à marcher. Au nom du Droit international comme ils disent... J'ai fini par ressortir de la cale arrière. L'Anglais est parti dîner au carré. Le médecin français s'est assis sur une bitte d'amarrage, le stéthoscope aux oreilles ; il consulte, et une file, pieds nus dans la boue, attend son tour sous l'œil des soldats anglais.

En bas, tous ou presque sont à demi nus, traits tirés, ruisselants d'une mauvaise sueur. C'est une vision de galériens sans rames, un faux-pont de forçats en route pour l'exil, un ponton ancré au large (comme à Portsmouth quand l'autre siècle avait deux ans) pour leur expiation... Je l'ai retrouvée cette odeur atroce, solide à couper au couteau, magma de coaltar et d'urine surie ; odeur d'hommes qui souffrent. Ils sont allongés à même le sol ; il n'y a pas de bancs comme sur l'*Empire-Life-Guard*. Ils ont une couverture pour quatre... Leurs gestes sont lents et mesurés, mus avec ce rythme d'économie appris par tous les concentrationnaires.

J'ai pu découvrir les Français :

— Tu sais qu'on est partis de Sète le 10 juillet, le jour du passage du Tour !

Dans cette géhenne, entouré de corps poissés et de filles échevelées, je parle de Robic et de Vietto, l'affaire de Saint-Brieuc et Brambilla qui s'effondra dans Caen-Paris... Je leur parle surtout de l'émotion dans le monde à la nouvelle de leur odyssée, du vote de la commission des Affaires étrangères et ils le répètent en yiddish, en hébreu et toute la cale sait qu'il ne faut pas désespérer de la France.

— À bord de l'*Empire-Rival*, nous avons fait la grève de la faim pendant trente-six heures. Nous voulions savoir où nous allions... Alors ils ont fini par avouer : vous retournez en France...

Dans des seaux hygiéniques, la corvée ramène une soupe jaunâtre et claire. Il y a trois poires par groupe de vingt-huit ce soir. Sur le pont, des volontaires font les parts de pain. Je dois le dire, tout le ravitaillement expédié de Port-de-Bouc fut distribué aux émigrants, et cela sous leur contrôle.

L'équipage est à l'arrière. Accoudés au bastingage et crachant dans l'eau, mornes et désabusés, Égyptiens, Grecs dépoitraillés, Arabes en savates, ils attendent les ordres. Un petit homme qui ressemble à Barry Fitzgerald les commande, la pipe aux dents. Ils ont les gueules de gens qui font tous les boulots ; trafic d'opium ou contrebande d'armes... Ceux-là bourlinguent avec leur cargaison de chair humaine, Haïfa, Chypre, ou Port-de-Bouc, et le métier paie bien.

L'Américain qui me pilote dit :

— Chez nous, il y aurait déjà eu une mutinerie à bord... Nos marins n'accepteraient pas cela...

À part les malades et une douzaine de gosses que les soldats laissent jouer sur le pont, tous les autres sont enfermés dans les cages, à l'avant. Il paraît qu'il y avait eu des sabotages à bord et que des tuyaux d'admission de vapeur étaient coupés pendant la nuit...

Partout des soldats, fusil au dos, crosse en haut, poignard au côté, coiffés du glorieux béret rouge. Ce sont des soldats et ils obéissent. Ils ne savent qu'une chose : on leur dit : Feu ! et ils tirent. Ils donnent la mort à coups de réflexes. Ce sont des troupes d'élite. Ils recevront des médailles. Et le grade d'adjudant-chef. Ils auront une retraite. Ils seront bien considérés dans leur pays.

Maintenant, ils gardent les Juifs...

La porte rouillée grince sur ses gonds. Le cadenas a claqué. Je pénètre dans la cage et ils me regardent venir, immobiles, sous un soleil blanc ; accrochés au grillage, préférant encore le Sahara du pont à la fournaise de la cale.

Je descends encore un escalier raide et pourri de détritus. Devant les latrines puantes, bourdonnantes de mouches affairées, une autre file s'allonge, hommes et femmes mêlés.

— Pour vous faire connaître notre situation, nous avons lancé des bouteilles à la mer..., me dit l'un d'eux.

Mais je sais bien que personne ne les retrouvera jamais, ces pauvres messages hâtivement écrits et confiés à la vague, en désespoir de cause, au large de Port-de-Bouc...

— Tu sais, nous nous sommes bien battus devant Raffah... Nous, les Français, tenions la timonerie et s'ils ne nous avaient pas attaqués au large des eaux territoriales, nous serions arrivés... Ils ont cherché à nous couler. Le croiseur nous a éperonnés et il y avait un mètre d'eau dans les cales à Haïfa. Sinon nous devions refuser de débarquer. Là-bas, ils ont été corrects. Les délégués de l'O.N.U. étaient sur place. Nous avons pu écrire à nos familles...

(Et cela, en effet, ne s'était jamais produit.)

Des sentinelles clandestines veillent aux issues de la cale pour prévenir toute alerte. J'ai devant moi un grand diable brun et maigre. Je sais les mots de passe ; de l'autre voyage clandestin j'ai conservé des amitiés durables...

Celui-là, c'est le chef souterrain des encagés de l'*Empire-Rival* :

— Nous ne débarquerons pas... Vous êtes le premier à pouvoir nous parler librement. Allez le répéter à ceux qui attendent sur le quai... Les Anglais veulent nous avoir à la fatigue. Ils sont prêts — si le gouvernement français y consent — à demeurer des mois dans cette rade. C'est une guerre d'usure... Nous attendrons le temps qu'il faudra et vous pouvez dire que sans la ferme attitude de vos représentants, il y aurait eu bataille au large de Port-de-Bouc...

» Tout était prêt : les cales auraient été noyées de gaz lacrymogènes et nous aurions dû débarquer. »

Cela en effet était probable et je l'ai déjà dit. Je sais que le major Ellis de la 6e Airborne a déclaré à l'un de mes confrères anglais :

— *Il y a trois jours nous étions décidés à employer les gaz et les lances à eau pour les mettre à terre.*

— Peut-être, continue le responsable clandestin, vont-ils nous emmener au large des eaux territoriales, employer la force et nous laisser en vue des côtes sur les canots de sauvetage.

Cela — et je leur ai dit —, je ne le pense pas. D'un bloc, l'opinion du monde civilisé se dresserait pour condamner de tels excès... Et si, là-bas, on rase des maisons à Tel-Aviv, si l'on déboule dans les rues en tirant sur les passants à la mitraillette, ici, nous sommes tout de même encore en vue des côtes de France.

— Tu sais, me dit l'un d'eux, je suis le fiancé de Sida que tu avais vue à Chypre, et je voulais la rejoindre...

Encastrés, enchevêtrés, ils vont s'étendre pour la nuit. La vedette pétarade en bas de l'échelle. Le long des bords rouillés, des réflecteurs s'allument aux limites des trois camps de concentration flottants. C'est la relève des sentinelles. Un nègre chante dans le poste...

Mais que se passerait-il de par le monde si des navires, battant pavillon français, tournaient en rond, surmontés de cages, ballottant une cargaison de sans-patrie ? Et que dirait-on à Londres ?... Seulement, il n'y a pas de Société protectrice des Juifs, et la Croix-Rouge se préoccupe plus du sort des prisonniers allemands... Terrible destin que celui des émigrants de l'*Exodus* qui cinglaient vers leur terre à bord d'un bateau de rivière habitué au courant du Mississippi et qui sortait tout droit d'une gravure de chez Hetzel. Haïfa est un port pétrolier. La côte de Port-de-Bouc, au nord, rougeoie de toutes ses raffineries. Le pétrole est l'atout maître.

Faudra-t-il attendre encore longtemps ? Et que les cercueils vacillent au bout des palans le long de l'*Empire-Rival* ?

Notre pays est devenu un pauvre pays. Et le franc ne vaut plus grand-chose. Pourtant, dans beaucoup de régions d'Europe, j'ai entendu dire : *Vous êtes français ?* et leurs visages s'éclairaient tout de suite. Ils se sentaient en confiance... Chez nous, et c'est notre dernière fierté, nous n'avons pas de bateaux-prisons pour les pauvres bougres en quête d'une patrie.

Une vieille demoiselle fait des gammes ; des moucherons tournent autour des lampadaires. Sous les platanes de Port-de-Bouc, j'entends la trompette de Toine, le marchand de glaces, qui appelle le client, et les gosses se bousculent autour... Je reviens d'un bateau, à quatre cents mètres au large, où d'autres enfants meurent doucement dans les cales grillagées.

J'ai vidé mon sac. Le consul général de Marseille a déclaré :

— Ce garçon est un bluffeur. Il n'a pas pu monter à bord...

Avait-il changé d'avis le surlendemain ? Et comme l'Angleterre n'a rien à cacher — serait-ce en rade de Port-de-Bouc — les envoyés spéciaux de l'A.F.P. et de Reuter avaient été *autorisés* à monter à bord. Le premier sur le *Runnymede,* le second sur l'*Ocean-Vigour.* Le fait d'être *autorisé* est, paraît-il, une garantie de véracité. Ordre de mission vaut profession de foi...

En avais-je donc trop vu ? La cérémonie était réglée comme un ballet à l'intention de ces envoyés spéciaux et le colonel Gregson déclara à l'A.F.P. :

— Vous pouvez voir sur le pont les soldats jouer avec les enfants auxquels ils ont offert maintes fois du chocolat et des friandises...

On n'a décidément rien trouvé de mieux que le coup de la tartine de confitures.

Seulement l'envoyé spécial de l'A.F.P. « n'a pas eu le temps de visiter les cales ». Par malheur, en effet, la vedette qui l'avait conduit à bord devait regagner la terre.

Toutes affaires cessantes.

Reuter fit mieux à bord de l'*Ocean-Vigour.* Une plume de Tolède. Le récit de la victoire sur les Massagètes ou Horatius Coclès chantant à l'écho... Ce correspondant anglais devait traîner dans ses bagages les œuvres complètes de Mlle de Scudéry. À l'heure où il embarque, c'est un spectacle vraiment charmant qui l'attend... Il ne voit pas les barbelés mais « les femmes se promènent sur le pont en robes imprimées, les hommes rient en s'aspergeant d'eau de mer, les enfants jouent à la balle... ». De quoi donc se plaignent-ils ? puisque c'est un dimanche de Nogent. Plus encore : les émigrants entretiennent les « *meilleures relations* » avec les soldats anglais et ils ont décidé à l'unanimité « de leur envoyer chaque jour un panier de fruits et de légumes frais fournis par l'Entraide française »... Enfin et surtout, « les émigrants se déplacent librement derrière les grillages ». J'ai bien lu : *librement ! derrière !*

Cependant, comme son confrère français, l'envoyé spécial de Reuter reconnaît qu'il n'a pas pu descendre dans les cales : « Il y avait des fanatiques et le commandant ne voulait pas risquer un incident. »

Personne n'a visité l'*Empire-Rival* « où les conditions sont moins bonnes parce que les émigrants ne savent pas s'organiser ». Et voilà pour Reuter... J'ai dit ce que j'ai vu. J'avais sué dans les cales. J'avais vu des enfants rongés d'impétigo et qui n'avaient pas de balles pour jouer. Les soldats avaient un fusil et pas de friandises. Il y avait cinquante degrés à bord de l'*Empire-Rival,* pas d'eau depuis vingt heures et personne ne riait en s'aspergeant d'eau de mer...

La soupe est bonne ? Bien sûr, mon général.

Il y avait vingt jours maintenant qu'ils tenaient à Port-de-Bouc. Ils avaient d'abord passé sept jours à bord de l'*Exodus*. De Haïfa au golfe de Fos le voyage avait duré onze jours. Soit trente-huit jours à fond de cale par une chaleur torride.

On oubliait les gens de l'*Exodus*... On savait que les navires avaient charbonné à L'Estaque, l'un après l'autre. Beaucoup les croyaient partis. On ne savait pas trop où, par exemple... À Deauville, M. Muse, bonnetier, gagnait quelques millions dans une soirée à la roulette. Orson Welles était à Cannes. Et aussi Michèle Morgan. La silhouette de la femme se transforme : hanches rondes, cinquante centimètres de tour de taille. On portera des guêpières... C'est Dior qui a lancé le mouvement. Les Américains rappliquent. Nous avions eu un beau congrès socialiste. À Lourdes, les anciens déportés étaient venus témoigner « de la mystique chrétienne des camps ». Mgr Piguet avait dit : « Il est temps d'en finir avec l'esprit nazi qui, sous un autre nom, empoisonne la liberté et rend impossible la justice... » Inviterait-on les princes allemands au mariage d'Élisabeth ? Le Canada offrira une cuisinière électrique...

Sous notre ciel vermeil
L'amour et le soleil
Sont deux jumeaux sans pareil !

« Jusqu'ici, selon les dépêches, aucun fait saillant n'avait marqué le séjour en mer de ces enfants, femmes et hommes. » Comme vous dites... Le 18 août, un mois après l'abordage, on apprend à Port-de-Bouc que les émigrants ont décidé de faire la grève de la faim. Peu après midi les canots chargés de vivres reviennent à plein. Les délégués juifs des trois bateaux-cages ont envoyé un télégramme au président Ramadier.

« Nous vous informons que nous commençons la grève de la faim contre notre emprisonnement dans les eaux territoriales françaises. Nous sommes convaincus que la dernière chose que la France ne veuille pas, c'est prolonger nos souffrances. Mais justement le fait de permettre à ces bateaux de rester indéfiniment dans les eaux françaises a pour résultat d'accentuer nos souffrances. »

Ils annoncent que depuis le 16 août les autorités britanniques interdisent tous les ouvrages traitant de la Palestine ainsi que les livres de prières et la Bible en langue hébraïque. En même temps la publication de leur journal, *En route*, qu'ils faisaient à la main, a été suspendue. Sur l'*Empire-Rival*, les soldats de l'escorte ont déjà brûlé de nombreux livres.

Le 21 août, le Foreign Office fait enfin connaître sa décision : « Il nous est apparu impossible de laisser les trois navires britanniques dans les eaux territoriales françaises pour une période indéterminée. Il a donc été décidé qu'à moins que les Juifs ne commencent à débarquer avant 18 heures le 22 août, les navires appareilleraient pour la zone britannique de l'Allemagne où les passagers seront immédiatement débarqués. »

Le porte-parole a précisé que les émigrants seront débarqués à Hambourg, de gré ou de force. Ils ne seront pas enfermés dans des camps et ils garderont le statut de *Displaced Persons*. Leurs noms seront placés à la fin de la liste des Israélites qui doivent émigrer légalement en Palestine.

Le gouvernement anglais avait demandé à l'Agence juive de Jérusalem de tenter un dernier effort pour convaincre les émigrants de débarquer en France. Un avion était mis à la disposition de l'émissaire pour gagner immédiatement Marignane. L'exécutif de l'Agence juive a répondu qu'elle se refusait à faire pression sur les passagers de l'*Exodus-47*...

Ils ont répondu.

Les vedettes ont peine à atteindre les passerelles. Le mistral souffle en tempête et la mer est forte. Presque tous les encagés se sont prononcés : ils ne débarqueront pas. Trente malades et trente volontaires seulement ont demandé à quitter les bateaux-prisons...

À bord du *Runnymede-Park*, ils ont déployé derrière la cage un immense drapeau noir sur lequel l'Union Jack voisine avec la croix gammée. Des pêcheurs l'ont aperçu de la côte. Un grand cri retentit :

— *Eretz ! Eretz !*

Sur l'*Ocean-Vigour*, Max Leuchter, docteur en droit, délégué de son bateau, déclare à quelques journalistes :

— Nous ne mettrons pas pied à terre en Europe. Aucune force au monde ne pourra nous faire débarquer ! Nous voulons retourner en Palestine. Nous avons été chassés de Haïfa. C'est notre résolution : la Palestine ou la mort ! Nous savons que nous combattons pour une cause juste...

Ils se sont tournés vers le Levant. Au garde-à-vous, ils chantent la *Hatikvah*. Le vent couche à l'avant la fumée des cheminées. Les soutiers poussent les feux. On embarque les vivres de l'Entraide française pour ce nouveau long voyage de quinze jours.

À 18 heures, le 22 août, le *Runnymede-Park*, l'*Ocean-Vigour*, l'*Empire-Rival* lèvent l'ancre et font route vers la haute mer, par vent arrière.

Le *Manchester Guardian* écrit dans son éditorial : « Il est grand temps que MM. Bevin ou Attlee interviennent pour arrêter cette folie... D'une part, le gouvernement est en droit de considérer que la faillite de la première partie de la manœuvre est due à l'attitude ambiguë du gouvernement français, mais la faute britannique est surtout d'avoir sous-estimé le courage des Juifs... Les renvoyer en Allemagne soulèvera l'horreur de millions de gens. Les arguments mis en avant par le Foreign Office sont méprisables. Il n'y a d'ailleurs pas de territoire sous contrôle britannique où les conditions de nourriture et de logement soient plus mauvaises que dans notre zone d'occupation en Allemagne... »

Le 23 août, le Foreign Office publie un nouveau communiqué :

« Le gouvernement de Sa Majesté a demandé au gouvernement français de réadmettre en France par chemin de fer et à partir de la zone britannique d'Allemagne les 4 500 émigrants illégaux dont la destination actuelle est Hambourg. Le gouvernement de Sa Majesté est bien conscient des considérations humanitaires qui ont motivé la décision du gouvernement français de ne pas *coopérer à obliger* ces émigrants à débarquer à Port-de-Bouc...

» Il a bon espoir que, se basant sur les mêmes considérations, le gouvernement français acceptera volontiers cette proposition dans le but d'alléger les souffrances des immigrants... »

On annonce à Londres que les trois bateaux-cages seront escortés par un contre-torpilleur et deux frégates de Chatham à partir d'un certain point de la Manche. Ils relèveront les destroyers de Gibraltar. Il s'agit de prévenir, ajoute-t-on, « toute tentative de suicide collectif ou individuel à laquelle les Juifs pourraient se livrer ».

Le 28 août, le Quai d'Orsay remet à l'ambassade de Grande-Bretagne la réponse du gouvernement concernant la note du Foreign Office. Sa position reste identique. Les émigrants seront accueillis s'ils sont volontaires pour venir en France et si cette admission ne constitue pas un précédent pour l'admission ultérieure en France de personnes déplacées venant d'Allemagne...

Les bateaux ont fait escale à Gibraltar et les Anglais ont trouvé mieux : le gouverneur de la place, Sir Kenneth Anderson, a offert l'accès de la Palestine aux femmes dont l'accouchement est prévu pour la quinzaine à venir. Cinquante-sept mamans ayant des enfants de moins de 14 ans ont reçu la même proposition. À une seule condition : c'est que leurs maris resteraient à bord. Toutes ont refusé.

À la suite d'avaries, les trois navires ont retardé leur départ de vingt-quatre heures.

Trois « degrés d'action » sont envisagés à Hambourg pour le cas où les réfugiés se refuseraient à débarquer :

1° Contrainte physique (?) ;

2° Douches à l'eau froide ;

3° Gaz lacrymogènes.

Et les Allemands de Hambourg pourront ainsi se demander, du quai, s'ils ne rêvent pas et quelle peut être la raison qui fit pendre Irma Greese, l'ange blanc de Bergen-Belsen...

XI

OPÉRATION « OASIS »

Alors, vers Hambourg, notre voyage à nous, celui des *témoins*, s'est effectué sans mal. J'avais eu mon visa sans difficulté ; je n'avais fait que mon métier ; les Anglais sont *réguliers,* ils l'avaient reconnu. Depuis Port-de-Bouc on trace une ligne presque droite jusqu'aux ruines de l'Elbe et, sur des voies mal réparées, une frontière après l'autre, une armée après l'autre, de décombres en décombres, un wagon fatigué tanguant et geignant comme un méchant rafiot sur une mauvaise mer finit, à bout de course, par arriver jusqu'au quai d'Altona où les *témoins* posent leur sac.

À Londres, la Haute Cour de justice avait refusé de prononcer une ordonnance d'*habeas corpus* en faveur des gens de l'*Exodus.* Une telle ordonnance aurait mis fin au périple des réfugiés. Mais le juge Jenkins avait déclaré qu'en ordonnant la déportation des Juifs hors des eaux palestiniennes, les autorités avaient agi conformément aux règlements d'exception concernant la défense et que les passagers *avaient choisi* la destination de Hambourg lorsqu'ils refusèrent de débarquer à Port-de-Bouc.

« Il ne saurait être question de détention illégale, avait ajouté M. Jenkins, puisque les immigrants sont restés à bord de leur plein gré... »

Tout était donc en règle. La Haute Cour de justice n'avait fait que répondre au profond désir des Juifs de l'*Exodus* faisant route vers l'Allemagne...

C'était le lundi 8 septembre 1947. L'orchestre était bon. Nous l'écoutions tous. Un très célèbre jazz américain qui jouait *Laura*, « douce image à peine entrevue ». Personne ne dansait. Peut-être la seule passerelle qui sautait sous le martèlement de leurs pas, de leurs bottes, de leurs pieds nus. La file s'écoulait le long du bord, piquait vers le quai, se découpant dans le contre-jour d'un soleil rougeâtre. Un hurlement retentit. Quelqu'un se débattait. Le groupe d'hommes vacilla le long des échelles. Et la musique s'arrêta.

Avec vingt-quatre heures de retard, strictement, selon les ordres reçus, l'opération « Oasis » venait de se mettre en train.

Nous devions y participer. À titre de *témoins*. On nous avait donné un laissez-passer barré d'une bande jaune *seulement valable pour « l'opération Oasis »*... On nous a emmenés en rangs. Nous allions prendre une leçon. La loi passe avant tout. Avant le droit à une vie libre.

Cinquante-sept jours plus tard, « Oasis » terminait l'affaire de l'*Exodus*.

On ne saura jamais quel secrétaire d'état-major eut cette trouvaille. De singuliers poètes végètent dans les zones de haute stratégie. De temps à autre, ils se révèlent. Un mot suffit. Cet homme-là a trouvé « Oasis ».

Est-ce là un phénomène mécanique que l'on nomme humour ? A-t-il songé au mirage qui les entraînait, ces 4 000 hommes, s'embarquant une nuit chaude de juillet dans le port de Sète ?

Et ils s'étaient mis en route comme la caravane, les yeux tournés vers le levant, apercevant déjà la silhouette tremblotante d'une palmeraie et des lacs d'eau fraîche dans un désert de sable. Ils l'ont touché de la main, ce mirage. Ils avaient avancé jusqu'aux confins du désert de Palestine. Ils avaient même débarqué à Haïfa. Et puis ils sont repartis derrière les grilles des bateaux-cages. Le mirage s'était disloqué. Vous savez la suite. Restait l'opération « Oasis »...

Autrefois, il y a six mois à peine, la route de la Terre promise passait par l'étuve de Chypre et ces barbelés où l'on finissait par obtenir, moyennant prison, le droit à une patrie...

La route de Sion est devenue un mythe. Ce n'est plus qu'un long voyage circulaire autour de l'Europe. Le billet pour Haïfa donne droit au retour. Les bateaux-cages assurent la ligne. Partis de Bergen-Belsen, après huit mille milles, une odyssée harassante, l'abordage, le sang et la soif, ceux de l'*Exodus* ont atteint Hambourg. Cinquante kilomètres encore, l'affaire d'une journée, et ils pourront retrouver cette lande déserte où l'herbe n'a pas encore repoussé sur les bosses des charniers calcinés.

À l'aube de dimanche, dans ce grand hôtel épargné, aux colonnades massives, où l'orchestre des anciens combattants de la Werhmacht joue chaque soir, à 19 heures, le *God save the King*, un indigène du peuple des vaincus nous rassemblait en cohorte, prêts à partir pour le port.

Le temps passa. Le jour ne se levait pas. Un brouillard épais finit par noyer ces ruines froides, à la couleur de sang séché.

Il se mit à pleuvoir. Nous attendions toujours. Sur le pavé, des colonnes de M.P. casqués partaient au pas vers la première ligne. Il faisait froid. En ombres furtives, les survivants de la race des Seigneurs rôdaient devant le porche, absorbés prestement par la vague laiteuse qui déferlait mollement sur ce pays maudit.

Et je me souvins du soleil de Port-de-Bouc, de cette mer si bleue dont ils voulaient habiter le rivage.

Que disaient-ils maintenant ?

Leurs trois prisons étaient ancrées quelque part au large de Cuxhaven. Le bateau-pilote n'avait pu les prendre en charge. L'opération « Oasis » était remise au lendemain.

L'après-midi, j'avais poussé jusqu'au camp de Bergen où les D. P. manifestaient sur la grand-place et chantaient la *Hatikvah*. À trois milles de là, perdus dans un désert de sable blanc, j'avais retrouvé les ruines de Bergen-Belsen, les débris du crématoire, les monticules élevés sur les squelettes de milliers de morts. Et l'on me fit voir ces massifs de rosiers que les Allemands du pays voisin avaient commencé à planter (avant l'interdiction du gouvernement anglais), afin de créer un jardin, disaient-ils, et oublier plus vite de telles horreurs.

Le temps s'était levé. À la marée du soir, l'*Ocean-Vigour*, le premier des bateaux-cages, accostait au quai de Hambourg. Toutes les issues de ce côté du port, toutes les passerelles franchissant les canaux, étaient gardées par des M. P. et des schupos allemands.

Quinze cents de ces hommes patrouillaient dans les ruines.

Presque à la nuit, en compagnie de quelques complices, nous avions réussi pourtant à soudoyer un patron de remorqueur et, couchés sur le pont, nous pûmes apercevoir sous la pluie froide, dans un désordre de grues démantibulées, la silhouette grise déjà trop vue et ces buissons de barbelés rouillés cernant le gaillard d'avant.

Le pavillon rouge de la vedette de police apparut au bout du canal. Il fallut virer bord sur bord. Mais nous savions maintenant que l'aventure se jouerait le lendemain.

Il est 5 heures du matin à Paris. L'opération « Oasis » va commencer. Nous franchissons deux, trois barrages. Les laissez-passer sont vérifiés. Des troupes casquées attendent, matraques à la ceinture, sur les bas-côtés de la route ou campées dans les ruines des docks. Nous longeons un train aux fenêtres grillagées. Quelques-uns d'entre nous sont fouillés. Tous les appareils photographiques sont saisis et ne nous seront rendus qu'au retour. Un long hangar froid, des bouts de sous-marins coupés en tranches, le bord du canal et le quai pourris de détritus.

Parole ! C'est nous, plus de deux cents journalistes, qui sommes en cage à notre tour. Certains, à commencer par les Américains, le prennent plus ou moins bien. Nous sommes parqués dans un grand quadrilatère grillagé. Salle de presse où les machines crépitent déjà, située à peu près à hauteur de l'arrière du bateau-cage.

Là-bas, ils débarquent enfin, ployés sous leurs ballots de vieilles choses qu'ils traînent encore. Ils descendent de l'*Ocean-Vigour*. Depuis Haïfa, depuis le 18 juillet, ils n'avaient pas mis pied à terre.

Nous apercevons à la jumelle des femmes et des gosses, des vieux soutenus par des soldats anglais. Les parachutistes casqués de l'escorte surveillent les mouvements et n'y participent pas, matraques parées.

Sur les superstructures, des recrues armées de lances à eau attendent aussi. Des postes émetteurs crépitent, des palans chuintent. Les haut-parleurs braillent et déversent, pêle-mêle, des valses et des blues sur ce rassemblement de guerriers et de pauvres gens désespérés. Ils descendent. L'opération « Oasis » est en train. On pense déjà qu'elle se terminera sans mal.

Il était alors 8 heures. On sentit que quelque chose ne collait pas. Le flot de la passerelle s'était brusquement tari.

Des escouades armées embarquaient sans cesse au pas de course et plongeaient dans les cales. D'autres couraient le long des poutrelles du hangar en déroulant des lances à eau. On entendit quelques hurlements.

Il faut dire aussi que, par un incident indépendant de leur volonté, le concert s'était arrêté...

Un groupe apparut. Il tenait en son noyau un garçon, un gosse presque, qui se débattait et ruait. On le traîna le long de la passerelle. Ils se transmirent ainsi de main en main une trentaine d'énergumènes qui griffaient et mordaient. On leur tordait les bras. On les poussait à coups de genou.

Des femmes recommencèrent à processionner en gémissant. L'exode reprenait. La musique aussi.

Un grand diable, secoué par six soldats, apparut alors, le crâne bandé, dégoulinant de sang. Il criait :

— Qui parle français ?

Personne n'eut le temps de répondre. Les matraques entraient en danse. L'homme disparut sous le hangar et les correspondants américains notaient que le sergent Powell, de la 6e Airborne, était un fameux cogneur.

Beaucoup de soldats anglais, beaucoup d'officiers, un peu pâles, nous regardaient et ne disaient rien. Il y eut ainsi une trentaine d'émigrants qui furent brutalement expulsés, déchaussés, échevelés, projetés cul par-dessus tête, dans un grand désordre de bagages, bousculés de casque en casque jusqu'aux grillages du train.

Les haut-parleurs reprirent avec : *I am beginning to see the light.* Les bérets rouges sifflotaient le refrain. Ce coup-ci, après avoir bourlingué pendant cinquante jours, l'*Ocean-Vigour* avait réussi à mettre à terre sa cargaison.

— Demain mardi, je crains que ce ne soit plus difficile avec les « durs » de l'*Empire-Rival*, me dit un officier.

Le train qui devait les emmener dans un camp, près de Lübeck, sifflait et demandait la voie.

Maintenant, nous avions la permission de parler aux émigrants de l'*Exodus*. Une femme me dit :

— À l'aube, ils nous ont entraînés ; nous avons suivi nos gosses.

La même expliquait qu'ils avaient été bastonnés dans les cales.

— Hier, nous avons fait vingt-quatre heures de grève de la faim. Et que tenter d'autre ? Ils sont les plus forts.

— Êtes-vous décidés à partir pour la France, comme le gouvernement anglais le réclamait ?

Ils furent unanimes :

— À aucun prix ; nous voulons aller en Palestine. Nous recommencerons. En attendant, nous demeurons derrière les barbelés allemands.

On joue l'ouverture de *la Chauve-souris.* Ce n'est plus le long du quai 29, mais dans le hall de l'hôtel Reichshof.

Nous attendons maintenant l'*Empire-Rival* pour l'aube prochaine.

Les journalistes allemands sont des gens très polis. Ils cherchent à me convaincre et ils insistent. Nous sommes entre nous : il n'y a pas à se gêner.

— À Buchenwald, disent-ils, n'y avait-il pas aussi un orchestre qui jouait et ne l'a-t-on pas reproché à tous les Allemands comme un crime de guerre ?

Vous voyez bien.

Je n'ai pas eu à leur répondre. Nous n'avons rien à voir avec l'opération « Oasis ». Il y a un pays qui s'appelle la Palestine, des subtilités baptisées droit international, un argument puissant nommé pétrole. Quelques milliers d'hommes de plus ou de moins... la belle affaire !

Les roses poussent sur les charniers où les vers n'ont pas fini de travailler. Et l'orchestre joue *le Beau Danube bleu*.

Et cependant que l'opération « Oasis » entrait dans sa dernière phase, on arrêtait à Paris un rabbin qui voulait bombarder Londres ! Cela puait la machination policière épaulée par les Services secrets.

Baruch Korff, américain, était descendu au *Crillon* avec l'idée de trouver un avion et un pilote pour aller jeter sur Londres des tracts et des explosifs.

Évidemment, Reginald Gilbert, de Saint Louis (Missouri), que le rabbin engagea comme pilote, était de l'Intelligence Service. Après avoir pris contact au *Crillon* avec Korff, il se rendait immédiatement à l'ambassade britannique, puis à la Police judiciaire. Il fut décidé que Gilbert continuerait comme si de rien n'était jusqu'au moment de s'envoler de l'aérodrome.

Korff lui fit rencontrer l'artificier qui devait fabriquer les six bombes. C'étaient des tubes d'extincteurs chargés de gélignite et munis d'un détonateur électrique. Le rabbin choisit le Foreign Office comme objectif premier (parce qu'il lui avait refusé son visa pour la Palestine !).

Un appareil Fairchild (165 chevaux, 200 kilomètres-heure) provenant des surplus américains fut loué à l'aérodrome de Toussus-le-Noble. Le 6 septembre au soir, d'une voiture américaine descendaient le rabbin, le pilote double jeu et une secrétaire. Un coup de feu retentit. Vingt inspecteurs déguisés en mécaniciens cernaient l'avion et le commissaire Pinault, de la brigade criminelle, son écharpe sur le ventre, arriva juste à temps pour ranimer le rabbin qui se trouvait mal.

Dans les valises des trois conjurés on découvrait dix mille tracts rédigés en anglais, qui devaient être lancés sur Londres.

« Au peuple de Grande-Bretagne, ceci est un avertissement, disaient-ils... Votre gouvernement a violé tous les articles du mandat sur Eretz-Israël..., Oswiecim, Dachau et Treblinka ont tracé la route de l'*Exodus*... Nous sommes résolus à empêcher que cela se renouvelle. Nous porterons la guerre au cœur même de l'Empire. Nous frapperons avec toute l'amertume et la colère de notre servitude et de notre esclavage. Nous sommes prêts à combattre aujourd'hui dans une guerre de libération pour éviter demain une guerre d'esclavage... »

Outre Korff, citoyen américain, né le 4 juillet 1914, à Novgorod-Volinsk (Russie), et sa secrétaire, Judith Rosenberger, une douzaine de comparses avaient été appréhendés. On n'avait pas encore retrouvé les six extincteurs achetés boulevard de Grenelle.

Ainsi, avec son opération pour les planches du Grand-Guignol, le rabbin Baruch Korff, clandestin de l'hôtel Crillon, était presque parvenu à faire oublier le quai 29 à Hambourg...

Et là-bas, à 11 heures du matin, le 9 septembre, le temps était à peu près clair. C'est alors que nous avons vu les troupes du « Sherwood Foresters » s'ébranler en files silencieuses, casquées, la matraque d'un côté, le gauche protégé par un brassard de caoutchouc les cernant jusqu'au coude. Des hommes portant des échelles et de fortes cisailles d'acier les précédaient. Les parachutistes, le fusil à la main, patrouillaient sur le pont.

Il n'y avait pas encore de communiqué officiel. Nous savions pourtant que les prisonniers du *Runnymede-Park* avaient décidé de tenir à bord et de s'accrocher à ce fond de cale gluant plutôt que de débarquer sans contrainte, au cœur même du pays qu'ils cherchaient vainement à fuir.

On leur donna quelques minutes. Ce qu'on appelle une dernière chance. Il n'y eut même pas de réponse, sinon que cette plèbe chantait au fond des soutes. Et régulièrement, sûr de sa force, tout l'appareil guerrier se mit immédiatement en route.

Des compagnies au pas cadencé ébranlaient le plancher des docks. On déroulait fébrilement des manches à eau. Les émetteurs portatifs nasillaient. Il fallait faire vite. Sur la voie, de l'autre côté du hangar, le train grillagé attendait son chargement.

Terminer avant la nuit, c'était l'ordre. Le commissaire Berry ajouta :

— Nous allons faire un vilain travail, mais cela doit être fait...

Depuis 8 h 20 (heure de Paris), les journalistes étaient au secret. Nous étions parqués dans un coin du hangar, entre des rangées de grillages doublés de toiles de jute. Et la basse-cour qui nous était dévolue sur le bord du quai était interdite maintenant.

Cela s'expliquait ainsi : le commandement de l'opération « Oasis » avait décidé, en effet, que les émigrants, à l'accostage, devraient apercevoir des quais désolés, envahis de barbelés, les spectres des grues jetées bas et les décombres de la ville proche. Ils devaient croire que l'on avait oublié les émigrants de l'*Exodus*.

Tous les soldats étaient concentrés dans les docks, derrière les rideaux de camouflage. Il n'y avait pas d'exception ; j'entendis le haut-parleur invisible rappelant à l'ordre un général de brigade qui baguenaudait encore sur le quai.

À 5 heures du matin, l'*Empire-Rival* s'était amarré devant le dock 29. Les premiers émigrants avaient mis pied à terre à 7 heures. Nous n'avions eu l'autorisation de pénétrer dans nos cages que vers 8 heures, selon le dispositif établi.

Ce mardi matin, il n'y avait pas la musique de danse. Les Anglais ayant peut-être compris que les concerts n'étaient pas de mise au quai 29.

Ceux de l'*Empire-Rival*, contrairement à tous les pronostics, débarquèrent sans résistance. Je retrouvais les encagés que j'avais déjà visités clandestinement en rade de Port-de-Bouc. Ils allaient bien, les gens du groupe Laroche, la fille à Loutsky, les petits gars de Belleville qui avaient rêvé des collines de Sion...

Derrière les barreaux du train, le responsable clandestin m'avait dit :

— Nous n'avons pas voulu résister parce qu'il y avait trop de femmes, d'enfants et de vieux à bord... Nous savions parfaitement ce qui s'était passé hier à bord de l'*Ocean-Vigour*. Nous avions un poste récepteur clandestin et je réussissais à capter les nouvelles. La décision a été prise en accord avec tous mes camarades. Mais je ne pourrais pas vous dire ce que feront ceux du *Runnymede-Park*.

Les prisonniers de l'*Empire-Rival* avaient promis de refuser toute nourriture au débarquement. Les seaux de thé furent renversés, et c'est alors que les M.P. commencèrent à nous repousser vers le hangar...

L'un des émigrants avait, en quelques derniers mots, raconté la dernière partie du voyage, de Port-de-Bouc à Hambourg. Certaines nuits, en mer du Nord, quand la nuit noyait le pont, ceux de la cage supérieure avaient dû descendre et ils avaient tenu, entassés debout, attendant les éclaircies, sans pouvoir ni bouger ni dormir.

Il est 9 h 30. Tous les trains de l'*Empire-Rival* ont quitté Hambourg. Nous sommes au secret. Le *Runnymede-Park* est à quai. Les parachutistes casqués montent la garde sur le pont. Les sang-mêlé de l'équipage jettent les aussières aux dockers allemands. La cage, sur le gaillard d'avant, est déserte. Pas une silhouette derrière les barbelés ; les émigrants ont dû se retrancher dans les cales. Seuls quelques oripeaux, de vieilles couvertures frissonnent sur le pont balayé par un vent froid. Les haut-parleurs sont branchés. En yiddish et en allemand ils somment les Juifs d'avoir à débarquer. Par les panneaux, une grande clameur a répondu et ils chantent. Un trépignement sourd ébranle la carcasse du bateau-prison.

Les soldats anglais ont commencé à emmener les malades.

Une femme apparaît à la coupée, descend à tout petits pas en sanglotant, suivie de son mari qui tente de s'accrocher au bastingage, criant des injures. Quatre gaillards casqués l'ont maîtrisé.

Ils chantent toujours.

Nous avons réussi à trouer les toiles de jute. Des rassemblements de soldats sont signalés aux abords immédiats du hangar. Des colonnes de M.P. quittent leurs casquettes rouges et assurent les casques ronds.

À 10 heures, nous apprenons qu'un ultimatum vient d'être communiqué aux assiégés des cales.

— *Descendez immédiatement, sinon nos troupes vont commencer à monter à bord.*

Il y a une heure de délai pour répondre.

Penchés sur les grilles des panneaux, des gardes de la 6e Airborne surveillent les mouvements de ces misérables, décidés, nous en sommes sûrs maintenant, à combattre jusqu'au bout de leurs forces. C'est à 11 heures, comme prévu, que le régiment des « Sherwood Foresters » gagne ses positions de combat. Certains sont armés de cisailles pour trancher les barrages de barbelés tressés à l'entrée des cales. D'autres portent des échelles pour mener l'assaut. Un état-major va et vient sur la dunette. Les parachutistes attaqueront les premiers.

En bas, je les entends encore chanter.

11 h 12. Une femme descend. L'ultimatum a expiré. Il semble encore que les Anglais ne veulent pas se résoudre à employer les moyens extrêmes.

Quelques hommes fument tranquillement sur le pont, faisant tournoyer leurs matraques.

Une demi-douzaine de dockers allemands, passionnément intéressés, ont été oubliés le long des barbelés. Ils représentent ainsi dignement la population de Hambourg.

À 11 h 20, un roulement sourd de pas cadencés annonce que les M.P. se sont mis à embarquer sur le *Runnymede-Park*.

L'équipage s'est replié vers l'arrière. Les moteurs des lances à eau sont en marche.

Nous venons d'avoir la permission de regagner notre cage au pied de la passerelle, sur le bord du quai.

Les renforts affluent toujours depuis le bout des docks, en deux lignes parallèles jointoyées par la coupée. Des coups prolongés, des ruades ébranlent le pont. On nous dit que les assiégés achèvent de démolir les derniers escaliers d'accès.

La plupart des hommes de troupe sont passés sur bâbord et ont disparu, cachés par le château.

C'est chose faite. Les Anglais sont partis à l'assaut.

Immédiatement, une furieuse galopade ravage le *Runnymede-Park*.

Des jets d'eau sautent par-dessus les panneaux, se brisent en éclaboussures sur les grilles.

— *Go on, boys !*

Il paraît que les parachutistes ont attaqué par surprise, dévalant à bâbord par deux escaliers encore intacts.

Les jets plongent par les écoutilles. On entend hurler.

À 11 h 50, quelques femmes poussées de main en main commencent à dégringoler vers le hangar. Cinq minutes plus tard, c'est un homme qu'ils charrient, le visage ensanglanté, bras et jambes tordus par des soldats exaspérés.

Une escouade de gosses affolés et cabrés dévale le plan incliné, hurlant, ruant dans les jambes de ces soldats qui les poussent de la main.

Beaucoup sont trempés, les cheveux dégoulinants, les yeux hagards. On les enfourne rapidement dans les wagons où ils continuent à secouer les portières, criant et pleurant.

Parfois, la trompette du chef de gare allemand donne le signal et la rame s'ébranle de quelques mètres, amenant d'autres wagons grillagés.

Nous avons compté une soixantaine d'hommes évanouis, portés, traînés, le visage couvert de sang.

À 12 h 35, on nous signale que vingt émigrants ont été assommés sur place.

Certains se sont défendus à coups de bouteille. Les femmes, selon quelques soldats qui en reviennent, sont les plus enragées.

Le tumulte ne cesse pas. De minute en minute, des paquets d'assiégés, réduits à merci, sont ramenés en haut, basculés sur la passerelle, projetés sur le quai lorsqu'ils refusent d'avancer.

Un Anglais blessé est emmené sur un brancard.

Une femme évanouie tombe comme une chiffe, s'abat sur le bord du hangar.

Un jeune homme, un enfant presque, que l'on traîne par les pieds, hurle désespérément :

— Je ne veux pas de l'Allemagne !

Six policiers maîtrisent une fille qui se débat frénétiquement, griffe et mord.

Quatre à quatre, on continue à emmener des blessés immobilisés par des clés au bras et des pieds tordus. Sous le hangar, les rescapés essaient d'enfoncer les grilles, déchirent les toiles.

Un cordon de M.P. est amené en vitesse.

À 13 h 15, les pompes qui avaient stoppé sont remises en marche. On noie la cale du milieu.

Un cri court de soldat en soldat :

— Infirmier ! Infirmier !

Les parachutistes remontent. Le pont est dévasté. Quelques hommes s'agrippent encore au bastingage.

L'émotion est intense dans la cage de la presse. Certains Américains protestent véhémentement et le chef de la police anglaise vient à plusieurs reprises répéter cette injonction :

— Gardez votre sang-froid !

On le perdrait à moins. Des corps ballottants continuent à passer de main en main. Parfois, l'un des *pionniers* descend, sa matraque encore au poignet, évacuant des bébés retrouvés à fond de cale.

Selon un communiqué officiel, dix-sept hommes et sept femmes ont été blessés. Certains ont les membres cassés. Trois soldats anglais ont été durement touchés par des éclats de verre.

Il est 13 h 30. Les porteurs d'échelle redescendent. Le chef de gare a sifflé pour le dernier départ. Les troupes quittent le bord. L'opération « Oasis » est terminée. Les Allemands de Hambourg ont reçu une bonne leçon de démocratie appliquée. De ce que j'ai pu comprendre, ils sauront en tirer profit. Les matraqueurs vont faire école. C'est vraiment du « boulot » bien fait... Et ceux de l'*Exodus*, les rescapés des mêmes camps revenus au pays maudit, regardent maintenant tomber la nuit, le dos rond sous la pluie qui noie les landes mortes et les silhouettes trop familières des miradors.

Enfin, tard dans la soirée, on annonçait officiellement que les patrouilles de soldats perquisitionnant à bord de l'*Empire-Rival* avaient découvert une bombe dans un bidon d'essence placé au fond de la cale. Cela semblait expliquer le débarquement aussi rapide des réfugiés à l'aube.

L'engin explosif, immédiatement transporté dans une baraque du quartier général, éclatait à 15 h 44, brisant des vitres à plusieurs centaines de mètres.

Les experts appelés à Kiel n'avaient pas eu le temps d'arriver pour examiner le dispositif d'amorçage.

Et le tram n° 12 qui va de Lübeck à Herrenwieck longe maintenant sur quelques centaines de mètres un fouillis de barbelés rouillés, de lignes de chevaux de frise où des soldats montent la garde, perchés sur les miradors qui dominent le camp. La nuit, des projecteurs s'allument à nouveau et l'on entend hurler les chiens des patrouilleurs. C'est le camp d'Amstau.

Les Allemands se collent aux vitres des wagons, faussement indifférents. Il y a pourtant quelques gosses qui s'amusent beaucoup. Les Juifs sont revenus derrière les barbelés...

À peu de distance, des schupos au képi noir surveillent les routes pour éviter (m'ont dit les officiers anglais) des manifestations hostiles de la population... Qui pourrait affirmer d'ailleurs ce qu'elle en pense réellement ? Elle n'a qu'une idée : s'assurer le ravitaillement du prochain hiver, et toute la première page que le *Hamburger frei Presse* consacrait le lendemain avec satisfaction à « l'opération Oasis » ne changera rien à la question.

Nous avons tout vu. Les Anglais ne nous ont rien caché. J'avais pu circuler librement dans les baraques à toits plats du camp d'Amstau, interroger les émigrants, revoir ceux que j'avais connus. Tous les *voyageurs* de l'*Empire-Rival*, 1 485 hommes, femmes et enfants, ont été concentrés derrière ces barbelés, anciens camps de transit pour les Lettons et les Allemands évacués de Prusse-Orientale.

On aperçoit au loin les superstructures de Travemunde diluées par la pluie. Un vent froid ravage le ciel bas et bouscule les capotes des factionnaires. Les émigrants sont arrivés depuis la veille. Les mains dans les poches, ils ont déjà retrouvé leurs anciennes habitudes ; ils tournent en rond, piétinant la boue, allant et venant le long des fils de clôture.

Il y a le rescapé du ghetto de Bialystok, l'enfant de 16 ans que les Anglais avaient sauvé de Bergen-Belsen, l'équipe Laroche, tous les tatoués d'Auschwitz. Ils connaissaient déjà la région. Pourtant c'est il y a tout juste soixante jours, à demi nus, transportés par l'espoir, qu'ils appareillaient de Sète. Ils n'avaient plus qu'une mer à traverser...

Certains de l'*Empire-Rival* savaient qu'une bombe avait été déposée dans le fond de la cale. Ils m'ont confirmé que c'était la seule raison de leur débarquement aussi rapide et sans résistance.

L'un d'eux à qui je donnai l'heure de l'explosion m'a confirmé :

— C'était bien ce que nous avions prévu comme temps de retardement. Nous ne voulions pas risquer de faire sauter des femmes et des enfants. Nous avons craint aussi que, comme à Haïfa, la troupe du bord conserve quelques otages, au moins pendant une journée.

Selon le commandement anglais, aucune enquête ne sera d'ailleurs menée pour découvrir les auteurs de l'attentat. Une fois pour toutes, et c'est avec soulagement qu'on nous l'a affirmé, l'opération « Oasis » est terminée.

Ainsi, ils venaient de passer leur première nuit à Amstau. Ils couchaient à vingt par chambrée, dans des châlits à deux étages. Trois couvertures avaient été distribuées à chaque personne.

Ils se plaignaient surtout du ravitaillement :

— Nous n'avons bu que du mauvais café depuis notre arrivée.

Il était 9 heures du matin, mais les corvées commençaient maintenant à transporter des piles de pain gris sur des brancards. Avec cette minutie caractéristique, celle qui rend l'organisation anglaise incomparable, que ce soit pour minuter un débarquement de milliers d'hommes ou les phases d'une vilaine opération de police, le responsable britannique nous communiqua les chiffres officiels, avec les virgules et les décigrammes.

— 2 700 calories par jour : 43 g 11 de viande, 18 g 07 de fromage, 30 g de matières grasses, 470 g 44 de pain, 24 g 36 de macaroni, 289 g 2 de légumes, 118 g 5 de pommes de terre, 1 œuf par semaine pour les enfants, 15 g de sel et du vin si possible.

On m'a déplié des plans, expliqué des graphiques, tracé des courbes.

Et le feldwebel Abendroth, de Berlin, ex-prisonnier de guerre à Saint-Nazaire, le 8 mai 1945, qui dirige maintenant la cuisine, avait ajouté avec un sourire ravi :

— J'adore m'occuper des questions de réfugiés.

Avec huit femmes de cuisine et trois hommes de corvée, ce sont d'ailleurs les seuls représentants allemands qui pénétreront dans le camp.

De son côté, le général de division George Surtess me démentait les bruits selon lesquels des soldats polonais ou allemands engagés dans l'armée anglaise auraient participé à ce que l'on veut toujours appeler les *formalités de débarquement*.

Quelques kilomètres au nord de Travemunde, autour du camp de Poppendorff, des chiens policiers efflanqués marchent sur les talons des sentinelles. On abat des arbres. Les derniers réseaux de barbelés vont être posés. J'ai montré mon laissez-passer aux hommes de la *Rifle Brigade*, ceux qui portent toujours l'insigne des « Rats du désert ». Le gardien fait claquer le cadenas et les Juifs, de loin, sur le seuil de leur tente, me regardent passer.

La plupart refusent de parler, répondent par des injures en yiddish, crient *Heil Hitler !* et nous prennent pour des espions anglais. Ce sont les rescapés du *Runnymede-Park* qui viennent de retrouver ici les passagers de l'*Ocean-Vigour* arrivés les premiers. Nous avons fini (nous étions trois Français) par nous faire reconnaître. Ils consentent à parler :

— Nous allons commencer la grève de la faim, crie le matricule 117 055 d'Auschwitz. Tous nos chefs de groupe ont été arrêtés pendant la bataille. Les parachutistes du bateau les connaissaient, les avaient vus nous haranguer. Ils ont été matraqués à coups de manche de pioche. Notre leader Mordechaï Rossmann a été assommé le premier.

(C'était l'homme que nous avions vu porter, inerte, les bras ballants, le visage ensanglanté, par six colosses de la Military Police.)

— Nous avions ordre de nous servir seulement de nos poings, mais nous avons employé les bouteilles lorsque les femmes ont été traînées par les cheveux jusqu'au pont. Certains des hommes de la 6e Airborne étaient polonais ou danois. L'un d'eux nous a parlé en yiddish pendant tout le voyage.

» Beaucoup des nôtres ont eu leurs montres volées par les soldats. Mais je dois dire, ajouta ce garçon, que les officiers britanniques ont été corrects. »

— Ici, nous avons retrouvé les chiens des SS, ajoute l'un d'eux.

Ils n'ont plus de bagages. Tous ou presque s'étaient battus. Ils ont été enfournés dans le train, certains pieds nus, vêtus d'une seule chemise et d'un pantalon. Beaucoup de gosses, les traits tirés par les privations, grelottant sous une couverture, sont allongés sous les tentes, secoués par les rafales du vent de la Baltique.

Que vont-ils devenir ? Les Anglais ont décidé, paraît-il, de les interroger et de leur demander leur pays d'origine. La plupart vont évidemment répondre qu'ils sont nés en Palestine. Aucun, ou presque, n'indiquera le pays où il est né. Ils recevront donc le statut des D.P. (Personnes déplacées) et ils pourront abattre leurs barbelés. La garde du camp sera alors assurée par une police juive.

J'avais repris la route de Hambourg sous les rafales de pluie. Et le vieux chauffeur parlait avec cette sincérité qui est le propre de l'insouciance allemande. Il avait été dénazifié trois fois. Il ne s'en portait pas plus mal.

Il fit la première guerre, « *mais pas assez loin* », dit-il. Il trouvait que la France est un beau pays. En 1940, il était parvenu à Brest, en route pour l'Angleterre. Et, dans chaque village français, il racontait que les maisons étaient vides et les casseroles bouillaient encore sur les fourneaux.

— Je disais aux camarades : « Buvons puisque la table est mise. Ici le vin est bon ! »

C'était un connaisseur.

Il était plein de nostalgie lorsqu'il parlait de son ascension de la tour Eiffel. Il était lancé. Il sifflotait maintenant le *Deutschland uber Alles*. Je l'aiguillais sur la question juive. Il était plein d'idées, ce garçon-là :

— Je pense qu'ils devaient rester en Allemagne, dit-il. La plupart en viennent déjà... Ils n'ont plus rien à craindre puisque Hitler est mort. D'ailleurs, nous avons besoin d'eux pour remonter notre économie. Ils s'y connaissent en affaires !

Il était sérieux, envisageait cette possibilité puisque les crématoires ne fument plus. Il cherchait à me convaincre. Je n'ajoute rien à ce dialogue et je n'eus pas l'audace de lui rappeler que cette vieille terre où ils vont reconstruire avec M. Schumacher, avec le général Clay, avec les Anglais et maintenant avec les Juifs, s'engraisse encore du sang de six millions des leurs.

Aussi bien, il l'avait oublié depuis longtemps... L'avait-il jamais su ? Les Allemands n'ont jamais cru à ces pauvres histoires de propagande.

Alle Mensche unter. Tout le monde en bas. Je l'entends parfois ce cri, la rumeur qui parcourait les ponts et ce piétinement sourd de troupeau en déroute.

Je n'ai été qu'un témoin ; je n'ai peut-être pas su voir les choses d'assez haut, reproche que l'on nous fait trop fréquemment ; pourtant nous ne sommes pas des commentateurs, nous ne travaillons pas dans les couloirs des ambassades. Il faut dire ce que l'on a vu et le plus vite possible. Ceci n'est qu'un carnet de notes et d'impressions un peu remis au net... M. Boileau aurait été un mauvais reporter. Nous ne pouvons, cent fois sur le métier, remettre notre ouvrage... L'édition attend.

J'ai relu ces fragments de carnets décolorés par l'eau de mer, écrits à la lueur d'une bougie.

Pas grand-chose dans l'estomac, le litre de rhum sur la table. La gîte augmentait. Je les ai remplis à bord de l'*Empire-Life-Guard*, dans la bicoque C.13 de Xylotymbou, par des journées torrides, sur le courrier *Providence*, à l'hôtel de la Poste, à Port-de-Bouc, au *Reichshof* de Hambourg, dans les baraques d'Amstau.

Ainsi, j'ai vécu la vie du Juif errant.

Il n'était pas loin d'arriver. On l'a encore déporté. À Chypre ou à Hambourg via le golfe de Fos... Mais je peux le dire maintenant : Frères Tharaud, vous vous êtes gourés...

Il y a plus de vingt ans, c'est vrai, mais vos bouquins demeurent dans les bibliothèques dépareillées des paquebots qui ont repris la route. Le bateau venait d'Haïfa. L'ennui aidant, j'ai relu *L'An prochain à Jérusalem...*

Croyez-vous qu'ils s'en vont ces émigrants, comme leurs ancêtres, simplement pour mourir en vallée de Josaphat, geindre et presser leur front au vieux mur du Temple ?

Vous aviez dit : « C'est une idée folle de vouloir rassembler dans ce pauvre pays toute la Juiverie de l'univers. Y faire vivre seulement deux ou trois cent mille Hébreux sera déjà bien difficile. »

Ils sont six cent mille maintenant.

Ceux de maintenant, les *Haloutzims,* partent parce qu'ils ne veulent plus de l'Europe, et ils retournent à leur premier pays pour bêcher les plantations du Jourdain, fertiliser le désert du Néguev, semer et récolter en vue de la mer Morte. Ils habiteront Tel-Aviv, ou Doroth dans les sables, Dagania B., Eïn-Harod, Tel Yossef ou Nahala... Ils vont pour fonder des *kibboutz* comme les maquisards français de la colonie de Tlallim.

Ils viennent de loin.

Du pays où l'on brûlait, où l'on pendait, où l'on saignait leurs frères par millions. Mauthausen, Dora, Sachenhausen, Buchenwald, Dachau, Bergen-Belsen. C'étaient leurs points de ralliement ; les métropoles de la grande Réserve juive.

La première étape.

Et les hurlements des kapos, des Aufseherin, les cravaches des SS et des Blockführers les ont ramassés sur la route clandestine de Sion. *Mutzen ab ! Mutzen auf ! Los mensch !*

Et le docteur Stieve, de Berlin, publiait dans la revue *Zentralblatt für Gynekologie* du 29 mai 1943, une « Étude histologique des ovaires et de l'endomètre chez les femmes suppliciées ayant présenté des métrorragies au moment où elles apprenaient la nouvelle de leur exécution à brève échéance ».

M. Stieve revenait de Treblinka.

Et leur graisse servait à fabriquer le « *savon juif* » et leurs ossements pavaient les fondrières des chemins de Pologne. Leurs filles travaillaient dans les bordels à soldats...

Cela peut encore revenir. Leurs ancêtres, dans les rues du ghetto de Kiev, hurlaient dès que la nuit tombait, pour écarter les assassins. Ils préféraient le massacre à la résistance. Ils ont changé : ils savent maintenant que les mitraillettes ne sont pas seulement pour les Aryens.

Et le *Tel-Haï*, le *Max-Nordau*, le *Haganah*, le *Yagour*, le *Palmach*, le *Theodor-Herzl* et tant d'autres cargos clandestins ont pris la mer vers l'est.

J'ai passé cinquante jours avec eux. De leur obstination forcenée, je ne veux raconter, pour finir, que ce dernier exemple :

L'affaire s'est passée à bord du *Maapil armoni*. Cela veut dire « *l'Émigrant inconnu* ». Singulier symbole, car je ne sais même pas le nom du héros de cette aventure. Après l'abordage, cet homme sauta à la mer. La côte n'était pas loin.

Trois cents hommes, un destroyer de 10 000 tonnes se mirent à sa seule poursuite.

Ils lui lancèrent une échelle. Il continua à nager. Ils lui jetèrent une bouée. Il remercia de la main et s'en servit pour avancer toujours.

Le destroyer n'avait plus assez de tirant d'eau pour le dépasser. Il fallait pourtant rattraper le type... la Palestine n'était pas pour lui. M. Bevin l'a déjà dit.

Alors, il se produisit cette chose incroyable. Le destroyer avança son étrave sur la nuque du nageur et puis il recula. Le remous aspira l'homme, l'emporta. Avant ! Arrière ! Avant ! Arrière ! Cela dura une heure. Et quand le misérable fut épuisé, ils le repêchèrent.

Il est à Chypre. Je l'ai vu. Un jour ou l'autre il sera en Palestine.

Et Hambourg, Xylotymbou, les camps d'Allemagne, vous en êtes tous sûrs maintenant, ce n'est qu'un relais de votre exode. Vous êtes prêts. Sida, docteur Korn, Ungar, Klinger, Sultan, Bébert Bemocha, la petite Bella, Moshe, David, Friedler, Sunya.

Maintenant l'État juif est créé. Il y aura des lendemains qui ne chanteront pas toujours, mais ce seront ceux d'un vieux peuple qui a déjà retrouvé sa foi... Et c'est un peu grâce à vous, parias des ghettos qui flottent, clandestins des corsaires démâtés.

DOCUMENTS

BIOGRAPHIE

de
François-Jean Armorin

François-Jean Armorin est né à Crest (Drôme) le 14 mai 1923, où son père, à la tête d'une industrie familiale, était alors fabricant de draperies.

Il fit toutes ses études primaires à l'école laïque communale et il commença ses études secondaires au lycée de Gap (6e et 5e). Il les poursuit ensuite jusqu'à son baccalauréat de philosophie au lycée Émile-Loubet à Valence.

Le premier conte qu'il écrivit pour *Le Journal*, qui à cette époque se trouvait replié à Lyon, fut publié dans ce grand quotidien le 29 octobre 1941, pendant qu'il préparait la deuxième partie de son baccalauréat.

Étudiant à la Faculté de droit de l'Université de Lyon, il continua en même temps à écrire pour *Le Journal* et y fut engagé comme rédacteur stagiaire en 1943.

Après avoir participé, sous l'Occupation, à la rédaction de divers journaux clandestins, il prit part, dès juin 1944, aux opérations de la Libération et entra à *Franc-Tireur* en septembre 1944 comme correspondant de guerre F.F.I. Il remplit aux Armées de multiples missions, en particulier dans le Sud-Ouest et en Alsace.

Après le 8 mai 1945, il fit de nombreux grands voyages : en Pologne, en Angleterre, en Hollande, en Algérie, au Maroc, en Italie, en Allemagne, à Chypre, en Israël. Il obtint en juin 1947 le Prix Claude-Blanchard (grand prix du reportage) — il avait alors vingt-quatre ans — pour ses deux reportages « Sur un chalutier » et « Terre promise, terre interdite ». Parti sur un cargo d'immigrants juifs se rendant clandestinement en Palestine, il se laissa interner avec eux à Chypre.

Son reportage eut alors un grand retentissement.

Il a été porté disparu en mer, dans la catastrophe aérienne de Bahreïn (golfe Persique) le 12 juin 1950 en rentrant de mission dans le Sud-Est asiatique. Menacé de mort par des trafiquants à Saigon au cours de son voyage, sa disparition reste mystérieuse, son corps n'ayant jamais été retrouvé.

Il a été cité à l'Ordre de la Nation (*Journal officiel* du 1er juillet 1950) et nommé chevalier, à titre posthume, dans l'Ordre national de la Légion d'honneur (*Journal officiel* du 27 juillet 1950).

SES DÉBUTS, DE LYON À PARIS

par André Sevry

Un jour, à Lyon, environ 1941, il arriva rue Childebert, long, maigre, un peu bourru comme il est toujours :

— Salut, messieurs, c'est moi François-Jean Armorin...

Condroyer, Beveraggi, Levillain, Balensi, Nodot, Séra, Lhermite, Paule tournèrent la tête :

— C'est le conte de ce matin...

Et on introduisit le jeune homme chez le patron, Jacques de Marsillac, qui l'avait distingué. Un instant après, le regard allumé, Armorin ressortit et s'en fut comme il était venu, à grandes enjambées, bien d'aplomb sur ses brodequins écartés, les bras battant l'air. Bévé, surnommé le Commandant, dit :

— Voilà un petit gars qui promet...

Armorin venait de débuter dans la presse, avec un conte, modèle du genre, à l'âge de 18 ans, ayant rompu avec le droit et la philo pour se lancer sur le métier au moment même où la Gestapo commençait de tisser sa toile dans la zone sud et à Lyon en particulier.

Il a toujours écrit comme il écrivait hier ; neuf ans de reportages à travers le monde, de grandes enquêtes, deux beaux bouquins ont à peine modifié son style tout chargé de résonances, d'ardeur et d'images au burin, cette forme un peu houleuse où la sensibilité perce de loin en loin constamment en éveil, mais en sourdine.

Un peu plus tard, il se paya d'aplomb, vint au marbre de la rue Bellecordière et timidement demanda :

— Bonne nuit, messieurs, est-ce que vous avez un conte demain ?

Nodot le soupesa un instant à travers ses lunettes et répondit :

— Non... On a un excellent reportage sur les chasseurs de vipères...

Alors Armorin entra carrément à travers les casiers, ramant du pied dans les morasses, et je lui dis :

— C'est toi, l'auteur ? C'est bon...

— Merci, monsieur...

Bon petit ! Il ne pouvait contenir la joie qui le gonflait. Pensez, non plus seulement un conte, mais un vrai reportage ! À partir de ce jour, il s'enhardit, on le vit régulièrement à la rédaction et le soir, vidant pot lyonnais avec nous chez Léon Néhanne, qui n'avait pas son pareil pour le chiroubles et les pieds paquets.

Dès lors, dans le coup comme il l'avait tant désiré, nous ne devions plus jamais nous quitter, lui, jeunot, rentre-dedans, mousquetaire, moi — qu'on me pardonne pour une fois cette vanité — souvent jugé en dernier ressort dans l'énoncé de ses entreprises, toujours aventureuses, mais inspirées par une grande cause qui finissait par l'emporter tant l'opiniâtreté de François s'acharnait, servi qu'il était par une habileté (licencié en droit) peu ordinaire, armé d'arguments apparemment péremptoires. Car sous une forme tapageuse et brouillonne, dès l'adolescence, Armorin annonce ce qu'il va devenir, un paradoxe vivant, bohème parfaitement ordonné, parfois même méticuleux, bagarreur entêté, prompt à l'accrochage, mais assez averti pour ne se lancer que s'il est sûr de durer jusqu'à la limite, aussi c'est lui qui gagne.

Peu à peu le miracle qu'il porte en lui se fait jour, il rayonne sans le savoir, séduit sans s'en douter, à coups de gueule, de bourrades, on oublie sa jeunesse et on le traite comme un homme. Un homme touché par le doigt du génie : il pense, il voit, il sent, il écrit à 18 ans comme un homme mûri par une mystérieuse expérience antérieure.

Dans les rues de Valence, ce jour de 1944, il arrive sous les pélots qui raclent encore les toits, debout sur une grosse moto piquée à la Gestapo de Lyon :

— Salut, Dédé !... Je reste à Lyon ?

— Tu es fou ! À Paris, sacré bougre, en route !...

Et il quitte le maquis du Vercors, le souvenir de ses copains tombés sous les balles. Il lui faut du baroud ; le voilà correspondant de guerre avec les F.F.I. de Saint-Nazaire, encore des pélots ! Toujours des pélots ! Il est partout où ça cogne, infatigable, vivant comme un grand chat maigre de lait et de chocolat, hâve, mais soulevé, projeté par un feu intérieur qui déborde tout. On dit :

— Comment fait-il pour s'en tirer de cette façon ?

Et c'est alors qu'on pense — on est souvent superstitieux dans le métier de grand reporter — qu'il a la baraka, Bournazel en kaki, mais insurgé congénital avant tout, comme disait Lucien Descaves qui l'eût aimé, il va droit devant lui, partir... partir encore et le plus loin possible.

Mais avec un copain. Car, et c'est le côté particulier du caractère de François, il ne peut vivre, travailler, sans avoir près de lui la chaleur d'une amitié fidèle : ainsi ses voyages en Palestine avec Joffroy, du *Parisien libéré*. Lors du circuit que nous fîmes en Pologne, en 1945, dans un de ces Dakota qu'il exécrait, il se révèle à tous les confrères qui l'ignoraient encore chahuteur incorrigible, farceur de prime bourre, il les agace tout d'abord, mais bien vite les pipe par sa gentillesse, sa générosité, c'est lui qui toujours complète les additions et aussitôt retourne dans son coin au fond du car.

Ceux qui pour la première fois lui serrent la main ne l'oublient pas, ne l'oublieront plus, car en même temps ils reçoivent la lumière de ses yeux.

Partir au bout du monde... Mais revenir à l'île Saint-Louis. Il adore la mer. À défaut de *Guardian* ou d'*Exodus*, il frète un petit bateau qu'il amarre au pied du quai d'Anjou sous la garde du commandant Marchal, retiré de la navigation à l'enseigne de l'Hôtel de la Paix, où François loge, et dont il a fait une vraie communauté littéraire et artistique. De temps à autre, entre deux reportages, il souffle au bureau, dans l'angle d'ombre où maints trophées resteront désormais accrochés, tant que durera cette maison :

— Demain, les gars, départ au large de Port-à-l'Anglais...

Ah, les beaux samedis de cet hiver ! Toute l'équipe, non plus embarquée sur le minuscule *Guardian*, mais sur le *Belle-de-Jour*, ainsi baptisé en hommage à Joseph Kessel, et en route pour les grandes eaux de Port-à-l'Anglais, commandant Marchal en tête — qu'on me pardonne une fois encore ! — cette chronique est pour tous ses amis, lecteurs aussi bien que copains, on partait, Buffet, Chaki, Leleu, Marqueton, Dédé la Bascule, souvent Henri Monier, on partait là où il y a des frites :

Nous irons à Valparaiso...

Il parlait de ses prochains grands voyages, toute l'île résonnait des clameurs de la bande, trompettes, sifflets, corne de brume.

Qu'il faisait bon avec François les beaux dimanches de printemps !

La dernière carte qu'il m'envoya, de sa petite mais ferme écriture serrée comme du barbelé, de Singapour, précisait après les nouvelles du voyage :

— Dis à Tréno que je serai rentré pour le Tour de France.

Comment croire qu'Armorin ne chevauchera pas, derrière Bébert le motard, cette année comme les autres.

Et nous voulons croire encore que, malgré sa tristesse du départ, la baraka lui est restée, quoique j'aie détaché hier un feuillet épinglé au-dessous de la photo de Madeleine où il avait tracé cette citation de Jean Guéhenno qu'il aimait autant que Kessel, Poulaille ou Blaise Cendrars, un filet comme on dit chez nous, et qui le classe définitivement :

— *Qui es-tu ?*

— *Un Français.*

— *Comment es-tu mort ?*

— *Seul et volontaire.*

— *Pourquoi es-tu mort ?*
— *Parce que j'aimais la liberté !*

Franc-Tireur, 15 juin 1950.
(Sous le titre : « Il y a huit ans à Lyon,
F.-J. Armorin publiait son premier article. »)

FORT EN GUEULE POUR ÉTOUFFER SA PUDEUR, CYNIQUE POUR CACHER SA GÉNÉROSITÉ

par Joseph KESSEL

La jeunesse noue fort et vite ses amitiés. Le cœur est disponible, l'esprit accueillant et le sang a besoin de partager sa joie, sa richesse et son feu.

Le temps, année après année, use, amenuise, réduit, dessèche cette facilité admirable, et arrive le jour où il est presque impossible de retrouver un si prompt, un si complet échange. On tient alors aux êtres beaucoup plus par la communauté des souvenirs que par celle des projets ou de l'espérance.

Or, avec Armorin, j'ai connu de nouveau cette manière de coup de foudre, cette prise immédiate de l'amitié. Et pourtant, quand nous nous sommes rencontrés, il portait exactement la moitié de mon âge. Et qu'on m'entende bien, il ne s'agissait point entre nous de ces rapports sur lesquels pèsent, d'un côté la protection, et, de l'autre, la déférence. Nous étions — séparés par vingt-cinq ans — à égalité d'amitié.

Comme pour tous les sentiments qui naissent et croissent d'eux-mêmes, celui-ci ne m'étonna point, et ne me donna pas à réfléchir. J'en profitais tout simplement. Mais, aujourd'hui qu'Armorin a pris cette densité, cette intensité mystérieuses, et, en quelque sorte, plus vivantes que la vie dont s'arment soudain les visages à jamais disparus, je commence à comprendre et à dénombrer les qualités si rares et si puissantes qui s'assemblaient en lui.

Il faisait tout pour paraître rude, bourru, blasé, féroce. Mais comme sa timidité, sa fraîcheur, son appétit de vivre se voyaient bien lorsqu'il vint, tout ému, tout heureux, recevoir, dans un petit restaurant de la rive gauche, le prix Claude-Blanchard, et avec quel plaisir il supporta les plaisanteries d'un jury dont la tradition était de ne pas ménager la cruauté !

Armorin parlait volontiers de sa peur et assurait ne pas être assez naïf pour exposer sa vie au bénéfice des « patrons » de journaux. Mais je l'ai vu, pendant la guerre d'Israël, refuser les circuits officiels, trop sages à son goût, louer une motocyclette et, son inséparable compagnon Pierre Joffroy accroché derrière lui, s'élancer avec fracas vers les zones semées de pièges et d'embûches et y rechercher, y poursuivre le danger.

Il n'aurait jamais admis qu'il était encore plein d'une malice toute puérile, mais pour « punir » les parachutistes anglais du terrain de Haïfa (dont les camarades l'avaient mené, un an plus tôt, dans un camp de concentration à Chypre, parce qu'on l'avait surpris, sans papiers, avec des immigrants juifs clandestins), Armorin leur vola un petit chien mascotte qu'il embarqua sur l'avion qui nous ramenait en France.

Qui l'eût traité de sentimental l'eût rendu furieux, mais, quand il me montra, par le hublot de cet appareil, le pays de Drôme où il était né et le massif du Vercors où il avait combattu en maquisard, quelle lumière dans les yeux, quel attendrissement dans sa voix !

Tel était François-Jean Armorin : fort en gueule pour étouffer sa pudeur, cynique pour cacher sa générosité, abusant de mots grossiers pour donner le change sur une sensibilité d'écorché, sur son organique, sa merveilleuse gentillesse.

Ces masques, ces déguisements, il les employait comme l'eût fait un enfant qui a peur d'être trop vulnérable parmi des adultes. Mais quoi qu'il tentât, il ne pouvait s'empêcher de jouer. Ses chemises, ses bottes, ses écharpes hurlantes, son énorme pipe, sa motocyclette au bruit infernal, son royaume de l'île Saint-Louis et le bateau qui s'y trouvait amarré et sur lequel il ramenait ses amis la nuit, le long de la Seine, quand les taxis faisaient défaut, après des beuveries massives — tout cela n'était que jeu touchant par lequel il essayait — sans peut-être le savoir lui-même — de se hausser au-dessus d'un âge, d'un corps et d'une santé qu'il aurait voulus plus formés et plus rudes.

Mais ce qu'il y avait de vrai, de constant et de noble au fond de ces outrances de costume, de paroles et de comportement, c'était un besoin essentiel, insatiable de justice et de beauté, une rébellion foncière, forcenée contre l'abus, le despotisme, la bêtise, l'hypocrisie, la fausse valeur, contre les ignominies et les hideurs de la société et de l'humanité.

Il avait le goût et la poésie des terres étranges, des rivages fabuleux, des secrets du monde, du destin des mortels. Il avait peur et envie du péril. Mieux encore : il aimait l'aventure pour l'aventure et, la portant en lui, il la projetait fatalement sur les choses et les êtres. Et il savait la raconter à merveille.

Navires clandestins, émeutes siciliennes, Tour de France, hameau cévenol, crime banal, tout éclatait, fourmillait, vivait et durcissait comme au feu par la vertu de son talent. Mais il voulait aller plus loin, voir plus avant, risquer davantage...

Or, depuis la guerre, les conditions du journalisme, chez nous, sont devenues telles que le reportage, qui demande de longs déplacements et de grands frais, est pratiquement mort. Autrefois, dans toutes les grandes péripéties de notre univers — catastrophes, célébrations, guerres, couronnements —, on trouvait toujours, parmi les vagabonds de presse du monde entier, quelque grand reporter français : Albert Londres, Louis Roubaud, Claude Blanchard, Édouard Helsey...

Maintenant c'est fini.

Et Armorin que les anciens, les survivants, tenaient pour leur pair, Armorin devenait fou. « Quand on nous envoie à Aubervilliers, disait-il, c'est un grand voyage. »

Enfin, à force de volonté, d'ingéniosité, de colère, Armorin obtint son premier grand voyage : les Indes, Hong Kong, Macao.

Il en revenait. De toutes les escales du retour, il envoyait à ses amis des messages impatients et tendres.

Et puis, le 12 juin 1950, l'avion qui le portait disparut en mer, près de Bahreïn, dans le golfe Persique. Et avec lui, à l'âge de vingt-sept ans, plein de violence et de foi, marqué pour la grande aventure et le don éclatant, François-Jean Armorin.

TABLE

Achevé d'imprimer le 2 Octobre 1990 par Normandie Impression
61000 Alençon

Dépôt légal : octobre 1990
N° d'édition : 4992
N° d'impression : 902003
Imprimé en France